Georges Hausemer

Und abends ein Giraffenbier

Reisegeschichten

Editions Guy Binsfeld

"Zieht aus und überzeugt euch selbst!"
Buddha Siddhartha Gautama (560-480 v. Chr.)

Inhalt

Amerika

Venezuela: Den Teufel muss man wüst beschimpfen	13
Venezuela: Sankt Benedikt war schwarz und oft betrunken	23
Honduras: Der Wecker	30
Honduras: Die Hoffnung schläft in Hängematten	32
USA: Freiwillig in New Bern	40
USA: Unter dem Bart von Gorez Goz	42
USA: Die schwebende Mrs. Bridge	51
USA: In der Wildnis	53
USA: Augenlos in Cherokee	62

Asien

Indien: Die glückliche Karriere eines Zigarettendrehers	67
Indien: Indische Weihnacht	75
Indien: Wo der Pfeffer wächst	78
Indien: Biblische Szenen im Land der Drawiden	88
Nepal: Die Stille von Bodnath	96
Nepal: Die Ziege, die in einer Felswand lebt	98
Nepal: Neues über „Lääsch"	107
Nepal: Im Herzen des Dschungels	109
Nepal: Engel in Shangri-La	115
Nepal: Zirkusluft, rätselhaft	117
China: Last Exit Hongkou	120
China: Maos Arm zählt die Sekunden	125
Taiwan: Ein Land, das es eigentlich gar nicht gibt	132
Laos: Allein reisende Männer	136
Vietnam: Weit weg von allem	139
Kuwait: Zuerst das Gebet, dann das Geschäft	145

Afrika

Mali: Afrikanische Nacht	153
Niger: Und abends ein Giraffenbier	155
Burkina Faso: Sonntag in Baleyara	166
Burkina Faso: Drei Belgier	168
Senegal: Zum guten Ton gehören drei Gläser Tee	170
Senegal: Die Legende bröckelt	179
Tunesien: Karawanserei	187
Tunesien: Musée du Bonheur	189
Marokko: Die Farben der Stille	191
Marokko: Blauer Dunst mit Hamid	198
Ägypten: In der Wüste Sinai	204
Ägypten: Kurz in Kairo	205

Europa

Spanien: Vormittags bei Charo und Kika	209
Spanien: Kein Platz für Königsmörder	218
Spanien: Wie aus der Zeit gefallen	223
Spanien: Das Testspiel	229
Spanien: Pintxos, Txokos und Putxeras	231
Spanien: Baskischer Sommer	239
Spanien: Die Hexen von Zugarramurdi	241
Frankreich: Die schönen Zufälle des Meeres	248
Frankreich: Enttäuschte Sadologen	255
Frankreich: Im Mekka der gallischen Lebensfreude	257
Frankreich: Die Küste bei Charleville	263
Liechtenstein: Könige im Fürstentümchen	264
Deutschland: Eine Bergwanderung	269
Dänemark: Das Fräulein, der Nebel und ein fliegender Stuhl	271
Russland: Nette russische Girls	278
Niederlande: Der Sumpfläufer ist kein Kampfläufer	280

Belgien: In den Ardennen   288
Luxemburg: Die Entdeckung des Stillstands   290

Norden – Westen – Süden – Osten

Gast auf Erden   299

Nachweise   301

AMERIKA

Venezuela
Den Teufel muss man wüst beschimpfen

Otto hat gut lachen. Bei ihm beißen die Fische im Sekundentakt. Mit lässigem Schwung wirft er die Leine in die milchkaffeebraunen Fluten, ein kurzer, strammer Ruck – schon zappelt der nächste Piranha, den sie hier *caribe* nennen, an der Nylonschnur. In diesem Tempo geht es ein paar Minuten weiter, dann ist das mitgebrachte Plastikeimerchen bis an den Rand gefüllt und das Mittagessen für ein halbes Dutzend staunender Touristen gesichert.

Wir schaukeln über einen der zahllosen Wasserläufe, die die unendlichen Weiten der venezolanischen Llanos durchziehen. Ásdrubal, der auf den Halbtagestouren auch den kleinen, um eine Aussichtsplattform erweiterten Lastwagen steuert, lenkt das schmale Boot. Otto mahnt die Insassen zur Stille, andernfalls könnten sie ihren Wunsch, an diesem Morgen vom Fluss aus exotische Tiere zu beobachten, sofort vergessen. Dabei wimmelt es im Ufergebüsch nur so von Baba-Krokodilen, Leguanen und Galápagos-Schildkröten; Schwärme von Eisvögeln, Guacamaya-Pagageien und anderem bunten Federvieh hocken auf den überhängenden Ästen; Brüllaffen turnen in Großfamilienstärke und laut schimpfend durch die Baumkronen. Überall schnattert, quiekt und zwitschert es, ständig ist von irgendwo ein Platschen oder Gurgeln zu hören. Doch wenn der Mensch nicht still sein kann, macht sich die Tierwelt ungesehen aus dem Staub. Ganz zu schweigen von den auf blutig rohe Fleischstückchen erpichten Piranhas, die mit Fluchtreflexen auf ungewohnte Geräusche reagieren und Otto die Angelschau verderben würden. Was schade wäre, denn die dreistündige Bootsfahrt in der noch milden Vormittagssonne zählt zu den eindrucksvollsten Erlebnissen in einer an Attraktionen auch sonst nicht armen Gegend.

Los Llanos, die Ebenen – so heißt das rund dreihunderttausend Quadratkilometer große Flachland. Es ist so platt, dass man die Einheimischen als „die Menschen mit dem horizontalen Blick" bezeichnet. Im Nachbarland Kolumbien beginnend, dehnt sich das Gebiet vom Südwesten bis in den Nordosten Venezuelas aus und nimmt nahezu ein Drittel der Gesamtfläche des Landes ein, auf dem jedoch nur knapp zehn Prozent aller Venezolaner leben. Nördlich des Orinoco-Flusses, vom Fuß der Anden bis zu den Ausläufern des Guayana-Massivs, erstrecken sich die Llanos über nicht weniger als fünf Bundesstaaten: Barinas, Apure, Portuguesa, Cojedes und Guárico. In vielerlei Hinsicht gilt diese Region als das Herz Venezuelas. Zum einen trennt das lang gezogene Band aus Wiesen, Weiden, Sümpfen, Lagunen, Sandbänken, Wanderdünen, ein paar flachen Hügelketten und vereinzelten Wäldern den bevölkerungsreichen Norden von den nur dünn besiedelten Amazonas-Gebieten im Süden. Zum andern liegen hier die religiösen, spirituellen und kulturellen Wurzeln des südamerikanischen Staates. In den Llanos ließen sich, im Gefolge der spanischen Eroberer, ab 1548 die ersten Siedler aus Andalusien nieder. In ihrer Begleitung kamen europäische Kapuzinermönche, die im 17. Jahrhundert in den Stammesgebieten der nomadischen Arwac- und Caribes-Indios Missionsstationen gründeten und damit den Grundstein zahlreicher Ortschaften legten. Sie waren es auch, die die Viehhaltung und die Pferdekultur einführten. Neben der Bibelkunde vermittelten die Geistlichen der indigenen Bevölkerung ferner jene Musik, die *joropo* genannt wird und anscheinend vom andalusischen Flamenco abstammt. Aus dem Rap-ähnlichen, von Harfe, Gitarre und Rasseln begleiteten Sprechgesang dieser Musikrichtung hat sich mittlerweile ein populärer venezolanischer Volkstanz entwickelt. Nicht zuletzt ballt sich im amphibischen Reich der Llanos die erstaunliche Biodiversität eines Landes, das sowieso schon zu den artenreichsten der Welt zählt.

Als venezolanische Arche Noah werden die verschwenderisch mit Naturwundern ausgestatteten Llanos ebenso bezeichnet wie als Wiege jener starken, tapferen Männer, die das Land Anfang des

19. Jahrhunderts unter der Führung des bis heute hochverehrten Simón Bolívar vom spanischen Joch befreiten. Übrigens hat der *Libertador* selbst eine Weile in den Llanos gelebt und gearbeitet, um die Einheimischen besser von seinen revolutionären Ideen überzeugen zu können. Was auch gelang, denn am Ende akzeptierten sie ihn als einen der Ihren und tauften ihn, nachdem er die zwingend erforderliche Ausdauer im Sattel bewiesen hatte, auf den Namen „culo de hierro" – der Mann mit dem eisernen Hintern.

Eines aber haben die ausgedehnten Landstriche und ihre Bewohner bis heute zum Glück nicht erlebt: dass sie, wie ein paar andere venezolanische Gegenden, in die Fänge des internationalen Massentourismus geraten sind. Das Gegenteil ist der Fall. Fremdenverkehrstaugliche Infrastrukturen sind, wenn überhaupt, nur in umweltverträglicher Dosis vorhanden. Von den wenigen Besuchern, die zum Kennenlernen des unermesslichen Artenreichtums hierher kommen, erwartet man, dass sie sich respektvoll gegenüber Flora und Fauna verhalten und ihren Teil zum angestrebten Einklang zwischen Naturschutz und Geschäftssinn beitragen.

Folglich kann Otto Guánchez, unser Guide, nur mitleidig schmunzeln, wenn Gäste seines *campamento* in dem ausliegenden Beschwerdebuch den Wunsch nach einem Swimmingpool und Fernsehgeräten auf den Zimmern äußern. Genau darauf möchte der Fünfzigjährige bewusst verzichten. Schließlich waren es gerade die vermeintlichen Annehmlichkeiten der Zivilisation, vor denen er vor nunmehr zehn Jahren floh. Geboren wurde er nämlich in Florida, als Sohn venezolanischer Auswanderer, die sich in den USA ein besseres Leben erhofften. Doch mit Vierzig hatte Otto genug vom Komfort, von oberflächlichen Beziehungen und unablässiger Partystimmung. So kehrte er heim ins Land seiner Väter, die viele Generationen zuvor übrigens aus Deutschland gekommen waren, „wie mein Vorname und die meiner drei Brüder Hans, Wilhelm und Heinrich unschwer erkennen lassen. Doch ernsthafte Nachforschungen haben wir nie angestellt", gesteht er verlegen.

Seit acht Jahren arbeitet Señor Guánchez nun schon als Fremdenführer in der Mitte von Nirgendwo, die von den Flüssen Portuguesa, Cojedes, Chirgua und Pao begrenzt wird. Achtzigtausend Hektar umfasst sein Revier, knapp ein Drittel der Fläche Luxemburgs. Es liegt zentral im Staat Cojedes, ziemlich genau am Schnittpunkt zwischen den Llanos Altos und den Llanos Bajos. Wo die von der Karibikküste abfallenden Hochebenen in die Richtung Orinoco verlaufenden Tiefebenen übergehen, befindet sich die Heimat von 25.000 Rindern, 120 Pferden und Maultieren, von unzähligen Kaimanen, Wasserschlangen, Füchsen, Brüllaffen und Kapuzineräffchen, von allerfarbigsten Schmetterlingen und Millionen Vögeln, von denen bislang 342 Arten gezählt wurden. Sogar Ameisenbären, Tapire, Pumas, Jaguare und Anacondas leben hier, auch wenn man sie nur selten zu Gesicht bekommt. Nicht zu vergessen die über dreihundert Fischarten, allen voran die beißwütigen Piranhas und die noch viel gefürchteteren, elektrisch aufgeladenen Zitteraale, die mit ihren Stromstößen ein Pferd oder einen Stier lähmen können. Als die Gefährlichsten von allen aber gelten die Süßwasserrochen. Ihr Schwanz bohrt sich im Nu durch Schuhsohle und Fuß und ist überdies mit einem tückischen Widerhaken versehen. Wehe, wenn etwas passiert! Die nächste größere Ortschaft ist gut zwei Autostunden entfernt, der Weg dorthin besteht vornehmlich aus Staub- und Schotterpisten.

Meistens passiert nichts, doch leicht war das Leben auf Farmen wie der von Ottos Arbeitgeber nie. Die Jahreszeiten und die mitunter dramatischen Klimawechsel zwischen Sommer und Winter bestimmen die Alltagsroutine. Gelegenheiten, die täglichen Pflichten einmal richtig hinter sich zu lassen, bieten sich höchstens bei den beliebten Hahnenkämpfen und den *coleos*, rodeoähnlichen Stierkämpfen.

Hato Piñero heißt die seit einem halben Jahrhundert bestehende Ranch, auf der neben Rinderzucht und ein bisschen Landwirtschaft seit 28 Jahren auch noch ein Herbergsbetrieb mit 13 Zimmern für bis zu 23 Gäste geführt wird. 1990 hat man mit Hilfe der Branger

Foundation zudem eine kleine biologische Station eröffnet. Hier können sich maximal 16 Wissenschaftler einquartieren, ihre Feldforschungen betreiben und die gut bestückte Bibliothek ebenso nutzen wie die umfangreiche Sammlung von Geweihen, Gebissen, Skeletten und in Alkohol konservierten Studienobjekten.

Insgesamt sind auf dem Hato über hundert Männer und Frauen beschäftigt, deren Tag bei Sonnenaufgang beginnt, bei Einbruch der Dunkelheit aber noch längst nicht beendet ist: Automechaniker, Schreiner, Küchenpersonal, Büroangestellte, drei Tierärzte, zwei Guides und, die stolzesten von allen, die Llaneros. Ein Wort mit doppelter Bedeutung. Zum einen werden so sämtliche Bewohner der venezolanischen Savannen genannt; zum andern ist es der Fachbegriff für jene Männer, die das Vieh auf den Weiden versorgen und anderswo Cowboys oder Gauchos heißen. Je nachdem, in welchem Teil der riesigen, mit einer südspanischen Dehesa vergleichbaren Besitzung Arbeit wartet, finden sie sich bereits morgens um halb fünf auf dem Sattelplatz neben dem Hauptgebäude des Hato ein, kurz nachdem der offenbar unter Schlafstörungen leidende Hofhahn zum ersten Mal gekräht hat.

Antonio Torres Mora ist einer der Angestellten. Seit 31 Jahren ist er für die künstliche Befruchtung der Büffel, Zebus und anderen Piñero-Rinder zuständig. In Jeanshose, kurzärmeligem Hemd und mit breitkrempigem Hut steht er unter einem der mächtigen Mangobäume, gelassen und bestens ausgeruht. Ein Bild von einem Llanero ... in der Trockenzeit, die von Dezember bis März dauert. Denn im tropischen, von heftigen Regenfällen geprägten Winter zwischen Mai und Oktober unterliegt der Alltag auf den Farmen einem völlig anderen Rhythmus. Wenn sie dann in der freien Natur unterwegs sind, müssen die Llaneros sich auch vestimentär vor Nässe und schwüler Hitze schützen. Bis zu vier Fünftel des Gebietes sind in dieser Zeit überschwemmt, die Rinder müssen rechtzeitig auf höher gelegenes Terrain getrieben werden. Oft besteht tagelang kein Kontakt zwischen Mensch und Tier, was jedoch niemanden ernsthaft beunruhigt.

Denn das ist ein weiteres Prinzip in den Llanos. Man greift so wenig wie möglich in das Leben der Tiere ein, weil diese den Schutz und die Pflege durch die Menschen leicht entbehren können. Die Gesetze der Natur, und seien sie noch so grausam, gelten als unantastbar. Von diesem wahrhaft ökologischen Pakt wiederum profitieren die Touristen. Weil achtzig Prozent der säurehaltigen Llanos-Böden, auf denen nur nährstoffarmes Gras wächst, ohnehin nicht bewirtschaftet werden, braucht es kaum Umzäunungen. Alle Wild- und Nutztiere können sich frei bewegen. Da diese weder gejagt noch übermäßig gehegt werden, nähern sie sich den vorbeikommenden Fremden mit Neugier, Zutrauen und ohne Scheu. Selbst die Stiere sollen in diesen Gegenden von sanfterem Temperament sein als ihre Artgenossen in Andalusien und der Extremadura, von wo sie anfänglich hergebracht wurden. Ein echtes Refugium demnach, vielleicht sogar ein kleines Paradies, denn kaum irgendwo sonst kann man die Tierwelt so leicht in ihrem sicheren natürlichen Lebensraum bestaunen – sei es von einem Boot aus, vom Dach eines Geländewagens oder vom Rücken eines Pferdes.

Nur muss man zum richtigen Zeitpunkt an der richtigen Stelle sein. In den glutheißen Mittagsstunden etwa, wenn die Krokodile sich ihr Plätzchen an den unzähligen Teichen und Tümpeln suchen, reglos in der Sonne dösen und nur gelegentlich mit flinkem Maul nach einem achtlos vorbeifliegenden Jungvogel schnappen. Oder vormittags unter einer bestimmten Baumgruppe, um genauestens die Brüllaffen beobachten zu können, denen bereits Alexander von Humboldt um 1800 in den Llanos begegnete. Über ihr erstaunliches Gruppenverhalten ist in seiner „Reise nach Südamerika" zu lesen: „Sooft die Zweige benachbarter Bäume nicht zusammenreichen, hängt sich das Männchen an der Spitze des Trupps mit dem zum Fassen bestimmten schwieligen Teile seines Schwanzes auf, läßt den Körper frei schweben und schwingt denselben hin und her, bis es den nächsten Ast packen kann. Der ganze Zug macht sofort an derselben Stelle dieselbe Bewegung."

Auch am Verhalten der anderen Tiere hat sich seither nichts geändert. Die so possierlich aussehenden Wasserschweine, auch *capybara* oder *chigüire* genannt, hocken immer noch da und betrachten Vorbeikommende mit einem Hauch von Arroganz, wenn sie wie die Kaninchen die Oberlippe bewegen. Laufen sie bei zu großer Nähe dann doch davon, stoßen sie, wie schon Humboldt erstaunt feststellte, leise Seufzer aus, „als ob ihnen das Atmen beschwerlich würde". Selbst die vom deutschen Naturforscher beschriebenen Moriche-Palmen mit den sehr kleinen, gefalteten, handförmigen Blättern gibt es noch, obwohl es in erheblichen Teilen der venezolanischen Steppen in der Vergangenheit häufig zu Brandrodungen kam. Und selbstverständlich den emblematischen Baum der Llanos, den *samán*, eine gigantische Zedernart, die Humboldt „Zamang de Guayre" nannte. Bei einem besonders prächtigen Exemplar gibt der gewissenhafte Reisende den Umfang der halbkugeligen, einem gewaltigen Sonnenschirm ähnelnden Krone mit sagenhaften und obendrein eigenhändig gemessenen 187 Metern an.

Die tägliche Verabredung der weißen, roten und braunen Ibisse, *corocoro* geheißen, mit den rosafarbenen Löffelreihern dürfte ebenfalls seit erheblich mehr als zweihundert Jahren gelten. Pünktlich bringen Otto und Ásdrubal uns zu der Stelle, an der die Vögel sich allabendlich versammeln. Es ist kurz nach halb sieben. Links nähert sich die blutorangenrote Sonne dem unendlich fernen Horizont; rechts stehen drei, vier seltsam kahle, blätterlose Bäume am Rand eines Tümpels, in dem gerade ein Wasserschwein abtaucht. Pure Stille – bis plötzlich ein Krächzen und Zwitschern einsetzt, das binnen Minuten zu einem vielstimmigen, ohrenbetäubenden Konzert anschwillt. Wie auf Bestellung kommen nun von allen Seiten Ibisse und Reiher angesegelt, manche allein, etliche in kleinen Gruppen, viele in lang gestreckten Flugformationen, die kurz vor dem Ziel heftig durcheinander geraten. Allerlei turbulente Anflüge sind zu sehen, hektische Brems- und mehr oder weniger elegante Landemanöver, von denen einige abrupt abgebrochen werden und in einen nicht eingeplanten Weiterflug übergehen müssen. Offenbar ist auf den Ästen und Zweigen am umschwärmten Wasserloch nicht genug Platz für all die Kandidaten, die hier, wie Otto erklärt, seit Menschengedenken zu Tausenden die Nächte verbringen. Aus reinem Instinkt oder aus irgendeinem anderen Grund, für den auch der fachmännische Birder keine Erklärung parat hat. Umso betörender ist der Anblick, der sich eine knappe halbe Stunde später, kurz vor Einbruch der Dunkelheit, bietet. Wie ein überdimensionaler Schneeball mit roten und schwarzen Tupfen hebt sich der Schlafbaum der Vögel vom nachtblauen Himmel ab. Und fast noch überwältigender: Als auch der letzte Schläfer sich endlich in die wie erstarrt dasitzende, aber etwas Erhabenes ausstrahlende Menge eingefügt hat, verstummt mit einem Mal die Geräuschkulisse. Ganz so, als hätte plötzlich jemand den Ton abgestellt.

Für den Rückweg nimmt Otto vorne auf dem Dach der Fahrerkabine Platz und schaltet einen tragbaren Scheinwerfer ein. Dies sei die Stunde der unvergesslichsten Begegnungen, verspricht er. Die Zeit, in der die imposantesten Vierbeiner, die Pumas, Jaguare, Gürteltiere und Ameisenbären, ihr schützendes Dickicht verlassen, über die Prärie streifen und sich zum Trinken an den Wasserstellen einfinden. Ásdrubal fährt im Schritttempo, fast zärtlich tastet Ottos Lichtkegel die Uferzonen und Pistenränder ab. Leider bekommen die Gäste, obwohl sie augenblicklich verstummt sind, nur das Hinterteil eines Tapirs zu sehen, der sich schleunigst ins hohe Gras verdrückt. Schließlich entdeckt der Fahrer wenigstens ein paar Raubkatzenspuren im Sand. Und in jedem Tümpel, vom mondbeschienenen Wasserspiegel vervielfacht, funkeln Dutzende gelber Krokodilsaugen.

Einprägsame Bilder, tiefe Eindrücke, die jedoch leicht vergessen lassen, dass die weitgehend ursprünglich gebliebenen Llanos trotz aller Harmonie zwischen Mensch und Natur auch heute nicht das gelobte Land sind, in dem schon die ersten Fremden vergeblich nach dem legendären Goldsee von El Dorado suchten. Zunächst einmal droht ein Mangel an Arbeitskräften. Kaum ein Junger will das entbehrungsreiche, oft einsame Leben fernab der Städte führen. Dafür strömen immer mehr *invasores* auf die Grundstücke, besitzlose Siedler, die sich widerrechtlich auf den Hatos niederlassen, weil der umstrittene venezolanische Präsident Hugo Chávez ihnen im Zuge seiner groß angelegten Boden- und Agrarreform kostenloses Land versprochen hat. Zu diesem Zweck sollen nicht bebaute Latifundien, wenn auch gegen Entschädigungen vom Staat, zwangsenteignet werden. Viele Großgrundbesitzer und Naturschützer sehen in den *invasiones* der brachliegenden Ländereien und in deren unkontrollierter Neunutzung eine erhebliche Bedrohung für das während Jahrhunderten gewachsene ökologische Gleichgewicht. Ganz davon abgesehen, dass, wie Spezialisten zu bedenken geben, die nur bedingt fruchtbaren Böden der Llanos erst einmal urbar gemacht werden müssen, bevor neue Pflanzen ausgesät werden können. Doch für Düngemittel braucht man Geld, viel Geld, über das die Neuankömmlinge nicht verfügen. Und was passiert, fragen sich Kritiker, wenn die erhofften Erträge sich nicht einstellen, die neuen Besitzer keine Absatzmärkte für ihre Produkte finden? Schon heute stößt man in den Llanos vielerorts auf „wilde" Behausungen von mittellosen Kleinbauern, die sich in schäbigen Baracken ohne Wasser und Strom eingerichtet haben. Als fervente Anhänger von Chávez' „bolivarischer Revolution" warten sie ungeduldig auf die Zuweisungen aus dem Regierungspalast in Caracas.

„Vermutlich werden diese Ahnungslosen es eh nur kurze Zeit in der nicht immer menschenfreundlichen Umgebung der Llanos aushalten", mutmaßt Otto. Die karge Erde, die extremen Klimaschwankungen, Hitze, Schwüle, Moskitos, die häufigen Überschwemmungen, so seine Vermutung, würden sie bald wieder abziehen lassen. Oder möglicherweise auch jene unerklärlichen, Angst einflößenden Erscheinungen, für die die Llanos ebenfalls berüchtigt sind. Dies ist nämlich auch das Land der Mythen und Legenden, das bevorzugte Aktionsfeld von Kobolden, Gespenstern und furchterregenden Untoten, die überall ihr Unwesen treiben. Otto wird ganz ernst, als er nach dem Abendessen vom „hombre del saco" erzählt, einem

Vatermörder, der seit Generationen mit einem Sack über der Schulter durch die endlosen Steppen irrt. Er ist auf der Suche nach den Knochen des Getöteten, die er vollständig einsammeln muss, um jemals wieder zur Ruhe zu kommen. Ebenso beängstigend sind die Schilderungen von Yacura. So heißt in diesen abergläubischen Gegenden der Teufel, der den Llaneros angeblich in Gestalt eines Feuerballs erscheint und der erst verschwindet, wenn sie ihn wüst beschimpfen.

Wie beruhigend, dass auch Alexander von Humboldt bei seiner Wanderung durch die venezolanischen Llanos einem solchen Phänomen begegnete und in seinen Reisenotizen eine natürliche Erklärung für das Unheimliche geliefert hat: „Oft meinten wir, Feuer am Horizont zu sehen; es waren aufgehende Sterne, deren Bild durch die Dünste vergrößert wurde."

(2005)

Venezuela

Sankt Benedikt war schwarz und oft betrunken

Bereits eine halbe Stunde vor der Landung beginnen die Damen an Bord mit ausgiebigem Schminken. Sie scheinen sich schön machen zu wollen für Mérida, eine der schmuckesten Städte Venezuelas. Der verschwitzte Tourist hingegen schämt sich beinahe für sein im Vergleich zu den Einheimischen ein wenig vernachlässigt wirkendes Aussehen, wenn er die ungemein gepflegte Ankunftshalle mit ihren liebevoll dekorierten Ladengeschäften und den üppigen Blumenrabatten betritt. Die kurze Fahrt in die Innenstadt verstärkt dieses Empfinden noch. Vergeblich sucht man in der Andenmetropole die sonst überall im Land anzutreffenden *ranchos*, die Elendsviertel. Stattdessen besticht die auf einer *meseta*, einem schmalen, knapp 1.600 Meter hohen Berggrat hockende, nur sechshundert Meter breite und etwa vier Kilometer lange „Stadt in den Lüften" durch großzügige Avenuen und elegante Neubauten. Die Straßen im Zentrum sind von gestylten Studenten und adretten Städtern bevölkert. Besonders deutlich wird der mediterrane Charme der *Ciudad de los Caballeros*, der Stadt der Gentlemen, wie sie auch noch genannt wird, beim Flanieren über die Plaza Simón Bolívar. Unter dem Denkmal des berühmten Freiheitskämpfers tummeln sich von den frühen Morgenstunden an Zeitung lesende Rentner neben turtelnden Pärchen, die sich auf fein gestutztem Rasen niedergelassen haben. Auf den stets gut besetzten Parkbänken genießen erschöpfte Hausfrauen mit prallen Einkaufstüten und Mütter mit Kindern den Schatten der Kathedraltürme, die Ruhe unter den Palmen, die Kühle der Büsche und Sträucher. Das gediegene Ambiente erklärt, warum die weiblichen Fluggäste niemals mit mangelhaftem Make-up nach Mérida reisen würden. Zumal die Stadt noch über weitere Schauplätze verfügt, die sich im restlichen Land nur schwerlich finden lassen und sich fürs Sehen und Gesehenwerden bestens eignen: Caféterrassen.

Bei eisgekühlten Getränken versammeln sich jene, die vom besonderen Flair der Stadt profitieren und auch selbst zu ihrer speziellen Atmosphäre beitragen: die für ihr gemütliches und freundliches Wesen gerühmten Einheimischen, die über vierzigtausend in- und ausländischen Studenten, die sich unter die rund dreihunderttausend Merideños mischen, und letztendlich auch die versprengten Reisenden, die im Gebirge Abstand gewinnen von der Hektik, dem Verkehrschaos und den Sicherheitsproblemen in der nur 45 Flugminuten entfernten Hauptstadt Caracas. Hier finden die Gäste Erholung vom touristischen Rummel in den karibischen Küstenregionen im Norden, von den klimatischen Extremen im venezolanischen Tiefland und in den südlichen Dschungelregionen.

Lange Zeit war Mérida einer der unzugänglichsten Orte des Landes. Einer der ersten Fremden, die den Weg dorthin fanden, war Kapitän Juan Rodríguez Suárez. Der Eroberer kam 1558 aus dem benachbarten Kolumbien und suchte in der Sierra Nevada nach Gold. Nachdem er sich die Eingeborenen – „falls nötig", wie es in einer damaligen Chronik heißt – untertan gemacht hatte, legte Rodríguez Suárez am 9. Oktober jenen Jahres in dem engen Tal zwischen vier der höchsten Andengipfel den Grundstein einer Siedlung, der er den Namen seines Geburtsorts in der westspanischen Extremadura gab. Aus den folgenden 250 Jahren unter spanischer Herrschaft sind hauptsächlich einige Klostergründungen im Schatten der umliegenden Fünftausender und nicht weniger als 131 Erdbeben überliefert. Ab dem frühen 19. Jahrhundert jedoch machte Mérida nachhaltiger von sich reden. Nachdem ein gewaltiger Erdstoß den Ort 1812 zu großen Teilen zerstört hatte, wurde er im kolonialen Schachbrettmuster wieder aufgebaut und entwickelte sich rasch zu einer Keimzelle der venezolanischen Unabhängigkeitsbewegung. Bereits 1813 besuchte der Freiheitskämpfer Simón Bolívar jene Stadt, in der er erstmals mit *El Libertador* betitelt und wo 1842 das erste

Denkmal zu seinen Ehren errichtet wurde: eine imposante Säule, die bis heute im Parque de Las Cinco Repúblicas bewundert werden kann. In der Folge wurde Mérida zahlreichen Flüchtlingen aus dem venezolanischen Bürgerkrieg zur neuen Heimat. Doch obwohl die Stadt in den nächsten Jahrzehnten rasch wuchs, dauerte es bis 1920, ehe die erste Straße auf das Dach Venezuelas gebaut wurde.

Mittlerweile haben Mérida und das Umland ihre isolierte Lage aufgegeben, sich aber gleichzeitig ihre Unverwechselbarkeit bewahrt. Zeugen dieser Beständigkeit im Wandel begegnen Besucher etwa während einer Fahrt auf der *Ruta del Páramo*. Diese Route geht in nordöstliche Richtung, am Río Chama entlang, hinauf zum Pico del Águila, wo die höchstgelegene Straße Venezuelas auf 3.840 Metern ihren Scheitelpunkt erreicht. Es ist eine Tour, die sowohl Einblicke in historische Entwicklungen gewährt als auch die heutige wirtschaftlich-gesellschaftliche Lage der Region sichtbar macht.

Zunächst kommen die Ausflügler durch Dörfer, die Mucurubá und Mucuchíes heißen und wo Straßenschilder die gewundenen Wege nach Mucunatán und La Mucuy weisen – lauter Namen, die an die aus alten Zeiten herrührende landwirtschaftliche Bestimmung der Region erinnern. Das Wörtchen „Mucu" stammt nämlich aus der Sprache der Indios und bedeutet „fruchtbares Land". Bis heute werden auf den flachen Ausläufern der Anden Kartoffeln, Tomaten, Yucca, Zuckerrohr und Weizen angepflanzt, von hier stammen drei Viertel der gesamten venezolanischen Gemüseproduktion. Früher wurden auch Kaffee- und Kakaobohnen geerntet, doch seit Venezuela mit seinen Erdölreserven reich und das Leben für etliche Einheimische bequemer geworden ist, liegen viele Felder brach. Inzwischen haben die Politiker erkannt, dass das Geschäft mit dem Öl auch Risiken birgt und auf Dauer nicht das gesamte Volk ernähren kann. Staatliche Förderprogramme und Kredite erleichtern die Rückkehr zur Scholle, sollen vor allem Jungbauern zu verstärkter Lebensmittelproduktion ermuntern und gleichzeitig die Arbeitslosenquote im Land senken.

Zur Páramo-Route zählt ebenfalls San Rafael de Mucuchíes, der am höchsten gelegene Ort von Venezuela. Doch nicht nur dieser Superlativ prädestiniert das auf 3.342 Metern über dem Meeresspiegel thronende Andendörfchen für eine touristische Mission. Am Ausgang von San Rafael steht nämlich auch jene Kapelle, die es gleich zweimal gibt und die – fast erstaunlicher noch – ohne Zement, ohne Mörtel, ausschließlich aus blanken Steinen konstruiert wurde. Das Original des Kirchleins errichtete um 1966 ein Mann, der im Osten der Sierra de la Culata beinahe wie ein Heiliger verehrt wird. Juan Félix Sánchez, 1900 in San Rafael geboren, war Bauer, Maultiertreiber, Fuhrmann, Lokalpolitiker und Richter; auf Volksfesten trat er als Clown, Zauberer, Puppenspieler, Akrobat und Seiltänzer auf; zudem baute er jene Turbine, die seinen Heimatort 1933 erstmals mit Strom versorgte. Doch irgendwann 1943 zog er sich mit Epifania Gil, seiner Jugendliebe, nach El Tisure zurück. In diesem Weiler, sieben Stunden Fußmarsch vom nächsten Ort entfernt, lebten die beiden fortan als gottesfürchtige Einsiedler und beschäftigten sich mit traditionellem Handwerk und Kunst. Sie webte Stoffe und versorgte ein paar Tiere; er begann zu malen und Geschichten zu schreiben, schuf Steinskulpturen, baute Holzmöbel und in sechsjähriger Arbeitszeit besagte Muttergotteskapelle aus nichts als Steinen, die er aus den Bergen herbeigeschleppt hatte. Als der fromme Señor 15 Jahre später feststellen musste, dass kaum ein Pilger den beschwerlichen Weg zu seiner *Capilla Grande* auf sich nehmen wollte, beschloss er, in seinem Geburtsort San Rafael eine leichter zugängliche Kopie davon zu errichten. Als die *Capilla de la Virgen de Coromoto* 1982 eingeweiht wurde, war Juan Félix Sánchez längst als bedeutender Künstler und Architekt anerkannt. Im gleichen Jahr würdigte das Museum für zeitgenössische Kunst in Caracas sein zum venezolanischen Kulturerbe erklärtes Werk mit einer umfassenden Retrospektive.

Das originelle Gotteshaus am Ausgang von San Rafael, in dem sein Schöpfer seit 1997 begraben liegt, gilt in dieser Gegend als touristisches Glanzstück. Unlängst wurde ihm ein kleines Museum angegliedert. Darin sind Fotos, Arbeitsutensilien, Bilder und Skulpturen des eigenwilligen Eremiten ebenso ausgestellt wie der selbst fabrizierte Webstuhl, auf dem seine Gefährtin Teppiche, Decken und die Kleider des schrulligen Paars anfertigte.

Auf partnerschaftliches Verhalten wartet man im Tal von Mifafi bislang vergeblich, sehr zum Verdruss der Wärter, die in einer kleinen Vogelstation ihren Dienst versehen. Hier leben zwei von insgesamt fünf Kondoren, die vom ambitionierten, 1991 vom venezolanischen Staat initiierten und finanzierten Wiederansiedlungsversuch übrig geblieben sind. 1965 verschwand der letzte emblematische Vogel Südamerikas aus den Bergen von Venezuela. Bis heute ist das majestätische Symbol der Anden, das größte flugfähige Tier weltweit, in sämtlichen Gebirgsregionen Kolumbiens, Ekuadors, Perus und Boliviens vom Aussterben bedroht. Das groß angelegte Rettungsprogramm sollte diese Gefahr ein für allemal bannen, doch das *Proyecto del condor andino* war ein totales Fiasko, wie Carlucho, der mit einer kleinen Touristengruppe unterwegs ist, erklärt. Kopfschüttelnd deutet der Reiseleiter auf den Käfig, in dem zwei träge Exemplare der gefährdeten Gattung kauern. Das Männchen haben sie hoffnungsfroh *El Combatiente*, der Kämpfer, getauft. Geboren wurde es in einem argentinischen Zoo, die Freiheit hat es nie kennengelernt und zu Fortpflanzungszwecken wurde es nach Venezuela importiert. Seine potenzielle Partnerin ist ein ziemlich zerzaustes Weibchen, das sich nur noch mühsam fortbewegen kann, weil sein linker Flügel amputiert werden musste, nachdem ein wütender Dorfbewohner es vom Himmel geschossen hatte. Kein Wunder, findet Carlucho, denn im Volksglauben steht der Kondor seit Menschengedenken im Ruf eines gefürchteten Räubers, der Frauen und Kinder stiehlt. Folglich hält sich in weiten Kreisen der Bevölkerung hartnäckig die Überzeugung, der Kondor müsse mit allen Mitteln bekämpft werden.

Eine Einstellung, die die Vogelbetreuer seit Jahren zu ändern versuchen. Anfangs hatten sie geglaubt, die beiden Überlebenden von

Mifafi würden irgendwann für den dringend benötigten Nachwuchs sorgen. Mittlerweile jedoch sieht es aus, als fände das bemitleidenswerte Pärchen nicht den geringsten Gefallen aneinander. Bislang jedenfalls machten *El Combatiente* und die für ihn Auserwählte keinerlei Anstalten, dem Kondor-Projekt am Ende doch noch zum Erfolg zu verhelfen. Die Stationsbetreiber allerdings geben nicht auf. Für etwaige Besucher der Anlage liegt ein Gästebuch aus. Ein Holzkistchen mit Schlitz lädt zu Spenden ein. Es gibt Postkarten zu kaufen, auf denen der Kondor als stolzer König der Lüfte in seiner ganzen Pracht zu sehen ist. Sogar ein kurzer Film wird vorgeführt, in dem viel von „geflügelter Eleganz" und vom unermüdlichen Einsatz der Regierenden für das Wiedererstarken des Kondors in Venezuela die Rede ist. Die Zahl der Neugierigen aber hält sich in Grenzen; auch für diesen Umstand weiß Carlucho eine Erklärung. „Viele einheimische Touristen", sagt er, „reisen nach dem Motto: ,Wo mein Auto nicht hinkommt, komme ich ebenfalls nicht hin!'" Und da das Kondor-Gehege nun einmal ein paar Meter abseits der Hauptstraße liegt, handelt es sich bei den allermeisten Besuchern um Ausländer, die doch, landesweit gesehen, nicht einmal zehn Prozent des venezolanischen Fremdenverkehrsaufkommens ausmachen.

Auch in dem Dorf Apartadero hat sich der Aberglaube, gepaart mit traditionellen Bräuchen, bis heute behauptet. Es kann vorkommen, dass man mit seinem Fahrzeug plötzlich mitten in eine Prozession gerät, von herumtorkelnden Menschen in bunten Kostümen und mit schwarz angemalten Gesichtern umzingelt wird und sich vor lauter Trommeln, Trompeten und Böllern die Ohren zuhalten muss. So geschehen am letzten Tag der Festlichkeiten zu Ehren von San Benito, der in den venezolanischen Anden seit Jahrhunderten als eine Art hispanoamerikanischer Robin Hood gefeiert wird. Ein komischer Geselle muss er gewesen sein, dieser heilige Benedikt! Ein Nachfahre afrikanischer Sklaven im Priestergewand und dem Alkohol durchaus nicht abgeneigt. Manche behaupten sogar, er sei der Trunksucht schlichtweg verfallen gewesen. Immerhin stand Benito auf Seiten der Bedürftigen und glaubte nicht, dass Beten allein für Wunder sorgen und die Ungerechtigkeit aus der Welt schaffen würde. Also bediente er sich bei den Wohlhabenden und beschenkte die Armen, die ihm seine Barmherzigkeit bis heute mit einem Fest danken, das sich über nicht weniger als vier Wochen hinzieht. In dieser Zeit finden in den Dörfern rundum Mérida zahllose Umzüge statt, bei denen die mit Blumen geschmückte, in bunte Gewänder gehüllte Statue des einzigen dunkelhäutigen Heiligen Südamerikas durch die Straßen der Orte getragen wird. Wie in Trance hüpfen, springen und schwanken die verkleideten Gläubigen um Benitos Standbild. Auf diese Weise imitieren sie den taumelnden Gang des beschwipsten Kirchenmannes, genehmigen sich auch selbst hin und wieder einen Schluck aus den mitgeführten Rotwein- und Schnapsflaschen und schießen mit blinder Munition durch die Gegend, dass es nur so kracht. Dann steht der Rauch aus den Flinten so dicht über den Köpfen der Prozessionsteilnehmer und ihrer Zuschauer, dass minutenlang nichts von der Umgebung zu sehen ist: kein Dorf, keine Lagune, kein Himmel, nicht einmal die gigantischen Berge, von denen das unermüdliche Knallen widerhallt wie ein wütendes Göttergrollen.

(2005)

Honduras

Der Wecker

Luces del Norte, Nordlichter – so hieß das kleine Restaurant in Tela, das der Betreiber einer Strandbude uns empfahl. Es bestand aus einer selbst gezimmerten Theke, einigen Plastikstühlen und Tischen, auf denen gewaltige Ketchup-Flaschen klecksten. Die Fensterrahmen füllten weder Glasscheiben noch Insektennetze. Es roch nach Paniermehl, das in altem Frittieröl angeschwärzt wurde. Die Papierservietten waren noch nicht ganz so schmutzig, dass man sie gleich hätte wegwerfen müssen.

Nachdem wir der Serviererin unsere Bestellung diktiert hatten, brachte sie prompt die Getränke. Danach dauerte es. Eine Zigarette, zwei Zigaretten. Weitere Gäste kamen und nahmen gut gelaunt Platz, ohne zu wissen, wie lange auch sie sich gedulden müssten.

Aus einem winzigen Lautsprecher schepperte Bob Marley, aus der Küche war Geschirrklappern zu hören. Einmal zeigte sich kurz die Köchin, sie hatte eine ziemlich mächtige Zigarre im Mund. Und dann plötzlich begann es zu tuten, zu pfeifen, zu fiepen. Ein zunächst nicht eindeutig definierbarer Ton, der einsetzte, aussetzte, erneut einsetzte, wiederum für Sekunden verstummte.

Ein Wecker! Ja, das musste einer dieser neumodischen Wecker sein, die bekanntlich nicht mehr klingeln oder schellen, sondern – wie soll man es nennen? – ein zäh-schrilles Intervallgeräusch von sich geben, und zwar so lange, so beharrlich, bis jemand der betreffenden Taste am Gehäuse einen leichten Schlag versetzt.

Doch diesen Wecker, den stellte an jenem Abend in Tela niemand ab. Die Bedienung lehnte am Tresen, zufrieden lächelnd, als würde sie das seltsame, störende Piepsen gar nicht wahrnehmen. Umso unruhiger wurden die Gäste. Nach fünf Minuten begannen sie einander ratlos anzuschauen. Es tönte und schrillte durch den Raum, sämtliche Gespräche verstummten, selbst die Stimme von Marley schien immer schwächer zu klingen. Bis einer der Gäste schließlich all seinen Mut zusammennahm und die Serviererin nach der Quelle der akustischen Belästigung fragte. Ein Wecker, gab sie freimütig zu, griff hinter die Kasse und stellte den kleinen Apparat stolz auf die Theke. Und? Er klingele halt. Und wieso? Na, weil sie eben nicht wisse, wie man das Ding ausstellt. Tatsächlich. Eine Taste, die man hätte drücken können, war nirgendwo zu finden. Also nahm der Fremde den Wecker in die Hand und drehte mit zwei Fingern am Knopf, der den Alarmzeiger um mehrere Stunden verrückte. Endlich war Ruhe, bis zum nächsten Intermezzo des heimtückischen Geräts. Doch dann würden andere Gäste sich mit dem honduranischen Wecker abgeben müssen. Bald darauf wurde das Essen serviert.

(2003)

Honduras

Die Hoffnung schläft in Hängematten

Zweimal in der Woche reißt ein dumpfer, lang gezogener Pfiff das Städtchen Tela aus seiner tropischen Trägheit. Kurz darauf, immer freitags und sonntags, fährt der Zug aus Puerto Cortés in den Bahnhof ein, der in der übrigen Woche eher an eine langsam verrottende Lagerhalle erinnert als an eine funktionstüchtige Station der *Ferrocarril de Honduras*. Nichts deutet an zuglosen Tagen darauf hin, dass der halb in Sand, Erde und Unrat versunkene Schienenstrang tatsächlich noch von Nutzen ist. Doch nun, am späten Vormittag, kommt der Zug. Kräftige Indio-Bäuerinnen wuchten ihre Taschen und Körbe aus den bunten Blechwaggons, gefolgt von Bauern, die schwer mit Säcken beladen sind, und Kindern, in deren Händen aufgeschreckte Hühner flattern. Aus Tela rumpeln Eselskarren und Pferdefuhrwerke heran, um die angelieferten Waren aufzunehmen. Auf einen Schlag kommt Leben in das verschlafene Nest an der Karibikküste. Aber die Geschäftigkeit hält nur knapp drei Stunden lang an. Um zwei Uhr nachmittags ertönt von neuem das große Horn der Lokomotive, von allen Seiten eilen die Passagiere herbei. Nachdem auch die letzten fliegenden Händler von den Gleisen zurückgetreten sind, macht sich die überfüllte Bummelbahn mit einem harten Ruck auf ihre fünfstündige Rückfahrt in westliche Richtung.

Einst sorgten die Züge der *Tela Railroad Company* für den Wohlstand in der Region. Doch die Zeiten der einträglichen Bananenexporte, mit denen der wirtschaftliche Aufschwung Telas um 1900 begann, sind schon lange vorbei. 1974 verlegte die *Standard Fruit Company*, die hier riesige Plantagen betrieb, ihr Hauptquartier und die Verladegleise in die benachbarte Handelsmetropole San Pedro Sula. Und so vergehen die Tage in Tela heute wieder wie in Zeitlupe. Es gibt keine

Industrie mehr. Um das Meeresufer und den schmalen Strandstreifen kümmert niemand sich. Stattdessen wartet man geduldig auf das „Moneygram", das Geld, das ausgewanderte Familienmitglieder aus den USA schicken, während ein lauer Wind den Staub von Jahren durch die engen Straßen weht und Mensch und Hund nach Schatten suchen.

„Moneygram" sei ein Segen, aber auch ein Fluch für diese Stadt, sagt Luc Bernard. Vor ein paar Jahren kaufte der gebürtige Franzose das zur Ruine verkommene Hotel Gran Central schräg gegenüber vom Hauptbahnhof. Er ließ es bis auf die Grundmauern abreißen und im originalgetreuen Kolonialstil wieder aufbauen. Seither warten fünf helle, geräumige Zimmer auf Kundschaft – oft vergeblich. „Manchmal kommt wochenlang kein einziger Gast", sagt der Hotelier, der seine Werbeagentur in Paris zu einem Preis verkaufen konnte, der ihn unabhängig macht von den Erträgen seines neuen Unternehmens.

Bernard verspricht sich dennoch einiges von der Zukunft. Denn über Thierry de Pierrefeu, den französischstämmigen Tourismusminister von Honduras, verfügt er über ausgezeichnete Kontakte zum Staatspräsidenten Ricardo Maduro, der seit Januar 2002 im Amt ist und Themen auf seine Fahne geschrieben hat, um die sich keiner seiner Vorgänger ernsthaft kümmerte: Bildung, Kampf gegen Korruption und Fremdenverkehr. Der Tourismus soll in Kürze zur wichtigsten Devisenquelle des zentralamerikanischen Landes werden, noch vor dem Export von Bananen und Kaffee und vor der Textilindustrie, die Massenware für den nordamerikanischen und europäischen Markt produziert. Schon liegen in Bernards Schublade die fertigen Pläne für eine Mole und einen Jachthafen in Tela. Dort sollen irgendwann die großen Kreuzfahrtschiffe aus den USA vor Anker gehen, die diesen Küstenabschnitt bisher weiträumig umfahren.

Sollten diese ehrgeizigen Pläne eines Tages Wirklichkeit werden, wäre es auch in Miami mit dem trügerischen Idyll vorbei. Das Dorf auf der Landspitze des Punta Sal-Nationalparks, zwischen den pastellgrünen Weiten des Atlantiks und der Los Micos-Lagune, besteht bloß aus ein paar Dutzend strohgedeckter Bambushütten, in denen weder Strom noch fließendes Wasser das Dasein der Bewohner einigermaßen erträglich machen. Nicht einmal mehr die Kokospalmen spenden Schatten, da eine seit ein paar Jahren wütende Viruserkrankung sämtliches Blattwerk absterben lässt und nur noch aschgraue Stümpfe aus dem Baumfriedhof in den wolkenlosen Himmel ragen.

Die Einwohner von Miami zählen zur ethnischen Minderheit der 180.000 honduranischen Garífuna, der Nachfahren der afrikanischen Sklaven, die 1635 mit einem englischen Schiff vor der Küste der Antilleninsel San Vincente kenterten. Sie retteten sich auf das Festland und vermischten sich später mit den karibischen Indianern. Auch Karla Patricia, allein erziehende Mutter von fünf Kindern, ist eine Garífuna. Eigentlich, erzählt die 25-Jährige, sei der Name ihres Geburtsortes als Scherz gedacht gewesen. Als die Stadtverwaltung nach einer Bezeichnung für die trostlose Hüttensiedlung suchte, machte jemand spaßeshalber den Vorschlag Miami – und dabei ist es geblieben. Der Name spricht dem schmalen Streifen aus Hitze und Sand Hohn. Kämen nicht regelmäßig ein paar Touristen zur Vogelbeobachtung oder zu einer Kajaktour durch die Mangrovensümpfe, Karla Patricia wüsste nicht, von wem sie ein paar Lempiras für sich und ihre Familie erbetteln sollte. Sie hat, wie die Hälfte der sechseinhalb Millionen Honduraner, nie Lesen und Schreiben gelernt. Außer Kochen für die Fremden und Tellerwaschen gibt es für die Frauen auf Punta Sal keine Verdienstmöglichkeiten. Für Fahrten ins nächste Dorf, nach Tornabé oder gar nach Tela, reichen ihre bescheidenen Mittel ohnehin nicht aus.

Fischen und Muschelsammeln ist in Miami Männersache. Wenn der Fang an Land gebracht und an die Händler aus der Umgebung verkauft ist, legen sich die Männer in ihre Hängematten, rauchen die von den Fremden geschnorrten Zigaretten und verplaudern den restlichen Tag. Szenen, wie sie sich überall in Honduras abspielen – in einem Land, in dem es mehr Hängematten zu geben scheint als Bäume, zwischen die man sie spannen kann.

In der Guamilito-Markthalle von San Pedro Sula, am Tag nach unserer Ankunft, sehen wir die ersten. Die, die zum Verkauf angeboten werden, und die, in denen sich die Verkäufer räkeln, wenn gerade kein Kunde in Sicht ist. Später, in den Souvenirläden der Maya-Stätte Copán, bietet man uns an, sie zu einer bequem zu transportierenden Fracht zu verschnüren oder gar als Päckchen zum nächsten Postamt zu bringen. Am späten Nachmittag desselben Tages haben wir Gelegenheit, erstmals selbst eine honduranische Hängematte auszuprobieren.

Wir besuchen die Hacienda San Lucas, hoch oben in den Wäldern über dem Tal des Río Copán, mit Blick auf ein stattliches Gebirge im orangenen Licht der untergehenden Sonne. Ein großartiger Moment, nicht nur der genussvollen Lage wegen. Denn Flavia Cueva, die Besitzerin des entlegenen Anwesens, weiß, wie man mittelamerikanische Realität auf die Höhe der Vorstellungen ausländischer Gäste hievt. Dreißig Jahre lang lebte die gebürtige Honduranerin in den USA. Nach ihrer Pensionierung als Sprachen- und Geschichtslehrerin kehrte sie aus Kentucky zurück in das Sommerhaus ihrer Kindheit. Ihr Großvater hatte es auf alten Maya-Fundamenten errichtet, sie ließ es renovieren, zwei mietbare Zimmer mit dem gewünschten Komfort (Hängematten!) ausstatten und mit einer Küche versehen, die geeignet ist, anderthalb Dutzend Kostgänger mit lokalen Spezialitäten zu verwöhnen.

Bevor das Essen – mit Maismehl gefüllte Bananenblätter namens *tamales*, gegrilltes Huhn in Adobo-Sauce und Tortillas mit schwarzen Bohnen und frischem, hausgemachtem Käse – serviert wird, bleibt noch ein bisschen Zeit. Unten im Fluss werden Pick-ups gewaschen und Pferde gestriegelt, auf denen anschließend halbnackte Kinder davontraben. In weiterer Entfernung, so stellen wir uns vor, schließt gerade der Maya-Park seine Tore. Die Papageien, die tagsüber am Eingang die Besucher bekrächzen, werden für die Nacht in ihre Käfige gesperrt. Langsam senkt sich die Dunkelheit auf die Stelen, Statuen und Altäre der Maya-Könige, die sich vor mehr als tausend

Jahren Namen wie Rauch-Muschel, Rauch-Affe, Erster-Papagei und Achtzehn-Kaninchen gaben.

Die heutigen Hondureños, von denen mehr als die Hälfte nicht einmal zwanzig Jahre alt ist, heißen etwa Babett María, Maybeth Josefina, Rudi William oder Marvin Jesús. Diese Namen sind ein Beleg mehr für die engen Bande zwischen dem mittelamerikanischen Land und den Vereinigten Staaten, die seit Jahrzehnten geknüpft sind und sich nicht nur an den vielen ausrangierten gelben Bussen zeigen, die auf den Straßen fahren und zuvor bereits Generationen von amerikanischen Schülern befördert haben.

Auf amerikanisch-spanische Doppelnamen hören auch die beiden Mädchen, die auf dem Markt in San Pedro Sula Fleischtäschchen frittieren und erzählen, dass sie nach Feierabend, von sechs bis neun Uhr abends, zur Schule gehen. Helmer Tito nennt sich der 15-Jährige, der Touristen mit Geschick und Geduld durch den Regenwald von Azul Meambar führt, eines der 104 geschützten Gebiete des Landes. Und Charlie Enrique heißt der junge Mann, der den Fremden die Ananasfrüchte, Mandarinen- und Bananenblüten erklärt und uns zu einer Frauenkooperative in Cerro Azul bringt, die in eigener Regie Kaffee anbaut, die Bohnen erntet, trocknet, schält, röstet, mahlt, in Tüten verpackt und verkauft.

Als wir ein paar Tage später auf Roatán, der größten der drei Islas de la Bahía, unterwegs sind, lernen wir eine Frau kennen, die uns ihren wahren Namen partout nicht verraten will. Sie nennt sich BJ. „BJ ist eine lange Geschichte, die ihr sicher nicht hören wollt", sagt die Frau, die in dem Dorf Oak Ridge ein Lokal führt. Es heißt treffenderweise *BJ's Backyard*, denn es ist auf Pfählen halb über dem Wasser gebaut und bietet authentische Hinterhofatmosphäre: eine Theke und selbst gebaute Barhocker, einen Kühlschrank, in den der Rost münzgroße Löcher gefressen hat, Likör- und Brandyflaschen, deren verstaubte Klebrigkeit mit bloßem Auge aus vier Meter Entfernung zu erkennen ist. Die erstaunlichste Erscheinung im Trödelreich der zahnlückigen Dame aber heißt Green Dog und ist ein Papagei, der sich für einen Hund hält. Deswegen bellt das Federvieh, wie es das von den Kötern gelernt hat, zwischen denen es aufgewachsen ist. Zudem süffelt Green Dog aus dem Becher seiner Herrin Hochprozentiges und beherrscht Ausdrücke, die Kinderohren nicht zugemutet werden sollten.

Eigentlich ist BJs Kneipe sonntags geschlossen. Die Wirtin hat sich eben auf einen Steg gestellt und eine Schnur mit Angelhaken und Sardinenkopf ins trübe Wasser geworfen. Wir bekommen trotzdem ein *Salva Vida*, das beliebteste einheimische Bier, und dürfen uns anhören, wie die Chefin schnapsselig gegen den drohenden Ausverkauf ihres Archipels an die Gringos wettert. Kein Gesetz, kein Politiker verbiete es einem Ausländer oder einem in Nordamerika zu Reichtum gekommenen Honduraner, ein Stück Land zu kaufen, es abzuholzen und auf die Kuppe des höchsten Hügels eine Villa zu setzen, die die Natur auf Jahrzehnte verschandele.

Ein paar Kilometer weiter südlich, am gepflegtesten Strand von Roatán und in Sichtweite der geschützten Korallengärten und Saumriffe, ist die Insel bereits fest in ausländischer Investorenhand. Nirgendwo sonst in Honduras zeigt sich die Janusköpfigkeit touristischer Ambitionen deutlicher als in diesen Resorts. Aus West End und West Bay wurde alles Honduranische längst verdrängt. Statt Imbissbuden mit glühenden Steinen locken aseptische Fast-Food-Restaurants; statt Tacos, Tortillas und Fajitas verzeichnen die Menükarten Steak, Pasta und Pizza zu Dollarpreisen. Viele Kellner sprechen nur Englisch und blicken, spricht man sie auf Spanisch an, verlegen zu Boden. Selbstverständlich kann man seine Hängematte bei der guatemaltekischen Andenkenhändlerin auch mit Reiseschecks begleichen.

In Punta Gorda, einem Garífuna-Dorf wenige Meilen die Küste aufwärts, ist solches Gehabe noch unvorstellbar. Es ist Nachmittag geworden, man feiert ein öffentliches Grillfest in einer Hütte am Strand. Aus dem Ghettoblaster dröhnen neben lokalen Hits auch Lieder von Bob Marley und alte Abba-Schnulzen. In einem Riesentopf köchelt ein Brei aus Reis, Bohnen und Fisch, die Frauen tanzen, im Rhythmus ihrer Hüftschwünge klatschen die Männer, einige dösen, sanft in ihren Hängematten hin und her schaukelnd, und lächeln. Derweil muss Yosela, 24 Jahre alt, auf ihr Töchterchen aufpassen. Auf Englisch klappt die Unterhaltung *más o menos*, auf Spanisch wäre es leichter. Unter sich sprechen die Dörfler Garinagú, ihren Stammesdialekt. Yoselas Mann arbeitet in Belize auf dem Bau, sie sieht ihn nur alle sieben oder acht Monate. Das sei traurig, sagt sie, aber normal. Denn die meisten Frauen aus Punta Gorda schlagen sich als Strohwitwen durch, hoffen bloß, dass ihre Ehegatten regelmäßig Geld in die Heimat schicken.

Bei einer kürzlich in sechs Ländern am Isthmus zwischen Atlantik und Pazifik durchgeführten Umfrage kam heraus, dass die Honduraner von allen Mittelamerikanern am wenigsten Vertrauen in ihre wirtschaftliche Zukunft haben. Vierzig Prozent der Befragten waren der Meinung, ihr Land werde niemals das Lebensniveau einer entwickelten Nation erreichen. Das ist kein Wunder, denn zwei Drittel der Haushalte gelten als arm, der monatliche Durchschnittslohn liegt bei umgerechnet hundert Dollar.

Schuld an der pessimistischen Grundhaltung tragen nicht nur die Spätfolgen des Hurrikans Mitch. Ende Oktober 1998 begrub der Orkan das Land, dessen Fläche ungefähr der zweieinhalbfachen Größe der Schweiz entspricht, unter gewaltigen Wassermassen, Schlamm- und Gerölllawinen. 5.600 Menschen kamen ums Leben, mehr als 8.000 werden bis heute vermisst. Zwar wurden für die Mitch-Geschädigten inzwischen überall im Land und mit ausländischer Hilfe feste Ziegelhäuser gebaut, doch viele davon stehen leer. Noch immer haben Gemeinden es versäumt, die neuen Siedlungen mit Elektrizität, Wasser und Gemeinschaftseinrichtungen wie Schulen und Krankenhäusern zu versorgen.

In einem Land, das mit Armut und Arbeitslosigkeit, einem maroden Bildungswesen, einer wuchernden Korruption und obendrein noch einer ständig verlierenden Fußballnationalmannschaft leben muss, ist der Tourismus ein Strohhalm. Zwar konnte die Zahl ausländischer Gäste in jüngster Vergangenheit leicht gesteigert werden, doch Honduras bleibt eine touristische Diaspora, die ihre Sehenswürdigkeiten bislang nur bruchstückhaft zu vermarkten verstanden hat.

Immerhin ist jetzt ein erster Schritt zu mehr Wettbewerbsfähigkeit getan worden. In Anwesenheit von Minister de Pierrefeu hat man der Öffentlichkeit eine neue, motorisierte Touristenpolizei vorgestellt. Auf vierrädrigen, Rasenmähern ähnlichen Untersätzen werden die *jaguares* genannten Wächter in Zukunft über die schönsten Strände von Honduras patrouillieren und versuchen, für die Sicherheit der Gäste zu sorgen.

(2003)

USA

Freiwillig in New Bern

Kein Mensch fährt freiwillig nach New Bern, North Carolina. Es sei denn, er hasst das Abklappern von Sehenswürdigkeiten. In New Bern gibt es nichts zu besichtigen, was eine Reise dorthin lohnen würde. Weder alte Festungsmauern noch erloschene Feuerstellen, an denen einst Indianer ihre Jagdbeute grillten. Keine Fresken oder Mosaike in einer alten Kirche und auch keinen malerischen Fischerhafen. Dennoch gelangten wir irgendwann in die Kleinstadt am Pamlico Sound. Rein zufällig, wie das auf ziellosen Reisen zuweilen passiert. Es war später Nachmittag, wir hatten nichts zu tun und keine Lust, noch ein paar Dutzend Meilen weiterzufahren, nach Jacksonville oder Wilmington, wohin uns ebensowenig lockte.

Das Ramada Inn von New Bern liegt ziemlich nah am Wasser des Neuse River. Ein Motel wie tausend andere. Mit einem polternden Eisautomaten auf dem Flur, jedes Zimmer mit einem überdimensionalen Doppelbett und einer Kaffeemaschine neben dem Fernsehapparat. Auf einem Tablett die üblichen Styroporbecher, die gewohnten Tütchen mit Süßstoff und mehligem Milchpulver. Man gewöhnt sich auch daran.

Da die Sonne schien, fuhren wir ins Zentrum. Es war nicht leicht zu finden. Sofern es überhaupt existiert. Wir fanden das nicht heraus. Wir stellten den Wagen auf einem der reichlich vorhandenen Parkplätze ab und marschierten los. An einer Bushaltestelle begegneten wir einem anderen Touristenpaar, das genauso rat- und orientierungslos unterwegs war.

Später grüßten uns zwei junge Männer in Uniform, die auf Campingstühlen vor dem Fire Department saßen. Das hohe Gebäude warf einen langen, angenehmen Schatten. Gefahrlos überquerten wir eine Kreuzung nach der andern. An den roten Ampeln warteten nur wenige Fahrzeuge, das *Walk/Don't walk*-Männchen hüpfte beharrlich und unbeachtet auf und ab. Eine ganze Weile waren die beiden Feuerwehrleute unser einziges Gesprächsthema. Wir fragten uns, was für Menschen das sein müssen, die ihr Leben freiwillig in New Bern fristen. Ob der eine oder andere wohl dazu gezwungen würde. Wie viele sich einfach mit ihrem Schicksal abgefunden hatten, so wie wir, als wir irgendwann für ein paar Stunden hier strandeten.

Denke ich heute an das Ramada Restaurant zurück, so kommt mir unverzüglich die Farbe Braun in den Sinn. Braun war der geräuschdämpfende Teppichboden, dunkelbraun waren die Tapeten und die Holztäfelung im Speisesaal. Braun war ebenfalls die große Plastikschüssel, in die der Kellner das benutzte Geschirr, die Bestecke und Gläser von den Tischen räumte. Braun wie Milchkakao war der Behälter, aus dem er die Flüssigkeit zum Reinigen der gläsernen Tischplatten sprühte. Unappetitlich braun schimmerte sogar die klebrige Sauce, die am Hals der traurig herumstehenden Ketchup-Flaschen eingetrocknet war. Und nussbraun waren schließlich die Kunststoffschachteln, in die sich die Gäste am Nebentisch ihre Essensreste füllen ließen.

Am nächsten Morgen verließen wir New Bern in Richtung Florence, South Carolina. Von touristischem Interesse seien in Florence, so sagte man uns im Visitors' Center, der Flughafen, das regionale Krankenhaus und vor allem die neue Shopping Mall am Interstate 95. Vielleicht wird später auch darüber einmal berichtet werden.

(1998)

USA

Unter dem Bart von Gorez Goz

Spanisches Moos ist, botanisch betrachtet, weder Moos, noch stammt es aus Spanien. Einer Legende nach handelt es sich bei dem silbrig grünen Gewächs, das in den amerikanischen Südstaaten in dünnen Fäden von den Bäumen hängt, um die Überreste des Bartes eines spanischen Siedlers namens Gorez Goz. Für ein Stück Brot und eine Schüssel Suppe soll sich der gute Mann einst ein hübsches Indianermädchen gekauft haben. Doch dieses ängstigte sich so sehr vor seinem neuen Herrn, dass es flüchtete, auf eine alte Eiche kletterte und von dort in den Fluss sprang. Als Señor Goz das Gleiche versuchte, blieb er mit dem Bart im Geäst hängen. Sein Leben war dahin, die Indianerin frei, und die Barthaare wiegen sich bis heute im leisesten Windhauch.

In Wirklichkeit gehört das Bartflechten ähnliche, auf unzähligen Postkarten verewigte Symbol des *Deep South* zur Gattung der tropischen Ananasgewächse. Diese Tillandsien wachsen ohne Verbindung zum Erdboden auf anderen Pflanzen und ernähren sich von der Luftfeuchtigkeit. Zunehmende Umweltverschmutzung bedroht die Existenz der seltsamen Baumdrapierung, doch noch lässt sich das Louisianamoos, so eine andere Bezeichnung, in Charleston und Umgebung an zahlreichen Eichen und Sykomoren bestaunen.

Wir haben in einer der Pferdekutschen Platz genommen, die marschierfaule Touristen kreuz und quer durch den historischen Distrikt von Charleston befördern. Zu jeder Sehenswürdigkeit liefert Robin, der junge Mann auf dem Bock, Fakten und Geschichten im breiten Südstaaten-Slang. Derweil lässt Clinton, der Gaul – er heißt tatsächlich so! –, ein paar Knollen in den schwarzen Plastiksack plumpsen, den man zwischen seinen Hinterbeinen befestigt hat. Eine nicht nur praktische, sondern auch äußerst nützliche Hygienevorrichtung, die dafür sorgt, dass die touristischen Viertel von Charleston sauber bleiben. Anders als die nördlich des alten Stadtkerns liegenden Straßenzüge, wo die Bürgersteige allem Anschein nach nicht häufig gekehrt werden und der Häuserverfall in vollem Gange ist – hier wohnen die Schwarzen, welche die Kutscheninsassen nie zu Gesicht bekommen.

Die in den Reiseführern gepriesenen architektonischen Schmuckstücke der Stadt freilich hält der Tourismus am Leben. Kein geringes Verdienst, nach all den Katastrophen und Desastern, die den Ort in seiner mehr als dreihundertjährigen Geschichte heimsuchten.

Gegründet wurde das ursprüngliche Charles Towne 1670 an der südlichen Mündung des Ashley River. Hier, direkt am atlantischen Ozean, lagen die paar Morgen Land, die der britische König Charles II. einigen Adligen als Dank für treue Dienste in der fernen Neuen Welt überlassen hatte. Um 1680 zogen die ersten Siedler, hauptsächlich Söhne reicher Plantagenbesitzer von der Insel Barbados, auf die zehn Kilometer südlicher gelegene und leichter zu verteidigende Halbinsel, wo die Stadt sich bis heute befindet. Ihre ersten Bewohner bauten sie zu einem der fünf befestigten Orte in British North America aus. Mit Mauern, Wällen und Zitadellen schützten sie sich gegen Angriffe von Piraten und Indianern. Vor allem aber mussten sie sich der Attacken der Spanier erwehren, die keine feindliche Kolonie in der Nähe ihrer Stützpunkte in Florida dulden wollten.

Zunächst mit Erfolg. Immer neue Siedler aus Schottland, Irland, Deutschland und Frankreich kamen nach Charleston. Der Handel mit Reis, Baumwolle, Indigo und Sklaven florierte, die Pflanzeraristokratie ließ sich in der Stadt herrschaftliche Residenzen errichten, in die sie sommers vor den Moskitoplagen und den häufigen Überschwemmungen im Umland flüchtete. Im Frühjahr und Herbst öffnen die heutigen Eigentümer ihre Villen für jene traditionsbewussten Pilgertouren, die den Besuchern das gesamte Spektrum vom Schmerz und vom Stolz des alten amerikanischen Südens immer wieder vor Augen führen.

Am Vorabend des Unabhängigkeitskrieges galt Charleston als wohlhabendste Stadt in British North America, ihr Hafen war der wichtigste an der gesamten amerikanischen Ostküste. Auch kulturell war man bemüht, dem Mutterland England nachzueifern. In einer einzigen Saison wurden nicht weniger als 119 Theaterstücke inszeniert, davon allein 25 von William Shakespeare.

Mit klackenden Mundgeräuschen lenkt Robin, halb zu seinen Passagieren gewandt, halb zur Fahrbahn gedreht, seinen Wallach zum Dock Street Theater, wo, von wenigen Unterbrechungen abgesehen, seit 1736 regelmäßig Aufführungen stattfinden. Weiter geht es an Kirchen, Museen und anderen Prachtbauten vorbei, welche die Unabhängigkeitskämpfe und den Bürgerkrieg schadlos überstanden. Stolz erinnern die heutigen Charlestonians an General William Tecumseh Sherman, der es 1864 angesichts der einzigartigen Schönheit ihrer Stadt, in der die ersten Schüsse zwischen den Nord- und den Südstaaten fielen, nicht übers Herz brachte, sie niederzubrennen.

Vor einem der typischen Antebellum-Gebäude bringt der Kutscher sein Pferd erneut zum Stehen und erläutert in kaum verständlichem Singsang die architektonischen Einzelheiten. Gut, dass es Bücher gibt, in denen man die betreffenden Details nachlesen kann. Und beispielsweise erfährt, dass der *shead*, die Schatten spendende, von Säulen getragene Veranda an der Südwestseite der Häuser in Charleston – und nur hier – *piazza* genannt wird. Eine Besonderheit, die angesichts des subtropischen Klimas mit seinen extrem hohen Temperaturen und der hohen Luftfeuchtigkeit nur allzu verständlich ist.

So bunt durcheinander gewürfelt wie die Baustile – von *Georgian* und *Gothic Revival* über *Victorian* und *Colonial* bis *Art Deco*, alles geprägt durch karibisch-kreolische Einflüsse –, so selbstverständlich ist in Charleston seit jeher die Koexistenz religiöser Überzeugungen. Das friedliche Nebeneinander von Hugenotten, Anglikanern, Presbyterianern, Quäkern und Juden förderte den Wohlstand der Stadt, die viele für die schönste der USA halten. Sogar als *Holy City*, als heilige Stadt, wurde sie gelegentlich von den Einheimischen bezeichnet. Und das nicht nur wegen der großen Anzahl an Kirchen. Höher als deren Türme darf übrigens kein Gebäude gebaut werden, weshalb man Wolkenkratzer und ähnliche Stadtbildverschandelungen auf der Landzunge zwischen den Flüssen Ashley und Cooper vergeblich sucht. Hinzu kommt, dass kein Gebäude, das älter als 75 Jahre ist, abgerissen werden darf.

Nun aber raus aus dem Fiaker! Schließlich ist Charleston eine Stadt für Spaziergänger – eine der wenigen in dieser autohörigen Welt. Der drei Quadratkilometer große Altstadtkern eignet sich vorzüglich für Fußmärsche. Auch an den Ecken, die Robin und Clinton uns vorenthielten, stehen Zeugnisse der einstigen Pracht. Insgesamt über fünfhundert klassifizierte Häuser aus acht Stilepochen zwischen 1690 und 1940. Unter anderem die für Charleston so typischen *single houses* mit ihren „falschen" Eingangstüren, die nicht ins Innere, sondern direkt auf die Veranda führen. Die Häuser mit ihren leuchtenden, meist pastellfarben gestrichenen Fassaden sind gewöhnlich ein Zimmer breit, zwei Zimmer tief und drei Stockwerke hoch; das älteste erhaltene Exemplar stammt aus dem Jahre 1721.

Die ersten ernsthaften Bemühungen um Wahrung und Sanierung des historischen Erbes gab es in den 1920er-Jahren. Etwa um die gleiche Zeit wurde ein neuer, den schnellen Rhythmen des Jazz angepasster Tanz populär, bei dem zunächst nur die Schwarzen im Vierteltakt die Beine schwangen. Man nannte ihn „Charleston", doch es steht nicht fest, ob er tatsächlich in dieser Stadt erfunden wurde.

Verbürgt ist hingegen die Tatsache, dass 1931 in Charleston eine gesetzliche Kontrolle über bauliche Maßnahmen in der Innenstadt beschlossen wurde – eine Premiere in den USA. Seither kümmern sich Vereinigungen wie die *Historic Charleston Foundatioun* um die architektonischen Schätze der Stadt.

Dazu zählt auch die Markthalle an der quirligen Meeting Street. Ihr Hauptteil entstand 1841. Jahrzehntelang boten die Farmer aus der Region hier ihre Produkte an. So wie heute die Souvenirhändler,

Getränkeverkäufer und Korbflechterinnen, an deren Ständen eine nie zum Stillstand gelangende Touristenschlange vorbeiflaniert. Derweil warten draußen, strategisch günstig an einem großen Parkplatz postiert, die Droschkenfahrer in ihren Konföderierten-Uniformen auf Kundschaft.

Spuren der mannigfaltigen Katastrophen, unter denen Charleston bis in die jüngste Vergangenheit immer wieder zu leiden hatte, lassen sich auf Anhieb kaum finden. Dabei fegte erst 1989 der Hurrikan Hugo über die *Southern Belle*, entwurzelte Hunderte von Bäumen, tötete 26 Personen und richtete Schäden in Höhe von 17 Milliarden Dollar an. Bereits 1912 hatte ein Wirbelsturm zahlreiche Reisfelder in Südkarolina zerstört, 1886 wurde die Gegend von einem gewaltigen Erdbeben erschüttert. Ereignisse, die einem unendlich fern erscheinen, wenn man durch die Gassen und kleinen Parks schlendert, unter dem seltsam zitternden Spanischen Moos hindurch, das jede Szenerie mit einem Hauch von Romantik und Melancholie umweht, ihr gleichzeitig etwas Gespenstisch-Mysteriöses verleiht.

Dann plötzlich, am frühen Nachmittag, rufen sich die Naturgewalten mit allem Nachdruck in Erinnerung. Innerhalb weniger Minuten verfärbt sich der Himmel über Charleston tintenschwarz. Im Nu ist die King Street, die beliebteste Einkaufsstraße – „women's heaven, men's hell", wie Robin gewitzelt hatte –, menschenleer. Kurz darauf geht ein heftiges Gewitter nieder, das die Highways in gefährliche Rutschbahnen verwandelt und die ängstlichsten Autofahrer veranlasst, unter der erstbesten Brücke oder einfach auf dem Seitenstreifen anzuhalten.

In Beaufort, neunzig Kilometer südlicher, zeigt sich der Himmel längst wieder ungetrübt. Es ist Sonntag, auf den Parkplätzen vor den auch hier zahlreich vorhandenen Kirchen gibt es nur wenige freie Lücken. Aus dem Innern der Gotteshäuser erklingt frommer Gesang, hin und wieder auch eine weniger andächtige Predigerstimme.

Wer nicht wüsste, dass der Fremdenverkehr nach der Textilindustrie der zweitwichtigste Wirtschaftszweig in South Carolina ist, in Beaufort würde er nie auf einen solchen Gedanken kommen. Zu unscheinbar duckt sich das 10.000-Einwohner-Städtchen an die Uferfront in der von zahlreichen Inseln gesprenkelten Bucht. Bis auf wenige Ausnahmen haben die Geschäfte geschlossen, „aus Respekt vor dem Tag des Herrn", wie Schaufensterschildchen zu verstehen geben. Folglich bleibt dem Besucher nur ein gemütlicher Spaziergang durch das Südstaaten-Ambiente, dessen typische Elemente sich in Beaufort auf übersichtlichem Raum konzentrieren.

Gegründet wurde die zweitälteste Stadt Südkarolinas 1711 von den Engländern, die Reis und Indigo anbauten und sich bei der Vermarktung ihrer Erzeugnisse den natürlichen Hafen zunutze machten. Frühere Siedlungsversuche der spanischen Konquistadoren und der französischen Hugenotten waren im 16. Jahrhundert allesamt gescheitert.

Das in Büchern und Prospekten viel beschworene afro-amerikanische Erbe dieser Region fristet im Alltag ein eher klägliches Dasein. Außer den Nachfahren der Sklaven, die aus Westafrika hierhin verschleppt worden waren, bekommt der Fremde hauptsächlich Relikte der weißen Macht vorgeführt: prächtig renovierte Villen, großzügige Gartenanlagen, in Museen ausgestellte antike Möbel.

Im Penn Center auf der nahen St. Helena Island hingegen herrscht Tristesse, falls nicht gerade ein Tourismus förderndes Ethno-Spektakel auf dem Veranstaltungskalender steht. Verfallene Hütten, aufgegebene Felder, ruinengleiche Scheunen erinnern nur vage daran, dass dieses Zentrum, 1862 als erste Schule für vormalige Sklaven eingerichtet, einst Mittelpunkt der schwarzen Emanzipationsbewegung vor Ort war. Heute fehlt dem 1974 zu einem *National Historic Landmark District* erklärten Gelände jegliche Lebendigkeit und Attraktivität. Es sei denn, man begnügt sich mit dem reichlich lieblos angelegten Lehrpfad durch ein Stückchen Natur.

Auch das ein typisches Merkmal der Südstaaten: Rassengleichheit existiert wohl in der Theorie, doch die gelebte Realität bietet täglich Beispiele für die nach wie vor herrschende Trennung zwischen den Hautfarben.

Nicht so am nächsten Wochenende in Savannah, noch einmal fünfzig Meilen weiter südlich, im Staate Georgia gelegen. Am Ufer des schlammbraunen Savannah River feiert man gerade das alljährliche *Seafood Festival*. Im Schatten der renovierten Lagerhallen aus rotem Backstein, wo einst schwitzende Sklaven Baumwollballen stapelten, haben Kunsthandwerker und Nippesverkäufer ihre Buden aufgestellt, zwischen den Verpflegungs- und Souvenirständen drängen sich Menschen unterschiedlichster Herkunft. Während aus Riesenlautsprechern Dixieland-Musik über die gemischt bevölkerte Promenade dröhnt, gewinnt man für Momente tatsächlich den Eindruck, Rassenunterschiede seien ein für allemal überwunden. Die fröhliche Stimmung würde Schwarze und Weiße näher zusammenrücken lassen, zumindest für die Dauer der jahrmarktähnlichen Veranstaltung ...

Savannahs Geschichte ähnelt in vielen Hinsichten der von Charleston. Auch hier lebten bereits seit 4.500 Jahren Indianerstämme, als 144 Engländer unter General James Edward Oglethorpe am 12. Februar 1733 an Land kamen. Auch sie errichteten Festungsanlagen zum Schutz gegen die spanische Bedrohung aus dem Süden. Die Stadt selbst konzipierte der General nach strengen symmetrischen Maßstäben. 24 Plätze, miteinander verbunden durch rechtwinklig angelegte Straßen, bilden noch heute die urbanistischen Fixpunkte eines Ortes, den man sich mit den Schuhsohlen erlaufen muss. Um die *squares*, gemütliche Oasen im Schatten von Eichen, Palmen und Magnolien, gruppieren sich die Häuser und Gärten mit exerzierplatzmäßiger Akkuratesse. Und genau wie Charleston erlebte auch Savannah einen raschen Aufstieg als Handelszentrum. In wenigen Jahrzehnten entwickelte sich der Hafen zu einem der wichtigsten Umschlagplätze für Tabak und Baumwolle. 1763 erschien die erste Zeitung, die *Georgia Gazette*, man erntete Pfirsiche, Erdnüsse und Äpfel, die neue Kolonie strebte scheinbar grenzenlosem Wohlstand entgegen. Bis, wie in Charleston, die Zeit der Desaster begann.

1796 und 1820 kam es zu verheerenden Feuersbrünsten, mehrere

Gelbfieber-Epidemien rafften große Teile der Bevölkerung dahin. Als 1861 der Bürgerkrieg begann, wurde der Hafen geschlossen, der Handel mit „King Cotton" kam zum Erliegen, mit einem Mal war die ganze Region völlig von den europäischen Exportmärkten abgeschnitten. Am Ende jedoch hatte auch Savannah großes Glück: General Shermans Nordstaaten-Soldaten zogen zwar mordend und zerstörend durch die Lande, doch vor der Pracht von Oglethorpes Stadtanlage machten sie Halt. Als die Einwohner sich am 22. Dezember 1864 ergaben, ließ Sherman die Metropole nicht in Flammen aufgehen, sondern offerierte sie seinem Präsidenten Abraham Lincoln als Weihnachtsgeschenk.

Das späte 19. Jahrhundert brachte, im Gefolge der Abschaffung der Sklaverei, das Ende der Baumwollindustrie. Für Savannah begann der allmähliche Niedergang, der sich über ein halbes Jahrhundert hinzog. In dieser Zeit fielen zahlreiche historische Gebäude dem Autoverkehr zum Opfer: Sie mussten Platz machen für immer breitere und immer zahlreichere Avenuen, die – mit einem Wort Julien Greens – so „nichtssagend" sind, dass sich der moderne Flaneur bei seiner Suche nach der melancholischen Schönheit der alten Stadt schleunigst davon abwenden muss.

Hätten sechs Damen der besseren Gesellschaft von Savannah sich 1954 nicht zusammengetan und mit Privatgeldern eine beispiellose Rettungsaktion gestartet, vom altmodischen Charme ihrer Heimat wäre kaum etwas übrig geblieben. Nahezu zweitausend historische Gebäude konnten inzwischen vor dem Verfall bewahrt, restauriert und neuen Zwecken zugeführt werden.

Zum Beispiel die mächtigen Bauten zwischen Bay Street, Factor's Walk und River Street. Hölzerne Stege, Stahltreppen, Brücken mit schmiedeeisernen Geländern führen zu den zehn Meter tiefer gelegenen Lagerhäusern am Flussufer, wo sich die Festbesucher gerade an Krebsen, Krabben, gegrillten Fischfilets und anderen Delikatessen aus dem Meer delektieren. Ob sie wohl ahnen, dass die grob behauenen Pflastersteine unter ihren Füßen als Ballast mit den ersten

Segelschiffen aus Europa kamen?

Dass massive touristische Präsenz ihren Tribut fordert, braucht nicht erst in Savannah bewiesen zu werden. Und so hat man in vielerlei Hinsicht den Eindruck, dass die Stadt für ihre Eigenart teuer bezahlt. In zahlreichen Restaurants des sanierten Viertels wird, um es freundlich auszudrücken, das nostalgische Ambiente intensiver gepflegt als die kulinarische Kunst; auf den Trottoirs bemühen sich drittklassige Straßenmusikanten meist vergeblich, ihren Saxofonen und Trompeten authentische Klänge zu entlocken; derweil überbieten sich marktschreierische Kitschhändler gegenseitig an Unverschämtheit. In solcher Umgebung fällt es schwer, sich nicht als geprellter Gast zu fühlen. Sowie als Opfer einer Sehnsucht nach Südstaaten-Romantik, die man sich, wider besseren Wissens, bereitwillig vorgaukeln lässt.

(1997)

USA

Die schwebende Mrs. Bridge

Ich erinnere mich an Mrs. Bridge, weil es in ihrem Kleiderladen nach Zimt duftete. Das erinnerte mich an Geschäfte in Santa Fe, New Mexico, an denen ich neun Jahre zuvor vorbeigeschlendert und wo ich glücklich gewesen war. Ein scharfer, eindringlicher Geruch, der sich in Mrs. Bridges Heimatstadt Apalachicola mit dem von Meerestieren verband, die zu lange in der Sonne gelegen haben. In Apalachicola, Florida, sind die Bürgersteige und sogar manche Straßenabschnitte mit Austernschalen gepflastert. Der Gatte von Mrs. Bridge verdiente sein Brot als Austernfischer, bevor er seinen Job verlor und von einer Sicherheitsfirma angeheuert wurde. Früher kam er jeden Tag nach Hause, heute kommt er nur noch am Wochenende. Also eröffnete seine Frau bald eine kleine Boutique, in der Röcke, Blusen, Kleider, Schals und sonstige Kleidungsstücke aus leichter, heller, fast durchsichtiger Baumwolle und Leinen angeboten werden.

Es ist heiß am Golf von Mexiko. Aber in touristischer Hinsicht zum Glück nicht mit Floridas Ostküste zu vergleichen. „What the hell brings you to our town?", fragte Mrs. Bridge, als wir uns für ein bedrucktes Halstuch entschieden hatten und ihr die Kreditkarte über die Theke schoben. Die letzten Europäer, an die sie sich erinnern konnte, kamen aus England, doch deren Besuch lag mindestens drei Jahre zurück.

Dann erzählte die nicht mehr ganz junge Frau von der Austernfischerei, die in Apalachicola niemanden mehr ernähren würde. Nur einige Boote lägen noch im Hafen, sowie riesige Halden von leeren Austernschalen, mit denen niemand mehr etwas anfangen könne. Wegen der großen Hitze würde alles im Handumdrehen verrotten.

Aus dem Mund von Mrs. Bridge hörte sich der Akzent der Bewohner der San Blas Bay besonders prägnant und niedlich an. Vor allem die Zischlaute klingen für fremde Ohren sehr ungewohnt. Die Boutiquenbesitzerin sagte „the schtreet" und „the oyschters". Als wir ihr unsere Lust auf einen starken Espresso verrieten, schickte sie uns ein, zwei Häuserblöcke weiter, zu *Java Joe's Coffeehouse* (gleichzeitig Bistro, Restaurant und Souvenirladen). Der Wirt fragte, wie viel Löffel Zucker er uns in die Tassen schütten dürfe. Wir ließen uns draußen an einem der drei Plastiktische direkt an der Hauptstraße nieder und begannen in der *Apalachicola Times* zu blättern, die wir an der Rezeption des Verlags- und Redaktionshauses der örtlichen Wochenzeitung gekauft hatten.

Java Joe trug ein Hawaiihemd und schwitzte fürchterlich. Als Mrs. Bridge auf dem gegenüberliegenden Bürgersteig vorbeiging, rief er ihr etwas zu, das wir nicht verstanden. Sie hob eine Hand, winkte herüber und lächelte. Dann verschwand sie um die nächste Ecke, Richtung Meer, und es kam uns vor, als würde sie schweben.

(1998)

USA

In der Wildnis

Zur Einstimmung auf die nächsten Tage ist das *Grand Village* der Natchez-Indianer bestens geeignet. Es liegt südöstlich der nach seinen ehemaligen Bewohnern benannten Stadt am linken Ufer des Mississippi River und beeindruckt durch die erhabene Schlichtheit, die gänzlich unspektakulär an das Schicksal seiner Erbauer erinnert. Nirgendwo billige Souvenirstände oder Attrappen *made in Taiwan*, nirgendwo ein gelangweilter Hobbydarsteller in Sicht, der in der nachgemachten Tracht seiner Vorfahren Modell stehen muss für übereifrige Freizeitfotografen. Keinerlei Hektik. Stattdessen eine von majestätischen Bäumen umstandene Wiese mit Buckeln und Hügeln, penibel geschoren und groß wie zwei Fußballfelder. Darauf ein mit bescheidenem Aufwand nachgebauter Kornspeicher, eine mit Stroh gedeckte Lehmhütte, nebenan zwei, drei einfache Holzkonstruktionen, die den Alltag des vornehmlich Landwirtschaft betreibenden Volkes der Natchez vergegenwärtigen.

Von 1682 bis zu seiner Zerstörung im Jahre 1730 diente das „Große Dorf" der Gemeinschaft als gesellschaftliches Zentrum und religiöse Kultstätte. Hier wurden die Toten beerdigt, zwischen den bis heute erhaltenen Grabhügeln veranstalteten die Natchez ihre traditionellen Zeremonien. In den Grabkammern selbst brannte das ewige Feuer, zum Zeichen für das Weiterleben der verstorbenen *chiefs* im Jenseits. Erlosch die Flamme, so bezahlte der Wächter des Feuers sein Versäumnis mit dem Leben.

Um die komplexe Natchez-Kultur, die als die am weitesten entwickelte nördlich der Maya- und Azteken-Zivilisationen in Mittelamerika und Mexiko gilt, wird nicht viel Aufhebens gemacht. Schmale, kaum erkennbare Pfade führen durch das unscheinbare

Gelände, an einigen wenigen Stellen verweisen schmucklose Schildchen auf einzelne Aspekte der untergegangenen Stammesbräuche. Umso bewegender die beinahe weihevolle Stimmung, die über dem geschichtsträchtigen Terrain schwebt, ohne dass fremdenverkehrsfördernde Absichten dazu beitragen mussten.

Naturbelassene, unverfälschte Ursprünglichkeit und behutsamer Umgang mit der Historie prägen die gesamte Strecke des Natchez Trace Parkway, der uns in den nächsten Tagen quer durch Mississippi, Alabama und Tennessee in den Norden führt, rund 720 Kilometer weit. Statt aufwändige Touristenattraktionen aus dem Boden zu stampfen, begnügten sich die Initiatoren des Projekts mit den natürlichen Reizen der umgebenden Landschaft und den recht verwegenen Einzelheiten ihrer ereignisreichen Vergangenheit.

Der Ausgangspunkt – oder, je nachdem, welche Richtung man einschlägt: das Ziel – des Parkway liegt an der nördlichen Stadtgrenze von Natchez, wo sich Ende des 17. Jahrhunderts die ersten französischen Siedler niederließen. Zunächst gestalteten sich die Beziehungen zwischen den weißen Pionieren und den indianischen Eingeborenen eher unproblematisch. Man teilte sich das fruchtbare Land und die Bodenschätze, man half einander beim täglichen Überlebenskampf in der Wildnis. Nur in einer Hinsicht scheint es gelegentliche Meinungsverschiedenheiten gegeben zu haben, denn die vorwiegend männlichen Siedler der ersten Jahre litten sehr unter den Qualen ihrer erzwungenen Einsam- und Enthaltsamkeit. So dass sich ihr Anführer genötigt sah, folgenden Hilferuf heimwärts zu senden: „Schickt Frauen für meine Männer, sie rennen in den Wäldern dauernd hinter den Indianermädchen her."

Mit den Frauen kamen zahlreiche neue Einwanderer, mitsamt Sklaven. Hauptsächlich Franzosen, aber auch Schweizer und etliche Deutsche, denen nach Ländereien und nach dem vermeintlichen Gold der Eingeborenen gelüstete. Ab 1716, als Jean Baptiste Le Moyne, Sieur de Bienville, unweit des „Großen Dorfes" des Natchez-Stammes das Fort Rosalie errichten ließ, verschlechterten sich die Kontakte zwischen den so verschiedenen Nachbarn zusehends. Als die Natchez gar vom Plan der Franzosen hörten, ihnen ihr Land wegzunehmen und sie aus ihren Dörfern zu vertreiben, griffen sie die Garnison im Fort an. Am 29. November 1729 töteten sie mehr als fünfhundert Bewohner und nahmen einige wenige Frauen und Sklaven gefangen.

Die Rache der Franzosen folgte auf dem Fuß. Bereits im darauffolgenden Jahr überfielen sie im Verbund mit den Choctaw-Indianern, seit jeher Feinde der Natchez, den im *Grand Village* versammelten Stamm. Was Alkohol, Syphilis und Pocken im Verlauf mehrerer Jahre nicht geschafft hatten, erledigten Le Moynes Soldaten an einem Tag. Im Handumdrehen war ein ganzes Volk ausgelöscht.

Doch auch die französische Herrschaft in der Stadt am „Vater aller Flüsse" hielt keine Ewigkeit. Bereits 1763 wurde Natchez zu einem britischen Distrikt. Ab 1779 hatten die Spanier das Sagen, 1798 schließlich übernahmen die Amerikaner das Kommando. Letztere waren es, die das Netz der ehemaligen Jagdpfade der Indianer, das erstmals 1733 auf französischen Karten erfasst worden war, ausbesserten, erweiterten und den Natchez Trace zur wichtigsten Route im noch jungen Süden der USA machten. Benutzt wurde die Strecke von einem schier endlosen Strom von Händlern, Soldaten, Predigern, Spielern, Banditen und Sklaven, die ins untere Mississippi-Tal und weiter bis an die Küste des Golfs von Mexiko zogen. Ihr beschwerlicher Weg führte durch Wälder und Sumpfgebiete voller Gefahren.

Schlamm, Hitze, Sturmgewitter und mörderische Tornados setzten ebenfalls den Postreitern zu, die ab 1800 einmal im Monat Zeitungen, Briefe und regierungsamtliche Mitteilungen von Nashville nach Natchez beförderten und dafür weniger als zehn Tage benötigten.

Die auffälligsten Spuren am Trace hinterließen die so genannten *boatmen*, vorwiegend Händler und Kaufleute aus Pennsylvania, Virginia, Kentucky und Ohio. In ihren Heimatstädten bauten sie sich jene Flachboote und einfachen Lastkähne, die sie mit ihren Erzeugnissen – hauptsächlich Tabak, Mehl, Pelze, Eisen und Whiskey

– beluden, um sich anschließend mit der Strömung des Mississippi nach Süden treiben zu lassen. In Natchez angekommen, verkauften sie nicht nur ihre Fracht, sondern wegen des begehrten Holzes ihre Schiffe gleich mit. Zur Heimkehr bot sich ihnen keine Alternative: Zu Fuß oder, seltener, zu Pferd machten sie sich über den Natchez Trace auf in Richtung Norden. Ein Marsch, der mindestens sechs Wochen dauern würde.

Mark Twain, selbst Benutzer der einstigen Indianerfährten, beschrieb die wanderfreudigen Bootsleute als „rauhe und zähe, ungebildete, aber mutige Burschen und trinkfeste Scherzbolde mit üblen Manieren, die sich allerdings häufig durch außergewöhnliche Großmut auszeichneten". Beste charakterliche Voraussetzungen, um sich nach erfolgreich abgeschlossenem Handel und mit prall gefüllten Geldbörsen noch ein Weilchen in Natchez-under-the-Hill zu vergnügen.

In diesem noch heute viel besuchten Stadtviertel am Steilufer des Mississippi, von damaligen Tugendwächtern als „Barbarenküste des Ol' Man River" verschrien, trieben Matrosen, Schmuggler und Diebe ihr Unwesen. Mit Folgen, die bis in die Gegenwart sichtbar geblieben sind. Man erkennt die Spuren des verwerflichen Tuns an den tiefen Einschnitten entlang der Uferböschung, wo Erdrutsche und Überschwemmungen bizarre Formen in die Felsenlinie gezeichnet haben. Genau hier gruben die von Twain porträtierten Gesellen Depots für die Beute aus ihren illegalen Geschäften in den Abhang und provozierten damit massive Einstürze der Gesteinsdecke. Natchez-under-the-Hill galt als das „wildeste Höllenloch" weit und breit.

Am Trail selbst, der damals auch „Path of Peace", Friedenspfad, und, in Anlehnung an die gerade dreihundert Jahre zurückliegende Entdeckung der Neuen Welt, „Columbian Highway" genannt wurde, lauerten derweil nicht nur naturgegebene Bedrohungen. Zu den Giftschlangen und Riesenameisen im Gebüsch gesellten sich häufig Indianer, welche die Passanten verständlicherweise nicht mit einem

Glas eisgekühlter Limonade in der Hand begrüßten. Auch manch lichtscheues Bleichgesicht hatte es auf das Eigentum der Heimkehrer abgesehen. Nicht selten bemalten sich diese Ganoven, o Gipfel der Hinterlist!, das Gesicht mit dem Saft wilder Beeren und rieben sich mit aus Baumrinden gewonnenem Farbstoff ein – in der alleinigen Absicht, sich auf diese Weise ein rothäutiges Aussehen zuzulegen und ihren Opfern einen noch gewaltigeren Schrecken einzujagen. Sogar von wenig tugendhaften Predigern geht die Kunde, die auf dem Trace unterwegs waren und den Herrn lobten, während ihre Komplizen sich am Besitz der frommen Zuhörer vergriffen.

Räuber- und Mordgeschichten begründeten die blutige Reputation einer der berühmtesten Pionierrouten Nordamerikas, die schon früh den Beinamen „the devil's backbone", des Teufels Rückgrat, erhielt. Ihr Niedergang setzte im Jahre 1811 ein, das in den Geschichtsbüchern des amerikanischen Südens als *annus mirabilis* verzeichnet ist. Erdbeben, Insektenplagen und Epidemien erschütterten das gesellschaftliche und wirtschaftliche Leben der ganzen Region. Doch die tatsächliche Todesstunde des Trace schlug, als im Januar 1812 das erste Dampfschiff in Natchez eintraf. Die schaufelradgetriebenen „schwimmenden Paläste", die fortan regelmäßig zwischen den größeren Städten am Mississippi verkehrten, erlaubten den Reisenden, den Fluss schneller, komfortabler und sicherer als über den alten Landweg hinaufzufahren. Der ursprüngliche Pfad, der sich mittlerweile zu einem regelrechten Weg geweitet hatte, fiel erneut der Natur anheim, vergraste und wurde von Hecken und Gesträuch überwuchert.

Erst ein Jahrhundert später tauchte der Natchez Trace wieder aus dem Vergessen auf. Es waren die rührigen „Töchter der Amerikanischen Revolution" sowie die „Töchter des Krieges von 1812", die mit Gedenksteinen sowohl an die Schurken als auch an die Gentlemen erinnern wollten, welche die Route einst benutzt hatten. Zur letztgenannten Kategorie zählten mehrere amerikanische Präsidenten (z. B. Abraham Lincoln), die meist in ihrer Jugend zur abenteuerlichen Expedition aufgebrochen waren. Fast genauso häufig wird der Künstler John James Audubon (1785-1851) erwähnt, der in dieser Gegend etliche seiner berühmten Vogelbilder anfertigte. Seinen Lebensunterhalt verdiente sich Audubon derweil als Porträtmaler und Französischlehrer in den an der Strecke verstreuten Siedlungen.

Die touristische Karriere des Natchez Trace begann Anfang der 1930er-Jahre. Damals litt die ganze Nation unter den Folgen der Großen Depression, und Präsident Franklin D. Roosevelt erkannte, dass nur Arbeitsbeschaffungsmaßnahmen im großen Stil die Menschen aus ihrer Not herausführen könnten. So wurde, etwa zeitgleich mit ähnlichen Projekten in anderen Gegenden der USA, beschlossen, den vernachlässigten Pfad zu einem *national parkway* auszubauen. Mitte 1937 kam es zur Unterzeichnung der entsprechenden Verträge. Endlich konnten die mit Mitteln aus den persönlichen *emergency funds* des Präsidenten finanzierten Bauarbeiten beginnen. Der Zweite Weltkrieg und andere Probleme bewirkten, dass das Unternehmen bis heute nicht vollständig abgeschlossen ist. Allerdings fehlen nur noch wenige Meilen zum lückenlosen Verlauf des Natchez Trace Parkway.

Moderne Reisende bewegen sich auf einem der zahlreichen amerikanischen *scenic drives*, den man sich gepflegter, sauberer und sicherer kaum vorstellen kann – ein wahres Himmelreich für stressgeplagte Autofahrer, die in dieser stillen Welt auf mehr als siebenhundert Kilometern keiner einzigen roten Ampel, nie einem Lastwagen, keinerlei Natur verschandelnden Werbeplakaten oder Neonreklamen der bekannten Motel- und Fast Food-Ketten begegnen. Nicht einmal vom gelegentlichen Wildwechsel droht bei einer erlaubten und streng kontrollierten Höchstgeschwindigkeit von maximal siebzig Stundenkilometern ernsthafte Gefahr.

„Achten Sie bitte auf die giftigen Schlangen!", rät die Rangerfrau am Mount Locust, bevor sie ihre Besucher zu dem kleinen, im Wald versteckten Privatfriedhof schickt. Hier ruht mitsamt Familie

William Ferguson, der ehemalige Betreiber der Mount Locust-Herberge – die letzte verbliebene von insgesamt fünfzig Gaststätten am Trace, die einst Durchreisenden Unterkunft und Verpflegung boten. Die hüttenähnliche Behausung wurde im 1820er-Stil restauriert, ein Viertel des verarbeiteten Holzes stammt noch aus dem ursprünglichen Gebäude, selbst das Blau der Zimmerdecken, das, einer alten Sage nach, Geister und Gespenster aus dem Haus fernhalten soll, leuchtet immer noch in der Originalfarbe. Und nicht ohne Stolz betont die Fremdenführerin, dass „ihr" Lokal, im Gegensatz zum Brashear's Stand einige Dutzend Meilen nördlicher, als überaus seriöses Etablissement galt, will heißen: Mount Locust stand nie in dem gerade für amerikanisches Puritanerdenken höchst verwerflichen Ruf, ein „Haus der Vergnügungen in der Wildnis", sprich: ein billiges Bordell gewesen zu sein.

An den rund hundert Haltestellen entlang der Strecke entpuppt sich das Reisen allmählich wieder als das, was es im Idealfall sein kann: ein geruhsames Entfalten von Zeit in einem ständig sich wandelnden Ambiente. Spätestens am zweiten Tag seines Parcours fällt es dem Besucher leicht, sich im Rhythmus der Stationen auf die Geschichten und Legenden des Old Natchez Trace einzulassen. Zumal jeder Aussichtspunkt, jede Sehenswürdigkeit – wie könnte es in den Vereinigten Staaten auch anders sein! – autofahrergerecht konzipiert ist. Die Parkplätze bringen den Neugierigen ganz nah an die Objekte seines Interesses heran, die Beschriftung der allermeisten Hinweistafeln ist so leserfreundlich gestaltet, dass man erst gar nicht aus seinem Fahrzeug auszusteigen, ja nicht einmal das Seitenfenster runterzukurbeln bräuchte. Und dort, wo ein Spaziergang sich anbietet, wird nie vergessen, auf die Kürze und den geringen Schwierigkeitsgrad der Anstrengung hinzuweisen.

Meist aber lohnt die Mühe tatsächlich. Dort etwa, wo der alte Indianerpfad in seiner ursprünglichen Form erhalten geblieben ist und man sich die zu den Rillen, Fahrspuren und Fußabdrücken gehörenden Menschen und Tiere mit einem Mindestmaß an Fantasie dazudenken kann. Ebenfalls anzuraten ist ein Stopp an lauschigen Naturschauplätzen wie dem Cypress Swamp, wo ein bequemer, zwanzigminütiger Lehrpfad durch ein für die Südstaaten so charakteristisches Sumpfgebiet führt. Mit etwas Glück lässt sich sogar ein Blick auf die zwischen den Wasserzypressen dösenden Schildkröten erhaschen. Doch aufgepasst! Der auf einem Baumstamm lümmelnde Alligator muss nicht unbedingt eine Nachbildung aus Plastik sein ...

Andernorts gibt es Höhlen auszukundschaften, Tabakfarmen zu besichtigen, „singende" Wasserfälle (Owens Creek) zu belauschen, verfallene Dörfer mitten im Wald (Rocky Springs) zu bestaunen oder letzte Spuren der prähistorischen Eingeborenen (Bynum Mounds) zu entdecken. Archäologische Funde festigten die Vermutung, dass Teilstrecken des späteren Natchez Trace bereits vor mehr als dreitausend Jahren durch eine Region intensiven Handelsaustauschs führten. Kupfer, das vom Lake Superior stammte, Felsbrocken aus Tennessee und Feuersteine aus Ohio belegen die vielfältigen Kontakte der Natchez-, Chickasaw- und Choctaw-Indianer über ihre jeweiligen Stammesgrenzen hinweg.

Geradezu im Vorbeifahren präsentieren sich andere Schönheiten am Parkway. Seen und Staudämme, prächtige Mais-, Baumwoll- und Weizenfelder flankieren den Korridor aus Narzissen- und Azaleenblüten, Magnolienbäumen und Hartriegelwäldern, der sich serpentinenartig durch die zahme, sanft geschwungene Landschaft windet. Im Gebüsch pfeifen rote Kardinäle und Spottdrosseln, gelegentlich hocken wilde Truthähne auf dem sorgfältig gestutzten Rasenstreifen am Straßenrand.

Wer in dieser ländlichen Atmosphäre dann doch irgendwann die gewohnte Zivilisationsnähe vermisst, unternimmt ab und zu einen Abstecher in die nur wenige Kilometer abseits der Route liegenden Städte. Die eindrucksvollste von allen ist zweifellos Natchez, wo unser dreitägiger Ritt über das Rückgrat des Teufels begann und wo mehr als fünfhundert Antebellum-Häuser mit säulengesäumten Veranden zu bewundern sind.

Zeugnisse aus jener Epoche, als die Cotton-Barone Tausende von Sklaven auf ihren Plantagen schuften ließen und in der Stadt mehr Millionäre lebten als irgendwo sonst in den USA – New York einmal ausgenommen. Dass ihre Villen von den Kanonenkugeln des Bürgerkriegs 1861–1865 verschont blieben, verdanken sie ausschließlich der Tatsache, dass Natchez seine Bedeutung als Handelszentrum und Verkehrsknotenpunkt damals längst eingebüßt hatte. Umso perfekter funktioniert heute die gut geölte Nostalgie-Maschine, die den altmodischen Charme der amerikanischen Südstaaten am Blühen hält.

(1997)

USA

Augenlos in Cherokee

„Ich hasse Sightseeing", sagte Mr. Remington aus Dayton, Ohio. Wir saßen auf einer Holzbank vor dem Econo Lodge-Motel in Cherokee, Tennessee. Wir waren Zimmernachbarn. Ich konnte Mr. Remington gut verstehen: Er war blind, schlecht zu Fuß und hatte die Angewohnheit, sich die Fingernägel bis auf das Nagelbett herunterzukauen.

„Und wo kommen Sie her?", fragte er. Ich sagte es ihm. Er begann von Mannheim zu erzählen, wo er einige Monate als Soldat stationiert gewesen war. Dann nannte er den Namen einer Stadt, die mit etwas gutem Willen als Kaiserslautern zu entziffern war.

Seit seiner vorzeitigen Pensionierung – eine unbeabsichtigte Explosion hatte ihm das Augenlicht geraubt – kam Mr. Remington jedes Frühjahr mit seiner Frau nach Cherokee. Während sie in einer Tribal Bingo-Halle ihr Spielglück herausforderte oder mit zufälligen Bekanntschaften durch das Indianerdorf Oconaluftee spazierte, saß Mr. Remington auf der Bank vor seinem Zimmer. Oder drinnen, wo er den Fernseher einschaltete und den Stimmen und Geräuschen aus dem Apparat lauschte. „Es gibt in Cherokee sowieso nichts zu sehen", behauptete er.

Mrs. Remington bekamen wir weder an diesem Abend noch am Vormittag des nächsten Tages zu Gesicht. Spielcasinos interessierten uns nicht, und zur Führung durch das wiederaufgebaute Indianerdorf hatte sich außer uns nur eine fünfköpfige mexikanische Familie eingefunden. Man zeigte uns, wie die Eingeborenen einst lebten, wie sie jagten, welche Handwerksberufe sie ausübten, wie sie kochten, aßen, wohnten und ihre Feste feierten. Es waren bedrückende, traurig machende Darbietungen. Die Darsteller gaben sich nicht die Mühe, den

Blick zu heben und uns anzusehen. Sie hockten da und vollführten die auswendig gelernten Handgriffe, wie unglückliche Roboter. Ihre Körper passten nicht richtig in die nachgemachten traditionellen Kleidungsstücke.

Gegen Mittag holten wir unser Gepäck an der Motelrezeption ab und verstauten es im Kofferraum unseres Mietwagens. Die Holzbank war leer. Zwei untersetzte junge Männer mit glänzenden schwarzen Haaren kamen mit schmutziger Bettwäsche, feuchten Handtüchern und einem großen, blauen Abfallsack aus dem Zimmer der Remingtons. Nirgendwo ein Auto mit Ohioer Kennzeichen. Wir suchten nach der Auffahrt zum Blue Ridge Parkway.

(1998)

ASIENT

愛幸喜 譽力勇 壽福祝 忍和靜 愛幸喜 譽力勇 壽福祝 忍和靜 愛幸喜 譽力勇 壽福祝 忍和靜 愛幸喜 忍和靜 壽福祝

Indien
Die glückliche Karriere eines Zigarettendrehers

Die erste Nacht im Dschungel endet ungewohnt früh. Kurz vor fünf bricht ein tropisches Gewitter los. Ein Rauschen und Trommeln, als stünde man direkt unter einem Wasserfall, reißt die Besucher aus dem Schlaf. Gleichzeitig setzt das Jaulen jäh geweckter Hunde ein und übertönt minutenlang das stete Zirpen der Zikaden. Verzweifelt krähen die ersten Hähne gegen das heftige Regenprasseln an.

Das Schlafzimmer, mitten in ewig grüner Vegetation gelegen und der Kakophonie des erwachenden Urwalds schutzlos ausgeliefert, erinnert an einen Gitterkäfig. Das Dach, auf dem zudem eine große, blaue Plastikplane ausgebreitet ist, besteht aus getrockneten Palmzweigen. Es hält weder die Außengeräusche ab noch bremst es den kühlen Lufthauch, der gelegentlich über das von einem Moskitonetz umhüllte Bett weht. Gar nicht zu reden von der Feuchtigkeit, die sich ungehemmt in der Matratze, den Leintüchern, Kopfkissen und Kleidungsstücken einnisten kann. Und ganz zu schweigen von den kleinen und weniger kleinen Krabbeltieren, die sich nachts vornehmlich akustisch bemerkbar machen und manchem Novizen im Regenwald den Schlaf rauben.

Punkt fünf Uhr erschallt aus dem Nirgendwo die Stimme eines Muezzins, der die Menschen zum Morgengebet ruft. Dann flaut das Unwetter allmählich ab. Doch als die Dunkelheit mit erstaunlicher Geschwindigkeit in Dämmerlicht übergeht, schwellen die Naturgeräusche noch einmal zu einem ohrenbetäubenden Klangspektakel an. Rundherum Stimmen: krächzende und melodiöse Vogellaute, markiges Affengebrüll, klagendes Ziegengemecker, wütendes Heulen und sirenenartiges Jubilieren von Wesen, die man nie zu Gesicht bekommen wird.

Um sechs Uhr läuten im Turm der nahen Kirche die Glocken zur Frühmesse. Gleich darauf werden die Schüler des benachbarten Priesterseminars mit indischer Schlagermusik geweckt. Lautsprecher berieseln jetzt das halbe Dorf, in dem, wie überall in dieser Gegend, zudem eine dritte Religionsgemeinschaft beheimatet ist: die Hindus. Von ihnen ist am frühen Morgen nichts zu hören. Doch später, bei unserem Spaziergang durch einige der vierzehn Ortsteile, die zur Gemeinde Athirampuzha gehören, werden wir an kleinen Tempeln, mit Blumenkränzen und kostbaren Seidenstoffen geschmückten Götterfiguren vorbeikommen, brennende Räucherstäbchen riechen und Kokosöllämpchen flackern sehen.

In Malayalam, der Landessprache Keralas, bedeutet Sreekandamangalam „das Haus des Gottes Shiva" oder „der gesegnete Ort". Dass hier die aus knapp zwei Drittel Christen, 25 Prozent Hindus und 15 Prozent Muslimen bestehende Bevölkerung harmonisch zusammenlebt, ist seit Jahrhunderten Tradition und typisch für das kleine, an der Westflanke der indischen Südspitze gelegene „Land der Kokosnüsse" – so lautet angeblich die Übersetzung des Namens Kerala, obwohl häufig auch behauptet wird, diese Etymologie sei nichts anderes als eine Erfindung cleverer Tourismusmanager.

Erst an dem im Freien aufgebauten Frühstückstisch beginnen sich die von den Naturgewalten unsanft aus dem Schlaf gerissenen Besucher aus Europa langsam zu beruhigen. Serviert wird vitaminreiches Müsli aus Bananenscheiben, Ananasstückchen, geraspelten Karotten, Kokos- und Reisflocken – alles frisch zubereitet von Pradeep, der gleichzeitig Koch und Kellner ist. Es duftet nach exotischen Blumen, süßen Tropenblüten, Sandelholz und feuchter Erde. Die ersten Sonnenstrahlen nach dem verspäteten Monsunguss stoßen wie Pfeilspitzen durch das dichte Blattwerk der Bäume und Sträucher. Rasch wird es schwül, schon die geringste Bewegung bringt einen ins Schwitzen. Sehr bald jedoch begreifen die Fremden die Bedeutung jenes tröstlich gemeinten Satzes, mit dem Mathew Moozhiyil, der Gastgeber, auf ihre leichte morgendliche Verstimmung reagiert: „Wir sind Teil der Natur und wir müssen die Natur akzeptieren, so wie sie ist."

Auf dem zwei Hektar großen Grundstück der Familie Moozhiyil zeigt sich diese Natur von ihrer üppigsten, geradezu verschwenderischen Seite. Hier wachsen Koskospalmen und Bananenstauden neben Jackfruit-, Mango- und Papayabäumen. Überall kann man Ananasfrüchte, Betel- und Cashewnüsse pflücken. Pfeffer und Nelke, Muskat, Koriander und Gelbwurz gedeihen auf dem leicht hügeligen Gelände ebenso wie Curry, Yamswurzeln, Tapioka, Ingwer und andere Knollenfrüchte. Nur wenige Schritte sind es bis auf die Reisfelder und zu den Lotusteichen. Im nahen Fluss tummeln sich Krebse und Süßwasserfische. Und auf dem weitläufigen Hinterhof des Anwesens werden Kühe, Hühner und Ziegen gehalten.

Ein wahres Paradies für Selbstversorger ist dieses Fleckchen Erde jedoch erst seit zehn Jahren. Davor befand sich hier eine der in Kerala überaus zahlreichen, staatlich geförderten Kautschukplantagen. Diese bieten nur wenige Arbeitsplätze, zudem bedeutet der hohe Blausäuregehalt der Gummibäume eine schwere Belastung für die Umwelt. 1989 war es mit der ökologisch zweifelhaften Monokultur vorbei. Damals kauften Mathew und Leelamony Moozhiyil das Terrain mitsamt dem 150 Jahre alten Bauernhaus, um ihren Traum von einem besseren, glücklicheren Leben auf dem Subkontinent, von einem gerechteren und solidarischeren Indien zu verwirklichen.

Ihre für indische Verhältnisse geradezu revolutionären Ideen brachten die Eheleute aus Deutschland mit, wo sie sich kennen gelernt und zwanzig Jahre gelebt hatten, er als diplomierter Agrarwissenschaftler, sie als Krankenschwester. „Wir können die indische Gesellschaft nicht verändern, aber wir können kleine Schritte zur Weiterentwicklung einzelner Personen und Familien beitragen", sagt Mathew Moozhiyil zur Philosophie seines von einer privaten Stiftung getragenen Sozialprojekts. Seit 1990 besteht diese Dorfentwicklungsinitiative unter der Bezeichnung *Basic Agricultural and Social Improvement Schemes*, kurz *Basis*. Ihr Programm umfasst vielfältige Aktivitäten zur Verbesserung der Lebensbedingungen in Sreekandamangalam und seiner Umgebung. Dazu zählen Bildungs- und Ausbildungsmöglichkeiten sowie die Schaffung neuer Arbeitsplätze, aber auch die häufig beschwerlichen Versuche, einen Mentalitätswandel bei den Dorfbewohnern zu bewirken. Selbstständiger, selbstbewusster sollen die Menschen werden, mehr Verantwortung übernehmen und kastenbedingte Schranken überwinden.

Davon hat zum Beispiel ein junger Mann profitiert, der sich Johnny nennt. Er ist der Leiter der Kunstschule des Dorfes und Vertrauensmann des Sozialunternehmers Moozhiyil – eine Position, die dem Unberührbaren keineswegs vorherbestimmt war. Anfangs weigerten sich die *Basis*-Mitarbeiter aus höheren Kasten sogar, mit Johnny zusammenzuarbeiten und ihn als gleichberechtigten Kollegen zu akzeptieren. Solche, durch tief verwurzeltes Kastendenken bedingte Ausgrenzungen sind in Sreekandamangalam mittlerweile die Ausnahme. „Nicht Herkunft und Glaube eines Menschen zählen", sagt Mathew, „sondern sein Talent und sein Einsatz."

Es ist kein Zufall, dass das *Basis*-Projekt gerade in Sreekandamangalam angesiedelt ist: Mathew wuchs hier auf, Leelamony stammt aus einem Nachbarort. Trotzdem stießen die Pläne der beiden anfangs vorwiegend auf Ablehnung, denn, so die Überzeugung des Mannes mit der *churki*, der Locke am Hinterkopf, die ihn als Brahmanen, also als Angehörigen der obersten Kaste, ausweist: „In Indien ist jede Entwicklung eine Störung der existierenden Gesellschaftsnorm." Inzwischen jedoch haben die Einheimischen das soziale Engagement des „stillen Entwicklungshelfers", wie er sich selbst nennt, schätzen gelernt. Etwa jede sechste Familie aus dem Dorf verdient ihren Lebensunterhalt dank der diversen *Basis*-Einrichtungen. Viele haben im landwirtschaftlichen Betrieb ein Auskommen gefunden, arbeiten in der Kunstschule, der Nähschule, der Buchbinderei, dem Kindergarten oder in den Tanz- und Gesangsgruppen. Im Bau ist derzeit eine Ayurveda-Klinik, wo bald Kuren und Therapien in dieser fünftausend Jahre alten indischen Heilkunde angeboten werden sollen.

Sreekandamangalam ist ein reines Agrardorf, weit und breit gibt es keine Industriebetriebe. Mehr als siebzig Prozent der Einwohner leben von kleinbäuerlicher Landwirtschaft, Kleingewerbe und Saisonarbeit in den Kautschukhainen und auf den Feldern, auf denen Reis, Zuckerrohr, Baumwolle und andere Feldfrüchte angebaut werden. Demnach bleibt dem Besucher der für Indien typische Anblick von extremer Armut und existenziellem Elend weitgehend erspart. Die meisten Gassen und die weit in der Gegend verstreuten Häuser machen einen weniger heruntergekommenen Eindruck als in anderen Teilen des Landes. Hier wohnen sechshundert Familien, knapp viertausend Menschen. Die Wohlhabenderen, in vielen Fällen Heimkehrer aus Europa und den USA, haben sich Häuser aus Stein gebaut. Sogar einige Villen mit Satellitenschüsseln auf dem Dach verstecken sich hinter hohen Umgrenzungsmauern.

Mohen, der Fischer, gehört nicht zu diesen Privilegierten. Er lebt mit seiner Frau und zwei Töchtern in einer mit Wellblech, Bananenblättern und Jutefetzen gedeckten Hütte am Pennar-Fluss, dem „Fluss der Frauen". Steine, Schrott und alte Autoreifen beschweren das Dach der Unterkunft, die weder über fließendes Wasser noch über Strom verfügt. Wenn es regnet, hüpfen die paar mageren Hühner der Familie durch knöcheltiefen Schlamm. Seine Netze hängt Mohen zum Trocknen über den hölzernen Käfig, in dem er einen Leguan hält – sein ganzer Stolz. In einem richtigen Bett haben die Töchter des Fischers noch nie geschlafen. Genauso wenig wie Dhobi, ein Mädchen aus der Nachbarschaft. Auch ihre Familie zählt zur Kaste der Unberührbaren und steht in der gesellschaftlichen Hierarchie ganz unten. Zumindest wohnt Dhobi in einem Häuschen aus unverputzten Ziegelsteinen und teilt sich mit ihrem jüngeren Bruder ein kleines Zimmer, an dessen Wänden Christusbilder und Fotos von indischen Sängern und Filmschauspielern hängen. Davor steht ein alter Schwarzweißfernseher. Doch es gibt in dem Raum nur ein Bett, und das ist für den Jungen reserviert. Dhobi schläft auf dem Boden, auf einer dünnen Matte aus Kokosfasern. In einigen Jahren, so hofft das Mädchen, darf sie die Nähschule des *Basis*-Projekts besuchen und bei Shivan, dem Lehrmeister, das Schneiderhandwerk erlernen, wie zuvor schon weit mehr als hundert andere junge Frauen aus dem Dorf. Nicht wenige von ihnen konnten sich irgendwann vom Ersparten und mit einem Kleinkredit aus der *Basis*-Kasse eine eigene Nähmaschine kaufen und sich selbstständig machen – sofern der Vater, der Bruder oder der Ehemann das Geld nicht für sich beanspruchten.

Auch Varkey, Vater von drei Söhnen, bezieht einen Großteil seines Einkommens dank der Familie Moozhiyil. Mit ihrer Unterstützung konnte der Vierzigjährige sich unlängst an der Hauptstraße nach Athirampuzha einen kleinen Verkaufsstand einrichten. Im Halbdunkel schneidet er Tabakblätter zurecht, in die er ein paar Gramm Tabakkrümel rollt und die er zum Schluss mit einem dünnen blauen Faden zusammenbindet. Gleich nebenan betreibt der Gemüsehändler seinen Laden. In der benachbarten Teestube treffen sich regelmäßig einige Männer aus dem Dorf. Ihnen verkauft Varkey die kleinen, würzigen indischen Zigaretten namens *beedi*, das Zwölferpäckchen zu umgerechnet knapp fünf Cent. Für die vorbeikommenden Kinder hat der Händler Süßigkeiten, Limonade und getrocknete Bananenscheiben, eine Art indischer Kartoffelchips, im Angebot. Außerdem repariert und verleiht er Fahrräder. Nächstes Jahr will er sich mit einem zinsgünstigen Darlehen, für das Mathew die Bürgschaft übernimmt, einen Kühlschrank kaufen.

Früher drehte Varkey ausschließlich Glimmstengel, etwa tausend Stück pro Tag. Vom Erlös konnten er und seine Familie kaum leben. Als er das Angebot erhielt, auf Kommissionsbasis Bananen vom Grundstück der Moozhiyils zu verkaufen, änderte sich seine Lage schlagartig. Ein Drittel des Verkaufserlöses darf der Geschäftsmann behalten, liegen gebliebene Ware wird an die Tiere auf dem Projekthof verfüttert.

Varkeys „Karriere" ist der Beweis dafür, dass Bildung und Ehrgeiz alleine den Menschen in Kerala nichts nutzen. Ohne Projekte wie das des Ehepaars Moozhiyil hätten viele Bewohner keine Chance, der Misere zu entkommen. Zwar ist der Grundbesitz in dem Unionsstaat dank der frei gewählten kommunistischen Regionalregierung, die seit vierzig Jahren herrscht, gerechter verteilt als in allen anderen Teilen Indiens. Zwar können mehr als neunzig Prozent der Keraliten lesen und schreiben, wesentlich mehr als im übrigen Indien. Doch sieben von zehn Erwachsenen sind ohne Arbeit und ohne regelmäßiges Einkommen.

Zum ökonomischen Aufschwung der Gemeinde Athirampuzha trägt in bescheidenem Ausmaß auch der Fremdenverkehr bei. Seit 1997 empfangen die Moozhiyils jährlich vier Touristengruppen mit jeweils maximal zwölf Teilnehmern. Mehr sei der Infrastruktur und dem Personal des *Basis*-Projekts nicht zuzumuten, sagt Mathew. Zwei Wochen lang nehmen die Gäste aus Europa am Alltag von Sreekandamangalam teil, informieren sich über die Arbeit in den verschiedenen Workshops, beteiligen sich an einzelnen Aktivitäten und kommen auf Wunsch in den Genuss von Ayurveda-Massagen. Nach einer Einführung in die südindische Gastronomie lernen sie zudem die Kunst, Reis mit scharfen Curries zu mischen, ihn mit den Fingern der rechten Hand zu kleinen Bällchen zu formen und sich diese mit Daumen, Zeige- und Mittelfinger in den Mund zu schieben.

Die Begegnungen zwischen Einheimischen und Europäern hält Mathew Moozhiyil für mindestens ebenso wichtig wie die finanzielle Unterstützung, die das Projekt durch die Reisegruppen erfährt. Dabei verläuft der Lernprozess durchaus nicht nur eingleisig, denn auch die Keraliten sollen von den Fremden lernen.

Kombiniert wird die Begegnung der Kulturen mit einem touristischen Programm, etwa mit Elefantenritten und Tagesausflügen mit dem Zug oder dem Postboot nach Cochin und Alleppey, zwei traditionsreichen Hafenstädten an der südlichen Malabar-Küste. Unbestrittener Höhepunkt der Tage in Kerala aber ist eine Fahrt im langen, schlanken Ruderboot durch die *Backwaters*. So haben die Engländer das fast 1.500 Kilometer lange Netz aus Flüssen, Kanälen,

Teichen, Seen und Lagunen im südindischen Hinterland genannt – eine aquatische Landschaft, deren Anblick so ergreifend ist, dass auch Ungläubige zuweilen der hinduistischen Vorstellung erliegen, alle Dinge seien bloß Illusion. Tatsächlich offenbaren sich unentwegt geradezu surrealistische Bilder. Ausgedehnte Wiesen wiegen sich im Rhythmus der Wellen, dann treiben winzige grüne Inseln vorbei, auf denen sich für Sekunden weiße Reiher und Eisvögel niederlassen. Zwischen Sträuchern, die skelettartig aus dem Wasser ragen, tauchen plötzlich die mit bunten Turbanen umwickelten Köpfe von Frauen auf, die bis zu den Schultern im Erdreich versunken zu sein scheinen. In Wahrheit stehen hier Feldarbeiterinnen in den Fluten, um Muscheln zu sammeln oder Algen und andere Unterwasserpflanzen zu schneiden, die sie später an ihr Vieh verfüttern.

Auch für Rochan, Revi, Babu und die anderen Ruderer bedeutet der Ausflug im Schlangenboot Schwerstarbeit. Während ihre Passagiere sich an den Farben und dem Widerschein der Seerosen, Lilien und Wasserhyazinthen ergötzen und den von unzähligen Kokospalmen gezackten Horizont bestaunen, krümmen die jungen Männer beharrlich den Rücken. Immer wieder tauchen sie die Ruder ins flache Gewässer, staken das Schiff vom Bug aus mit langen Bambusstangen behutsam durch die Untiefen. Doch sie tun es lachend und ständig Lieder singend. Die litaneiartig wiederholten Melodien koordinieren den Muskeleinsatz und lassen die Anstrengung vergessen, ohne die es in Indien kein Überleben gibt.

(1999)

Indien

Indische Weihnacht

Auf dem zehnten nördlichen Breitengrad wachsen keine Tannenbäume. Den Nadelhölzern ist es hier auch zum Jahresende viel zu warm: annähernd dreißig Grad bei hundert Prozent Luftfeuchtigkeit. In diesem Klima gedeihen Kokosnüsse, Bananen, Mangos und Ananas. Und am 24. Dezember, vormittags, kommt Mohen, der Elefant, ins Dorf.

Mohen ist feierlich herausgeputzt. Um seine Ohren baumeln bunte Pappsterne, seinen Kopf schmückt ein Stoffband, an dem Ornamente aus hauchdünner, glitzernder Metallfolie kleben. Den Kleinen aus dem nahen Kindergarten, die auf Mohen gewartet haben, steht der Schweiß auf der Stirn. Den einen vor Aufregung, den andern aus Angst. Denn heute ist auch im südindischen Dorf Sreekandamangalam ein ganz besonderer Tag. Die meisten Knirpse werden zum ersten Mal in ihrem Leben auf den Rücken eines Dickhäuters klettern und sich von ihm einige Schritte durch den tropischen Dschungel transportieren lassen.

Christoph ist sechs. Er wurde geboren, als seine Eltern nach einem 15-jährigen Aufenthalt in Europa in ihre Heimat zurückgekehrt waren. Statt auf Mohen zu reiten, drischt er lieber seinen Plastikball gegen eine Mauer des Viehstalls, in dem Nariman, sein Vater, ein paar Kühe, Ziegen und ein Kapuzineräffchen hält, das in einem Käfig unaufhörlich seine Kreise dreht. Khuri, Christophs Mutter, klebt Briefmarken auf handgemalte *Merry Christmas-* und *Happy New Year-*Karten.

Die älteste Schwester des Jungen heißt Anidha. Sie hat in den vergangenen Tagen eine dürre Akazie mit Lampions, Papiersternen und bunten Luftballons verziert. Statt Engelshaar verteilte sie kleine rote, getrocknete Pfefferschoten auf die Äste. In der hölzernen Krippe liegt ein Jesuskind, das dem schelmischen Hindu-Gott Shiva verdächtig ähnlich sieht.

Anidha ist Anfang Zwanzig und denkt, wie alle indischen Frauen in diesem Alter, häufig ans Heiraten. Ein Gedanke, der ihr große Sorge bereitet. Wie soll jemand, der in Westeuropa geboren wurde und dort seine ganze Kindheit und einen Großteil seiner Jugend verbrachte, in Indien jemals einen Partner finden?

„Gott wird's schon richten!", sagt Nariman. Jener Gott, dessen Sohns Geburtstag heute gefeiert wird. Skeptisch, ein wenig verlegen, wirft Anidha sich den Schal ihres Saris über die Schulter.

Resa, Narimans zweite Tochter, trägt Jeans und T-Shirt. Sie verbringt den Nachmittag vor dem Heiligen Abend am Computer, auf der Suche nach Brieffreundschaften in aller Welt. Resa, sechzehn, denkt nur selten an ihre Zukunft. Sie möchte Spaß haben, hier und jetzt. Und sich, das auch, in der Schule Mühe geben, damit sie nicht ihr ganzes Leben in Sreekandamangalam verbringen muss. Doch was zählt, ist der Augenblick. Was morgen sein wird, sagt ihr Vater, entscheiden wir nicht selbst.

Die Christmette beginnt abends um sechs. In der Kirche von Sreekandamangalam, die noch aus der Zeit stammt, als die portugiesischen und später die französischen Kolonialherren das Sagen hatten, wird kein Zentimeter Platz übrig bleiben. Sechzig Prozent der Dorfbevölkerung sind Christen. Auf der einen Seite des Kirchenschiffs werden die Männer und auf der andern die Frauen sitzen. Khuri, Narimans Frau, wird ihr Gebetbuch zuschlagen und das längst zum internationalen Liedgut zählende „Stille Nacht, heilige Nacht" aus dem Gedächtnis in Malayalam anstimmen, der Sprache des südindischen Unionsstaates Kerala.

Die Messe dauert gut drei Stunden. Auf dem Heimweg kommen die Eltern mit ihren Kindern an dem bescheidenen Weihnachtsmarkt in der neu asphaltierten Ortsmitte vorbei. Drei, vier Bretterbuden. Kerzen, Räucherstäbchen, Öllämpchen, Limonadenflaschen. An einem der Stände werden winzige Weihnachtsmänner aus feuchtem, miefendem Filz und Engelchen verkauft, die an Figuren aus einem klassischen indischen Tanzstück erinnern. Im Hof des Hauses von Narimans Familie haben sich ein paar Musiker eingefunden. Die schrillen Töne ihrer Instrumente – Oboen, Flöten, Schalmeien und allerlei Trommeln – klingen für europäische Ohren wenig weihnachtlich. Anidha geht an dem Orchester vorbei, ohne die jungen Musikanten eines Blickes zu würdigen. Vor dem Schlafengehen genehmigt sie sich, wie zum Trost oder aus Trotz, eine dicke Papayaschnitte. Resa fahndet im Internet nach einer Eurythmics-CD. Während Christoph mit einem dünnen Eisenstab im Affenkäfig stochert. Bleiben nur Khuri und Nariman, um nach dem festlichen Ständchen zu applaudieren.

(1999)

Indien

Wo der Pfeffer wächst

Eigentlich ist die Monsunzeit schon vorbei. Doch dieses Jahr regnet es im südindischen Kerala sogar Mitte Oktober noch tage- und nächtelang. Auch an diesem Morgen sprenkeln rostrote Pfützen den Bahnhofsvorplatz von Ettumanur. Am Bahnsteig warten ausschließlich Männer. Jeder hat seinen schwarzen Schirm dabei. Der Zug ist pünktlich. Bedrohlich wie ein großes schwarzes Tier schnauft die Lokomotive, aus der Schneise eines Kokoshains kommend, heran. In den Waggonfenstern fehlen die Glasscheiben. Nur blecherne Rollläden schützen vor Regen und Wind, wie in den staatlichen Bussen. Unter den Wagendächern kreisen dunkelbraune Ventilatoren aus Holz. Auf den harten hölzernen Bänken drängen sich Männer in frisch gewaschenen, kurzärmeligen Hemden, die ausnahmslos über der Hose getragen werden. Schauen, dösen, Zeitung lesen. Wenige weibliche Fahrgäste. Je mehr Passagiere einsteigen, umso enger rücken die Sitzenden zusammen. Schließlich müssen doch viele Reisende stehen. Junge, sauber gekämmte Burschen halten sich bei der Hand, legen einander fast zärtlich den Arm um die Schulter.

Die achtzig Kilometer lange Fahrt von Ettumanur nach Ernakulam dauert gut zwei Stunden. Keine Minute zu lang angesichts der Landschaften, Alltagsszenen und Gesichter, die mit bedächtiger Geschwindigkeit am Zugfenster vorbeiziehen. Die Tropen als lebendige Fototapete. Kokospalmen und Bananenplantagen. Reisfelder und Getreideschuppen. Wasserbüffel und Ochsengespanne. Kleine Tempel und mächtige, grell gestrichene Kirchen. Baustellen und Ruinen. Pompöse Villen und schmuddelige Wellblechhütten. Lagunen, Kanäle, Dämme, Inseln. Meerwasser und Flusswasser. Amphibisches.

Kerala ist eine der am dichtesten bevölkerten Regionen der Welt. Auf einer Fläche von der Größe der Schweiz leben über dreißig Millionen Menschen. Einen unvergesslichen Eindruck von dieser Masse bekommt man bei der Ankunft im Hauptbahnhof von Ernakulam, dem modernen Bezirk der alten Hafenstadt Cochin. Ein wahrer Menschenstrom strebt dem Ausgang zu. Draußen vermischen sich Abgase mit Morgendunst und Schweiß. Radfahrer klingeln, Automobilisten hupen, Chauffeure von Motorrikschas quäken und kommen doch nicht gegen die schrille Lautsprechermusik an, die durch das Viertel wabert.

Der Kleinbus bringt uns über zwei Arme des Vembanad-Sees auf die Halbinsel Mattancherry. Hier, in der St. Francis-Kirche, dem ältesten von Europäern gebauten Gotteshaus auf indischem Boden, lag 14 Jahre lang Vasco da Gama begraben. Im Mai 1498 war der portugiesische Seemann, der als erster Europäer um das Kap der Guten Hoffnung segelte, im nördlichen Teil der Malabar-Küste an Land gegangen. 1538 wurden seine Gebeine nach Lissabon überführt. Die Erinnerung an den Entdecker hält eine einfache Steinplatte im seitlichen Kirchenschiff wach.

Südlich von Cochin wächst auch heute noch, womit die Portugiesen einst den Welthandel beherrschten: Kardamom, Zimt, Ingwer, Nelken und vor allem Pfeffer, „das Schwarze Gold von Malabar", das sich Efeu ähnlich an Baumstämmen hochwindet. Stolz posieren die Händler Abbas, Vyas und Kurian vor den bis unter die Plafonds aufgetürmten Säcken mit den begehrten Körnern und lassen sich geduldig fotografieren. Die Lagerhallen der Gewürzbarone liegen wie eh und je in Jewtown, dem jüdischen Viertel von Cochin. Eine schlichte Synagoge aus dem Jahre 1568 – mit handbemalten Fliesen aus China und farbigen Glasfenstern aus Belgien – und 17 ältere Leute sind von Indiens berühmtester Judengemeinde übrig geblieben. Deren Geschichte begann im ersten Jahrhundert nach Christus. Zur gleichen Zeit begann der Apostel Thomas an der Malabar-Küste zu predigen und zu missionieren. Seither ist das Christentum am westlichen Südzipfel Indiens stark vertreten. Was jedoch nicht verhindert, dass seit vier Jahrzehnten frei gewählte kommunistische Regierungen unter Keralas Kokospalmen das Sagen haben.

Nach den Christen und den Juden kamen die Araber, die vor den Portugiesen die maritimen Handelswege nach Indien kontrollierten und die Einheimischen mit Gewalt zum Islam bekehren wollten. Anschließend folgten die niederländischen und die britischen Kolonisatoren – außer dem teilweise zum Museum umfunktionierten *Dutch Palace* und einigen Kolonialbauten erinnert nicht mehr viel an die fremden Herren.

Offensichtlichere Spuren haben die Chinesen hinterlassen. Wann sie erstmals den Fuß auf den Subkontinent setzten, ist umstritten. Fest steht, dass sie die riesigen, auf Bambusrahmen und schwingende Holzarme gespannten Fischernetze mitbrachten, die auch heute noch alle zehn Minuten in die dunklen Fluten des Arabischen Meeres gesenkt werden. Die Ausbeute ist bescheiden; oft werden die wenigen silbrig glänzenden Fischchen, die in den Maschen zappeln, den Fischern von gierig lauernden Krähen vor der Nase weggeschnappt.

Von fünf Passanten, die wir nach dem Weg zur Anlegestelle der Fähre zurück nach Ernakulam fragen, erhalten wir fünf verschiedene Antworten. Schließlich hocken wir am Ende irgendeiner Sackgasse auf einem Mäuerchen und warten, so wie es in Indien üblich ist. Die von Zeit zu Zeit vorbeituckernden Boote sehen nicht gerade Vertrauen erweckend aus. Als endlich eines anlegt, bleibt uns keine andere Wahl. Wir steigen ein, es wird sehr eng, die letzten Reisenden klettern auf das Dach oder balancieren auf den Außenplanken. Der Preis für die halbstündige Passage beträgt umgerechnet weniger als fünf Cent. Den angenehmen Fahrtwind gibt es kostenlos dazu. Ebenso die neugierig-belustigten Blicke der Einheimischen. Direkter Körperkontakt ist unvermeidlich. Auf diese Weise stellen wir fest, dass wie die indischen Städte auch deren Bewohner einen ganz speziellen Geruch haben: nach dem Kokosöl, mit dem sie sich täglich Haut und Haare einreiben.

Ernakulam verströmt zudem einen Hauch Großstadt-Flair. Wir zwängen uns durch den Verkehr, den offenbar keinerlei Vorschriften regeln. Der klebrig-staubigen Hitze entkommen wir erst in der Gefrierschrank-Atmosphäre des luxuriösen Kaufhauses Jayalakshmi. Eine aufregend schöne Angestellte bringt eisgekühlte Cola. Ihre Kolleginnen thronen Prinzessinnen gleich auf riesigen Podesten und breiten vor den auf Hockern sitzenden Kunden meterlange Stoffbahnen aus: Träume aus purer Seide. Alles glänzt und schimmert, leuchtet und knistert. Alle lächeln, alle erfreuen sich an der Pracht der Saris, am Kaufrausch, am Wohlbetuchtsein, das in dieser erlesenen Umgebung in doppelter Bedeutung zu verstehen ist.

Um 18 Uhr beginnt, wie an jedem Tag, in einer Seitenstraße das Kathakali-Spektakel: Spiel, Theater, Tanz. Diesmal sitzen wir auf Campingstühlen und schauen drei Männern dabei zu, wie sie sich auf der Bühne schminken – beim Kathakali sind Frauen nur als Publikum zugelassen. Später werden die grell angemalten und in wogende Röcke gekleideten Schauspieler Szenen aus den altindischen Epen Mahabharata und Ramayana darstellen, Heldentaten aus der Götterwelt mimen und dazu mit den Augen rollen, den Hüften kreisen, dramatische Sprünge vollführen, kunstvoll die Hände und Finger verdrehen. Vorher erläutert P. K. Devan, seit dreißig Jahren Direktor des *See India Foundation Traditional Theatre*, gestenreich und stimmgewaltig die Zeichensprache und die Philosophie dieses klassischen südindischen Tanzes.

Auch Günter Grass war schon einmal bei Mister Devan und seiner Truppe zu Besuch. Sogar Cindy Crawford soll sich ins Gästebuch eingetragen haben. Zwei von ungezählten West-Touristen, derentwegen die Vorführungen heute nicht mehr, wie einst, bis in die frühen Morgenstunden dauern, sondern rechtzeitig vor dem Abendessen enden.

Ein anderer Tag, andere Orte, andere Bilder. Im Dschungel benötigt man keinen Wecker. Um sechs wird es hell, die Tiere des Urwalds begrüßen den neuen Morgen mit einer kakophonischen Sinfonie sondergleichen. Nach Mannanam braucht unser Kleinbus zehn Minuten. Von dort bis an den Fluss sind es noch einmal fünf Minuten zu Fuß. Viel Volk ist in der Frühe unterwegs. Junge Leute mit Heften und Büchern unter dem Arm; ein paar erwachsene Männer mit Aktenköfferchen; hauptsächlich aber Frauen mit Plastiktüte in der einen und verchromtem Speisebehälter in der anderen Hand. Zierliche, schlicht gekleidete, meist barfüßige Reisarbeiterinnen, die morgens auf die Felder fahren und am Abend in Naturalien ausgezahlt werden: Ein Sechstel des geernteten Reises erhalten sie als Lohn.

Der Steuermann, der Maschinist und die beiden Fahrscheinkontrolleure des Postbootes, das uns nach Kannamkara bringen wird, warten bereits. Die dreistündige Fahrt kostet etwas mehr als fünf Cent. Sie geht durch eine Landschaft aus lauter Postkartenmotiven. Den Rahmen bilden die weit über das Wasser hängenden Kokospalmen. Das Ufer säumen einfache Behausungen, Kinder planschen im Fluss, schwer beladene, zu Lastkähnen umfunktionierte Einbäume ziehen vorbei, gelegentlich ein komfortables Hausboot, das Touristen für ungefähr hundert Euro pro Tag mieten können. Ein Mann beugt sich über die Fluten und putzt sich mit dem Zeigefinger der rechten Hand die Zähne. Frauen spülen in der trüben Brühe das Koch- und Essgeschirr, tauchen bunte Kleidungsstücke hinein, mit denen sie anschließend einen Steinklotz peitschen. Der Himmel ist an diesem Morgen bedeckt, der Dieselmotor knattert erbärmlich, Treibstoffgestank und schwarze Rauchfetzen wehen durch sämtliche Öffnungen herein.

Der Vembanad-See ist achtzig Kilometer lang und reicht von Cochin bis hinunter nach Alleppey, das wegen der zahlreichen Kanäle auch „Venedig des Ostens" genannt wird. Am Pier längs der Hauptstraße stehen riesige Reklametafeln, liegen Ausflugsschiffe vor Anker. Von hier aus starten die Touren durch die *Backwaters*, jenes Geflecht aus natürlichen und künstlich angelegten Wasserstraßen,

Tümpeln, Teichen und Sümpfen, die das Hinterland der Malabar-Küste auch bei Inländern zu einem beliebten Reiseziel machen. Wir ziehen an diesem Tag die überquellenden Marktstände und wackeligen Straßenbuden, die fein herausgeputzten Stoff-, Schmuck- und Andenkengeschäfte von Alleppey vor. Statt der Tropenromantik überlassen wir uns dem Sog des Menschen- und Fahrzeuggewimmels in den schlaglöchrigen Straßen, den engen, mit Unrat übersäten Gassen. Von etlichen Häusergiebeln grüßt das knallrote Logo der Kommunisten, auf dem gelegentlich eine Ähre statt einem Hammer die Sichel ergänzt. Öfter drohen die politischen Embleme hinter überdimensionalen Kinoplakaten zu verschwinden. Oder der Putz, falls überhaupt vorhanden, bröckelt ab und überlässt dem zufälligen Passanten das Dechiffrieren unvollständiger Porträts. Häufig ist gar nicht mehr festzustellen, ob es sich bei dem Abgebildeten ursprünglich um Jesus Christus, Lenin, eine hinduistische Gottheit oder einen außerhalb Indiens völlig unbekannten Filmstar handelte.

★

Thomas, der Taxifahrer, ist ein gläubiger Mensch. Doch mit seinen Göttern nimmt er es nicht so genau. Vom Rückspiegel seines Ambassador-Taxis baumeln ein Rosenkranz und Shiva als Tänzer im Flammenkranz. Am Armaturenbrett klebt ein Bild Jesu, der unter der Dornenkrone blutet. Eine leicht ramponierte Muttergottesstatue aus Plastik ist auf der Konsole vor dem Beifahrersitz festgeschraubt. Es regnet. 180 Kilometer trennen das Provinzstädtchen Kottayam von Thiruvananthapuram, wie die Hauptstadt Keralas seit Beginn der 1990er-Jahre wieder heißt. Die Briten hatten der „Stadt der heiligen Schlange Anantha", auf der Lord Vishnu zu reiten pflegt, den leichter auszusprechenden Namen Trivandrum gegeben. Die Kolonialherrschaft freilich ist seit mehr als einem Jahrhundert vorbei. Kurz nach der Abfahrt hält Thomas plötzlich mitten in einem Dschungeldorf an. Vor einer Kapelle steht ein hölzerner Kasten mit einem Schlitz. Da wirft unser Chauffeur einige Geldmünzen hinein, kniet nieder und bekreuzigt sich. Die kleine Opfergabe soll dazu beitragen, dass wir knapp fünf Stunden später unversehrt an unserem Ziel ankommen. Zuvor legen wir einen kurzen Halt in Kottarakara ein, trinken heißen Tee mit Kardamom und essen hartes, süßes Gebäck. Thomas spricht ein paar Brocken Englisch und, wie er stolz behauptet, „einige Deutsch". Es ist ihm – aus für uns unerfindlichen Gründen – nicht gestattet, den Tisch in der Teestube mit seinen Fahrgästen zu teilen.

Hinter Kottarakara geht ein Platzregen nieder. Am Straßenrand steht ein Elefant, unter dessen gewaltigem Leib sich zwei Bauarbeiter vor dem Schauer in Sicherheit gebracht haben. Einst hatten die Elefanten, wie eine Legende erzählt, Flügel und paarten sich mit den Wolken. Obwohl die Götter den Rüsseltieren irgendwann die Flügel stutzten, weil sie sich gerne auf Bäumen niederließen und deren Äste unter ihrem Gewicht regelmäßig abbrachen, sind die Kolosse bis heute eng mit den Wolken befreundet. Auf diese Weise bestimmen sie nach wie vor, ob und wie stark es auf die Erde regnet.

Momentan so heftig, dass Thomas das kleine dreieckige Ausstellfenster zuklappen muss. Von den beiden Wischern funktioniert zum Glück der auf der Fahrerseite. Bei jedem Schlagloch, jedem Ausweichmanöver stößt der Rosenkranz gegen die Windschutzscheibe. Im geblümten Kunststoffbezug der Rückbank staut sich die Feuchtigkeit, vor lauter Schwitzen kleben Hemd und Hose an der Haut.

In Trivandrum dampft die aufgeheizte nasse Erde wie ein brodelnder Kochtopf. Vom Fenster des Hotelzimmers schauen wir auf ein Stück Brachland, wo ein paar Burschen im strömenden Regen Cricket spielen. Irgendwo stößt eine unsichtbare Kuh ein lang gezogenes, durchdringendes Gebrüll aus. Unser erster Weg führt um zwei, drei schmierige Ecken zur Mahatma Gandhi Road. Dort gibt es reichlich Läden, in denen Regenschirme verkauft werden. Doch kaum haben wir 150 Rupien, knapp vier Euro, über die Theke geschoben, endet der Niederschlag von einer Sekunde zur andern.

Das Gros der Touristen landet auf dem Flughafen von Thiruvananthapuram, um gleich in den 16 Kilometer entfernten Küstenort Kovalam weiterzufahren. Die regionale Metropole habe wenig vorzuweisen, eine Übernachtung in der Stadt „empfiehlt sich nur für den Notfall" – so steht es in den meisten Reiseführern. Darin erfährt man ebenfalls, dass die Stadt, wie Rom, auf sieben Hügeln erbaut wurde und im Vergleich zu anderen indischen Orten mit sauberen Straßen, reinlichen Gebäuden und gepflegten Parkanlagen aufwartet. Das mit den sieben Hügeln ist im urbanistischen Chaos nicht leicht zu überprüfen, und in Sachen öffentliche Hygiene mögen empfindliche Westler immer noch eklatante Mängel entdecken.

Fest steht jedoch, dass TVM, so das geläufige Kürzel des Stadtnamens, mehr bietet als das touristische Pflichtprogramm, zu dem ein gut geführter Zoo, ein ausgedehnter botanischer Garten und mehrere besichtigungswürdige Museen und Galerien zählen. Nicht zuletzt steht hier der 1733 im drawidischen Stil errichtete Padmanabhaswamy-Tempel, den allerdings nur Hindus betreten dürfen, wenn sie ein spezielles, *dhoti* genanntes Hüfttuch tragen. Die werden für wenig Geld ausgeliehen und in einem Umkleideraum neben dem Tempeleingang angelegt. Babu, der Priester mit dem nackten Oberkörper und dem knallbunten Schirm, der seit 28 Jahren im Inneren des Tempels lebt, führt uns hin und zeigt uns ebenfalls das Atelier der Andenkenschnitzer. Zum Abschied hält Babu lächelnd die Hand auf.

Vor allem aber herrscht in TVM eine ganz besondere Atmosphäre. Hier zeigt sich der keralitische Alltag: ungeschönt, abseits der Touristenpfade und in seiner ganzen widersprüchlichen Vielfalt. Wer spottbilligen, aber dafür auch nicht gerade schmackhaften Kaffee oder Tee im *Indian Coffee House* trinkt, wer über den Connemara-Markt mit der angrenzenden Müllkippe spaziert, wer sich dem Gedränge auf der M. G. Road hingibt, ahnt nicht im Entferntesten, dass vom modernen Forschungszentrum unweit der Stadt einst der erste indische Satellit ins Weltall befördert wurde. Und wer nicht zufällig an dem kleinen Tempel vorbeikommt, der Ganesha, dem Gott mit dem Elefantenantlitz, geweiht ist, wird nie erleben, wie täglich Hunderte von Kokosnüssen in einem Betontrog am Eingang des Heiligtums zerschmettert werden. Das Fruchtfleisch verteilen die Tempeldiener an die draußen wartenden Bettler. Die Kokosnussrinden sammelt man ein, damit sie später von ihren Fasern befreit und diese zu Fußmatten und Stricken verarbeitet werden.

Zwei ausgefüllte Tage später lassen wir uns erneut in einem Ambassador kutschieren. Der Fahrer heißt Bala und bringt uns in einer halben Stunde nach Kovalam – einer der schönsten, wenn nicht gar der schönste Badestrand Südindiens, wie mancher Fremdenverkehrsprospekt orakelt. Nun ja ... Bei unserer Ankunft sieht das Meeresufer eher aus, als hätten dort schwere Planierraupen gewütet. Tatsächlich, vorige Woche, in einer Nacht- und Nebelaktion, machten Bulldozer etliche Strandbuden, Garküchen und Souvenirläden dem Erdboden gleich, weil deren Besitzer, laut Zeitungsberichten, ohne offizielle Genehmigung ihre Waren anboten. Übrig geblieben sind Schutthalden, Geröllhaufen und Krater im dunklen Sand, vor deren Gefahren beim abendlichen Rundgang nicht einmal die gezückte Taschenlampe schützt. Und alle Einheimischen, die nun nicht mehr wissen, wie sie in der Hochsaison, von November bis Februar, ihre Familie über Wasser halten sollen.

Von Kovalam Beach muss man folglich nicht schwärmen. Doch es schadet auch nichts, den fliegenden Stoffhändlern und den Frauen begegnet zu sein, die überquellende Fruchtkörbe auf dem Kopf balancieren. Morgens gegen zehn zerren Dutzende von Fischern mit bloßer Muskelkraft ihre Fangnetze an Land – auch das ein lohnendes Schauspiel für alle, die sich für den Arbeitsalltag vor Ort interessieren. Unerfreulicher sind indessen die Schwärme von Krähen, die im Steilflug die Restaurantterrassen anpeilen und den unaufmerksamen Essern das Brot vom Teller stibitzen. Wo diese schwarzen, düster dreinblickenden Gesellen sich niederlassen, kann das Leben nicht sehr angenehm sein.

Nipin, der Hotelportier, bemüht sich darum, das zu ändern. Jeden Morgen steht er vor dem kleinen Altar neben der Rezeptionstheke, zündet ein Räucherstäbchen an und rührt in Schüsselchen mit rotem und grauem Pulver. Anschließend drückt er sich den *sindooram* genannten Punkt auf die Nasenwurzel und betet andächtig zu Krishna – eine der zahlreichen Inkarnationen des Gottes Vishnu, des Erhalters, der immer dann zur Erde herabsteigt, wenn die Ordnung der Welt ins Wanken gerät. Diese Zeremonie soll das Gästehaus und seine Bewohner vor allen Übeln bewahren und das gute Funktionieren des Betriebs gewährleisten.

Bis auf die regelmäßigen Stromausfälle gibt es an Nipins Etablissement in der Tat nichts zu bemäkeln. An den aufdringlichen Geruch der toten Fische, die immer wieder nachts an den Strand gespült, am nächsten Morgen von Frauen aus der Kaste der Unberührbaren eingesammelt und in Erdlöchern verscharrt werden, gewöhnt man sich nach spätestens drei Tagen. Wenn nicht schon vorher ein Thomas oder ein Bala den „Hautlosen", wie die Inder die Bleichgesichter nennen, zu seinem bereitstehenden Ambassador gelotst hat.

(1999)

Indien

Biblische Szenen im Land der Drawiden

Plötzlich steht er da: Arun, vielleicht zwölf, dreizehn Jahre alt. Mehr als den Namen des Jungen erfahren wir nicht, obwohl er uns in den nächsten zwei Stunden nicht mehr von der Seite weichen wird. Wo er herkommt, warum es ihn in die Berge an der Grenze zwischen den südindischen Unionsstaaten Kerala und Tamil Nadu, fernab jeglicher Siedlung, verschlagen hat – all das bleibt unklar, denn Arun versteht die Sprache der Reisenden nicht. Auch das Angebot, das Picknick mit ihnen zu teilen, schlägt er aus. Stattdessen begnügt er sich damit, sich neben sie auf einen Stein zu setzen, ihnen beim Essen und Trinken zuzuschauen und ihnen mit seinen neugierigen Blicken ihre eigene Fremdheit bewusst zu machen.

Ramakalmedu heißt der Ort unserer zufälligen Begegnung. Es ist der Name eines Hügels, an dessen Fuß sich ein winziger Tempel duckt und der am östlichen Rand der Western Ghats liegt. Diese auf einer Nord-Süd-Achse verlaufende Gebirgskette trennt die fruchtbaren, tropisch schwülen Regionen Keralas von den trockenen, heißen Niederungen Tamil Nadus. Soeben fuhren wir noch an Kaffeeplantagen und ausgedehnten Teegärten vorbei, über denen tief hängende Regenwolken nicht von bodennahen Nebelschwaden zu unterscheiden waren. Hinter jeder zweiten Kurve plätscherten kleine Wasserfälle über felsige Abhänge. Auf diesen Höhenlagen wachsen Kakao- und Betelnussbäume, Zimt und Nelken. Am besten jedoch gedeihen Pfeffer, Kardamom und Vanille – der König, die Königin und der Prinz der Gewürze, wie die Einheimischen sagen. Nun stehen wir auf einem knapp tausend Meter hohen, mit Gras und einzelnen Sträuchern bewachsenen Gipfel und schauen hinunter auf flaches, staubiges Land. Ein paar kahle, kegelförmige Koppen erheben sich vor dem Horizont, hier und da sprenkelt eine Baumgruppe, ein Gebüsch die Ebene. Arun beobachtet ganz genau, wie die vorwitzigen Touristen mit Fotoapparat und Fernglas hantieren.

Am Ende ist der Junge einverstanden, uns im Kleinbus bis ins nächste Dorf zu begleiten. Stolz sitzt er neben dem Fahrer, schweigt, wendet ab und zu den Kopf, schmunzelt und schweigt weiter. Als wir den Grenzposten am Eingang der kleinen Stadt Cumbum erreichen, ist Arun längst ausgestiegen und so rasch in der Landschaft verschwunden, wie er zwei Stunden zuvor aus dem Nichts aufgetaucht war. Der Fahrer gibt im Zollhäuschen einen Stapel Papiere ab und blättert einige Geldscheine auf den Tisch, an dem drei uniformierte Beamte gewissenhaft Formulare ausfüllen. Es dauert eine Weile, bis sie sämtliche Zettel mehrfach abgestempelt haben und dem Chauffeur die Erlaubnis zur Weiterfahrt erteilen.

Kaum hat sich der Schlagbaum hinter uns gesenkt, offenbart schon das flüchtig wahrgenommene Stadtbild, dass die Tamilen dieser Gegend in einfacheren, ärmlicheren Verhältnissen leben als ihre keralitischen Nachbarn. Hier verwöhnt kein Wachstum förderndes Klima, kein ertragreicher Boden die Menschen mit wie von Zauberhand geschaffenen, natürlichen Gärten, in denen sich die Selbstversorger nur zu bedienen brauchen. In Tamil Nadu müssen die Ernten dem kargen Boden mühsam abgerungen werden, und deswegen sind viele der sechzig Millionen Einwohner wie schon ihre Vorfahren zum Auswandern nach Malaysia, Sri Lanka und bis nach Afrika gezwungen. Wer bleibt, verdingt sich in der Landwirtschaft oder im Kleingewerbe. Nicht wenige Familien sind sogar auf den Einsatz ihrer jüngsten Mitglieder angewiesen. Der tamilische Anteil an den fünfzig Millionen indischer Kinderarbeiter ist prozentual gesehen höher als in irgendeinem anderen Landesteil. Das hängt unter anderem damit zusammen, dass in Tamil Nadu erst 1994 ein Gesetz über die allgemeine Schulpflicht in Kraft trat.

Abgeschiedenheit und Unwirtlichkeit haben freilich nicht nur negative Konsequenzen für diese noch immer von der drawidischen

Kultur dominierte Region. Ihre Lage im tiefen, feuchtwarmen Süden brachte es mit sich, dass weder die frühen Arier noch die muslimischen oder mongolischen Eroberer, die Indiens Norden einnahmen, bis hierher vorstießen. Ebenso wenig Bedeutung hatte die britische Herrschaft in Tamil Nadu, wo sich in zweitausend Jahren eine eigene, alte indische Zivilisation nahezu ungehindert entfalten und bewahren konnte.

Auf dem Weg nach Madurai wird unser Kleinbus seinem Namen nur selten gerecht. Immer wieder gerät der *Tempo Traveller* in Stauungen, muss hinter Ochsengespannen abbremsen. Ziegen- und Kuhherden gilt es auszuweichen, umständlich müssen schadhafte Stellen im Straßenbelag umfahren werden. An den zahllosen Ziegeleien und Baustellen kommt der Verkehr ohnehin regelmäßig ins Stocken. Auch hier sind Kinder und Jugendliche sowie auffällig viele Frauen beschäftigt. Sie schleppen Kübel voll Kies und Sand über die Fahrbahn, laden sich bis zu zehn Backsteine auf den Kopf. Sie zerklopfen Steine und schieben wackelige Karren vor sich her. Mehrere Arbeiterinnen haben ihre Sprösslinge dabei. Damit die Kleinen nicht weglaufen, wurde ihnen ein Seil um den Fuß gebunden und dieses an einem Pflock unmittelbar am Straßenrand befestigt. Hier hockt der plärrende Nachwuchs nun, mitten im Staub, den Abgasen, der drückenden Hitze.

Ein paar Kilometer weiter stehen auf freiem Feld plötzlich majestätische Pferde aus gebranntem Ton. Diese Dorfgottheiten werden ebenso verehrt wie Aiyanar, der Beschützer des Ackerbaus und der Herden, und die im Zentrum des nächsten Städtchens auf Bambusgerüsten thronenden Statuen weiser Männer, die inmitten des Gewimmels so lebensecht wirken, dass man sie erst auf den zweiten Blick als Standbilder entlarvt. Leichter zu deuten sind die allgegenwärtigen Reklamen von Zementfabriken, die Embleme politischer Parteien und an einer stockfleckigen Fassade das riesige Filmplakat, das für die neueste Hollywood-Produktion mit Sean Connery wirbt. Trotz der räumlichen Nähe sind die Botschaften dieser Bildertafeln unendlich weit entfernt von den baufälligen Marktständen und schäbigen Imbissbuden, den rauchschwarzen Lehmhütten und anderen Baracken, über deren schwankende Dächer sie sich erheben.

Vier Stunden, 160 Kilometer und tausend armselige Anblicke später erreichen wir die Millionenstadt Madurai, einer der ältesten Orte Südindiens und neben Madras und Tiruchirapalli das wichtigste religiöse und touristische Zentrum Tamil Nadus. Schon griechische und römische Kaufleute trieben Handel mit den Einheimischen. Marco Polo schwärmte auf seiner Rückreise aus China im Jahre 1293 vom Reichtum der damals herrschenden indischen Dynastien. Nur im 14. Jahrhundert wurde die Regentschaft der Pallavas, Cholas und Pandyas einmal für kurze Zeit durch eine islamische Herrschaft unter Malik Kufar unterbrochen.

Da war der Meenakshi-Sundareshwara-Tempel, dessen Grundstein vor mehr als zweitausend Jahren gelegt wurde und in dessen Umkreis die Stadt entstand, längst zu dem Wallfahrtsort geworden, der er bis heute geblieben ist: ein beinahe barockes Beispiel drawidischer Architektur, die sich grundsätzlich von den klassischen Tempelformen Nordindiens unterscheidet. Der Legende nach wurde das Heiligtum genau an der Stelle errichtet, an der einst ein Nektartropfen aus dem Haar von Lord Shiva fiel. Von diesem Nektar, *madhu*, hat die Stadt ihren Namen.

Das auffälligste Merkmal der südindischen Tempelanlagen sind die *gopuram* genannten, konisch nach oben zulaufenden Tortürme. Sie können bis zu 25 Meter hoch sein und sind mit Tausenden von Göttern, Dämonen, Tieren und anderen Helden aus dem Pantheon des Hinduismus geschmückt. Für manchen westlichen Besucher gruppieren sich diese Geschöpfe aus bunt bemalter Terrakotta zu einer rätselhaften Galerie pastellfarbener Kitschfiguren, die aus Disneyland hierher verpflanzt zu sein scheinen. Auf Kenner hingegen, so heißt es, wirken die üppig verzierten und kolorierten, Pyramiden ähnlichen Bauten wie Nachbildungen des heiligen Berges Meru, des mythischen Gipfels in der Mitte des Kosmos, auf dem sich nach hinduisti-

schem Glauben der Thron Shivas und das Zentrum der Welt befinden.
Eine andere Legende erzählt, dass die „fischäugige" Meenakshi, nach der der Tempel im Volksmund benannt ist, die Tochter eines Pandya-Königs war und drei Brüste hatte. Laut einer Prophezeiung sollte die überzählige Brust verschwinden, sobald die Prinzessin, eine Reinkarnation von Shivas Frau Parvati, dem Mann ihrer Träume begegnete. Dieser Mann war kein anderer als Shiva selbst, den Meenakshi in Madurai heiratete. Der Hochzeit des Götterpaares wird jedes Jahr im April und Mai anlässlich des Chitrai-Festivals gedacht. Tagtäglich abends um zehn bringen die Priester das gebadete, parfümierte Bildnis Shivas, der in Südindien Sundareshwara heißt, in Parvatis Schlafgemach. Und allmorgendlich um sechs werden die beiden in einer feierlichen Zeremonie geweckt und ihre Idole zum jeweiligen Schrein gebracht.

Das Innere des Tempels ist eine Verdoppelung des Labyrinthischen, Chaotischen, Paradoxen, das die hinduistische Religionsform ebenso prägt wie das Straßenbild Madurais. Auch in den heiligen Basarhallen halten Bettler den Besuchern die offene, vielfach verkrüppelte Hand vor die Nase, stellen Kranke ihr Leiden und Aussätzige ihre zu Stümpfen geschrumpften Gliedmaßen zur Schau. Es pulsiert das Leben einer Stadt in der Stadt. Die Händler haben die Korridore, Innenhöfe und Pavillons mit ihren Buden in Shopping-Arkaden verwandelt. Devotionalienverkäufer bieten Kerzen, Farbpulver, Götterbildchen, Blumengirlanden, Räucherstäbchen und andere fromme Accessoires feil. Schneider lassen ihre Nähmaschinen surren. Stoff- und Teppichhändler laden zum Feilschen ein. Juweliere halten ihre Ketten und Ringe so ins dämmerige Licht, dass auch Katzengold auf einmal glänzt wie echter Schmuck. Schließlich gibt es Esswaren, Plastikspielzeug, sogar Haushaltsartikel zu kaufen – und die Uneingeweihten wundern sich ohne Unterlass.

Ramnaden, der Tempel-Guide, gibt mit seinen sonderbaren Erläuterungen nicht weniger Anlass zu ungläubigem Stirnrunzeln. Statt seinen Gästen Auskunft über den „Goldenen Lotusteich" im

Zentrum des Tempelbezirks oder den „Raum der tausend Säulen" zu erteilen, beklagt er sich wortgewandt über die hygienischen Zustände und die Hitze. Genaueres über eine mögliche Besteigung der gewaltigen, zwischen 1960 und 1963 umfassend renovierten Türme erfährt man hingegen nicht, und die vor Ort angebotenen Prospekte erzählen Widersprüchliches. Zum einen heißt es, nur der Südturm könne besichtigt werden, sei aber derzeit geschlossen. Zum andern steht geschrieben, das Betreten sämtlicher *gopurams* sei seit jenem Tag verboten, an dem sich ein Tourist aus dem obersten Stockwerk in die Tiefe stürzte. Eine dritte Quelle versichert, nicht ein Ausländer, sondern ein Tempeldiener habe damals Selbstmord begangen.

Für die knapp 250 Kilometer lange Fahrt nach Kap Komorin, dem südlichsten Punkt des Subkontinents, benötigt man mehr als sechs Stunden. Abwechslung zu Flachland, Hitze und Dieselgeruch verschaffen dann und wann Bilder von geradezu biblischer Schlichtheit und Ursprünglichkeit: Frauen, die schwere Grasbündel durch die Landschaft schleppen; Kinder, die gebrannte Ziegel stapeln oder Getreidegarben zum Dreschplatz tragen; Wasserbüffel, die Harkenpflüge durch Reisfelder ziehen; Wäscherinnen, die bis zu den Knien in schlammig-braunem Flusswasser stehen und Kleidungsstücke auf einen Stein schlagen. Und immer wieder schmale, düstere Werkstätten, vor denen unablässig gehämmert, gezimmert, geschweißt oder einfach nur untätig herumgehockt wird.

Es sind Szenen, die erst beim präziseren Hinschauen verraten, dass die meisten Tamilen unterernährt und kränklich sind. Verklärende Impressionen, die verschweigen, dass die Mehrheit der Einheimischen ohne Grundbesitz, des Lesens und Schreibens unkundig und der Unterdrückung durch Feudalherren ausgesetzt ist.

Am Kap Komorin begegnen sich drei Meere: der Golf von Bengalen, der Indische Ozean und die Arabische See. Kanyakumari, den Ort am Kap, aus dem die gleichnamige Göttin stammt – auch sie ist eine Inkarnation von Shivas Gefährtin Parvati –, sollte jeder Inder wenigstens einmal in seinem Leben besucht haben. Entsprechend groß ist die Zahl der meist preiswerten Unterkünfte, der Garküchen, Souvenir- und Erfrischungsbuden. Und unüberschaubar groß ist die Zahl der Busse, die Touristen aus allen Teilen des Landes wenige Meter vom Meeresufer entfernt ausladen. Genau hier, wo die Asche des Mahatmas verehrt wurde, bevor man sie in die Fluten streute, wurde 1956 ein Gandhi-Denkmal in Form einer überdimensionalen, bonbonfarbenen Zuckertorte errichtet. Auf die zweihundert Meter vor der Küste gelegene Insel verkehren regelmäßig Fährboote, deren Passagiere das Felsendenkmal für Swami Vivekananda besichtigen. Auf diesem winzigen Eiland meditierte der Philosoph, bevor er 1902 im Alter von vierzig Jahren starb. Vivekananda gilt als der erste indische Guru, der die östliche Philosophie der westlichen Welt näher brachte.

An dem schmalen, weiter östlich gelegenen Strand sind die Fischer von Kanyakumari und ihre Familien zu Hause. Hier hocken am späten Nachmittag junge Burschen in abgewetzter Kleidung im Sand und flicken zerschlissene Netze. Halbnackte Kinder mit staubigem, stumpfem Haar stochern im Unrat und in miefenden Rinnsalen nach Brauchbarem. Alte Männer dreschen Karten, lachen und zeigen ihr fleckiges Gebiss. Alte Frauen haben sich schweigend um ein Brettspiel versammelt, jüngere Frauen streben, einen bunten Plastikbehälter auf die Hüfte gestemmt, zur einzigen Trinkwasserstelle weit und breit. Nach Einbruch der Dunkelheit, so befiehlt es die Religion, dürfen Hindu-Frauen sich nicht mehr waschen. Doch die Hunde, Hühner und Ziegen tummeln sich auch dann noch zwischen den primitiven Einbaumbooten, wenn es längst finstere Nacht geworden ist.

Kanyakumari ist kein Ort, an dem Ausländer sonderlich herzlich begrüßt werden, wenn sie zwischen den Teppichen von silbrig glänzenden Fischen, die in der Sonne trocknen, umherstolpern. Doch es ist nicht nur der aufsteigende Gestank, der allzu Neugierige abschreckt. Es ist das ungute Gefühl, den Frauen im Weg zu stehen, die die gedörrten Meerestiere mit bloßen Händen in löchrige Jutesäcke schaufeln. Es ist die Gewissheit, nicht hierher zu gehören,

Eindringling zu sein, distanzierter Beobachter eines täglich von neuem beginnenden Überlebenskampfes, den die Betroffenen kaum als solchen bezeichnen dürften. Man kann sich unschwer vorstellen, dass der Alltag im Hafen von Kanyakumari sich in den letzten Jahrhunderten nur geringfügig geändert hat, ohne dass die Menschen, die hier leben, dies als Makel empfinden.

Seit Jahr und Tag macht Bida, der Nachtportier, jeden Morgen seine Runde. Kurz nach halb sechs schreit er durch die Flure, klopft an jede Zimmertür, rüttelt energisch an der Klinke, egal, ob der Gast ihn am Abend zuvor um einen Weckruf gebeten hat oder nicht. Denn Bida weiß, dass sich kaum einer bloß wegen Gandhi oder Vivekananda an den südlichsten Punkt der indischen Halbinsel begibt. Kanyakumaris dritte Attraktion ist nämlich, und das an jedem Tag des Jahres, der Sonnenaufgang. Ein spektakulärer Anblick, findet Bida, der nur übertroffen wird von jenen seltenen Gelegenheiten, bei denen man, was sonst nirgendwo in Indien möglich ist, gleichzeitig die untergehende Sonne und den aufgehenden Mond beobachten kann. Es sei denn, man kommt am 2. Oktober, Gandhis Geburtstag, zum Kap Komorin. An dem Tag fällt die Sonne Punkt zwölf Uhr mittags auf das Podest in der Mitte des süßlich schimmernden Monuments. Genau dort stand einst die Urne mit Gandhis Asche.

(1999)

Nepal

Die Stille von Bodnath

Es geht auf 17 Uhr zu. Es wird kühler. Die sinkende Sonne lässt das Gold des buddhistischen Klosters noch goldener, noch greller, noch faszinierender strahlen. Schon von weitem Gemurmel und dumpfer Gesang. Musik wie aus unerreichbarer Ferne. Drei junge Mönche winken uns zu sich. Ganz übermütig schwenken sie die Arme, lachen, wiegen ungeduldig den Kopf. Wir ziehen die Schuhe aus, betreten den Tempel durch eine Tür, die nur angelehnt ist. Drinnen ist es eiskalt. Und vollkommen still. Ein paar Kerzen. Räucherstäbchen. Eine meterhohe Buddhafigur.

Wir schlendern im Kreis, im Uhrzeigersinn. So viel haben wir bereits gelernt. Doch es ist wenig, sehr wenig. Die Stille aber heilt von allen Übeln.

Vorhin, beim Stupa, feilschten wir um eine Vase aus dunkelgrauem Holz. Ein kleiner Tibeter spielte mit seinem Vater Federball, inmitten der Gläubigen, die um den größten, bedeutendsten buddhistischen Reliquienschrein in ganz Nepal kreisten, im Uhrzeigersinn, unablässig die Gebetsformel „om mani padme hum" murmelten, die Gebetsmühlen am Drehen hielten.

Vor dem Tempel erneut Musik. Wir gehen zögernd durch das goldene Abendlicht. Wir schieben Vorhänge zur Seite, die in hohen, zentnerschweren Türen hängen. Stoffe weich wie Samt. Von hier, scheint es, kommt die Musik. Mal von oben, mal von unten. Für Momente ist sie ferner denn je. Wir halten inne, nehmen dann die Treppe. Ein älterer Mönch kommt uns entgegen, lautlos. Er trägt eine Schüssel mit Wasser durch das Treppenhaus. Das Wasser dampft. Wir fragen den Klostermann, wo die Musik herkomme. Er antwortet, die Stunde des Gebets sei bald zu Ende, wir müssten uns beeilen. Wir laufen die Stufen hinauf und hinab, bis unter das Dach und runter in den Keller.

Aber gibt es in buddhistisch-tibetischen Klöstern überhaupt Keller? Wir haben die Orientierung verloren, wissen nicht mehr, wo oben und wo unten ist. Nur mehr Schatten und von allen Seiten diese kaum vernehmbare Musik, die Stimmen wie tief aus der Erde, wie hoch aus dem Himmel. Nie zuvor gehörte Instrumente.

Ein Gong stellt die Stille wieder her. Die schwebende Stille von Bodnath. Wir wagen nicht einmal zu flüstern, verharren vor geschlossenen Türen, legen andächtig die Hand auf matt glänzende Klinken.

Am Mittag haben die Mönche ihre letzte Tagesmahlzeit eingenommen. Nun waschen sie ihre Wäsche, blättern in ihren Büchern, fegen ihre Kammern. Die Zimmer liegen im Halbkreis um den eiskalten Bau in der Mitte. Ein kahl geschorener Novize trägt leere Colaflaschen über den Außenflur.

Draußen, beim Stupa, bellen die Hunde, hupen die Tuktuks. Draußen lärmt und stinkt es. Unter Wellblechdächern brutzeln gefüllte Teigtäschchen und karmesinrote Fleischspieße in kochendem Fett. Keine zwanzig Schritte von der Klostermauer entfernt.

Es ist wie an jedem Tag in Nepal: ereignislos und unvergesslich.

(1998)

Nepal

Die Ziege, die in einer Felswand lebt

Die mit Schlaglöchern übersäte Hauptstraße von Kusma ist zu schmal für einen Lastwagen und einen kleinen Reisebus. Minutenlang versuchen die Fahrer, aneinander vorbei zu manövrieren. Vergeblich, es fehlen wenige Zentimeter. Im Nu haben sich Dutzende von Schaulustigen versammelt. Lauthals und mit großen Gesten verkünden einige Männer ihre Lösungsvorschläge für das Verkehrsproblem. Es hilft alles nichts. Einer der Fahrzeuglenker muss den Rückwärtsgang einlegen. Freilich nützt auch das nicht viel, weil die enge Durchgangsstraße schon nach kurzer Zeit heillos verstopft ist.

Dazu die Hitze, die Abgase, der Staub, der Gestank von verbranntem Aas und gärendem Müll. Das Städtchen Kusma, südwestlich von Pokhara, am Fuße des vor Schnee glitzernden Annapurna-Massivs gelegen, ist nicht gerade als Luftkurort bekannt. Wir klettern aus dem Bus und sind sogleich von Kindern umringt, die nach Kugelschreibern betteln, bunte Täschchen mit Tee anbieten. In einem Bretterverschlag gibt es eiskalte Cola zu kaufen – vierzehn Rupien, umgerechnet etwa zwanzig Cent, die Flasche, ohne Pfand. Hacky, der Fotograf, verkürzt sich das Warten, indem er unter einer blauen, löchrigen Plastikplane seine Schuhe polieren lässt. Eine zahnlose Alte streckt uns drei mickrige Orangen in tiefgrüner Schale entgegen. Sie trägt einen großen Ring in der Nase, an dem ein fein zieliertes Schmuckstück baumelt. Der Fahrer hupt und winkt uns an unsere Plätze zurück.

Wenig später, am Ausgang von Kusma, endet die geteerte Fahrbahn. Ein paar Meter noch holpert der Bus über festgestampften Lehm, dann kommt eines der Vorderräder neben einem knietiefen Erdloch zum Stehen. Die Rucksäcke, Koffer und Taschen werden ins Freie gewuchtet, direkt vor die Füße der Träger, die mit ihren geflochtenen Bambuskörben auf die Fremden und ihren Ballast gewartet haben. Letzte Marschvorbereitungen. Dann hinein ins Gebüsch und hinab zum Kali Gandaki, dem großen, jadegrünen Fluss der Göttin Kali, der aus China kommt und hier im Himalaja – gemessen an den umliegenden Achttausendern – die tiefste Schlucht der Welt in die Erde gräbt, bevor er sich in Indien unweit von Patna in den Ganges ergießt. Es ist ein steiler, nur notdürftig befestigter Pfad, auf dem jeder Schritt höchste Konzentration verlangt. Und der immer wieder von den eisbekrönten Riesen am Horizont ablenkt, die sich majestätisch ins All erheben: Dhaulagiri, Annapurna, Manaslu. Schon bald überholen uns die Träger in ihren Plastiklatschen – im Laufschritt, wobei unser Gepäck eher über ihrem Rücken zu schweben, als auf ihren Schultern zu lasten scheint.

Je tiefer man absteigt, umso höher kommt einem die steile Felswand am gegenüberliegenden Flussufer vor, die es vor dem Erreichen unseres Zielortes Narayansthan zu überwinden gilt. Gut zwei Stunden werden wir bis dorthin noch benötigen. Einheimische bewältigen den etwa fünf Kilometer langen Fußmarsch in 45 Minuten. Das jedenfalls hatte Krishna Karki, unser Führer, im Bus behauptet. Und anschließend die tragische Geschichte von der Ziege erzählt, die kürzlich vom Rand des Hochplateaus in die Tiefe gestürzt und auf einem winzigen Felsvorsprung gelandet war. Seither hockt sie dort, ernährt sich von Grasbüscheln und stillt ihren Durst, indem sie die Tautropfen vom Gestein leckt. Bislang haben die Dorfbewohner keine Möglichkeit gefunden, das Tier zu retten. Ob niemand von uns einen Ausweg wüsste?, fragte Krishna, ohne tatsächlich eine Antwort zu erwarten.

Am anderen Ende der Hängebrücke über dem Kali Gandaki steht ein freudig strahlendes Empfangskomitee bereit. Männer mit Pauken, Becken und Posaunen; Frauen und Mädchen in rot und golden glänzenden Saris, die den Gästen zur Begrüßung einen Blumenkranz um den Hals legen und ihnen den charakteristischen roten Punkt, die *tika*, auf die Stirn drücken. Blätter, Blüten und buntes Pulver rieseln in unsere schalenförmig geöffneten Hände. Und ständig wiederholt sich die Begrüßungsformel: „Namaste! Namaste!" Am hellsten funkeln die Kinderaugen. Als die Musik zu spielen beginnt, läuft es einem kalt über den Rücken. Dumpfes Trommeln, schrille Töne aus Flöten und anderen urzeitlich aussehenden Blasinstrumenten. Männergesang, monoton wie eine unendliche Litanei, die einen tranceähnlichen Zustand hervorruft.

Doch wir müssen weiter, den Hang hinauf. Auf ein unsichtbares, unhörbares Kommando hin setzt sich die Prozession in Gang. Schlangenlinienförmig, über abgeflachte Steinquader, die wie Stufen in die schräge Wand gesetzt sind. Jeder Schritt belastet die Knie, jeder Atemzug schmerzt in der Brust. Keuchen, Schwitzen, Innehalten. Nur die Musik treibt die schnaufenden Marschierer immer weiter. Die Melodien zerren sie mit sich den Weg hinauf, durch hundert Kurven, über hundert Streckenabschnitte, wo kein Schatten hinfällt.

Am halben Berg wartet die nächste Delegation aus dem Dorf. Noch eine *tika*, noch mehr zerrupfte Blüten, weitere Blumen, ein zweiter Willkommenskranz. Kaum haben wir uns auf die grob gezimmerten Bänke unter einem schattigen Riesenbaum sinken lassen, beginnen einige der Dorffrauen zu tanzen. Langsam kreisen ihre Hüften, elegant drehen sich die gefärbten Hände, während die Musiker am Boden kauern, die Backen aufblasen, kleine Blechdeckel gegeneinander schlagen, ihre flinken Finger über die gespannten Häute der Schlaginstrumente wirbeln lassen. Krishna liefert prompt die nötigen Erklärungen: welche Stellung die Tänzerinnen in der Dorfgemeinschaft innehaben; dass ihre Liedtexte, ganz profan, an den unfähigen, korrupten Landespolitikern herummäkeln und sich über das Müßiggängertum der Männer lustig machen. Am lautesten lachen und applaudieren die Zuschauerinnen, die am meisten unter dem faulenzenden Männervolk zu leiden haben.

Narayansthan – so lautet unsere Adresse in den nächsten vier Tagen. Es ist der Name eines so genannten VDC (*Village Development Committee*)

– einer Dorfgemeinschaft, die aus neun Orten mit insgesamt fünftausend Einwohnern besteht. Verwaltungstechnisch liegt Narayansthan im Mittleren Westen Nepals, im Bezirk Baglung, der zur Dhaulagiri-Zone zählt. Nach Narayansthan – neunhundert Meter über dem Meeresspiegel – führt keine Straße, in keinem der Dörfer gibt es Strom, kein Haus hat fließendes Wasser. Es gibt kein effizientes Bewässerungssystem für die Felder, keinen Gesundheitsposten, kein Krankenhaus – und selbstverständlich weder ein Restaurant noch ein Hotel. Besucher übernachten in Zelten, am Dorfrand, unter unlängst gepflanzten Nadelbäumen und im Schutz der höchsten Gebirgskette der Erde, deren weiß gepuderte Zacken im Mondschein grandios leuchten und morgens aus dem Nebel hervorstechen wie eine im luftleeren Raum schwebende Kulisse.

Kurz vor sechs beginnen im Küchenzelt die Kerosinbrenner zu fauchen. Als die ersten Ägyptischen Geier über das Wäldchen kreisen, bringt einer der Küchengehilfen den Tee. Ein anderer stellt eine Schüssel mit lauwarmem Wasser vor das Zelt. Zum Frühstück gibt es Porridge, Omelett, Instantkaffee und schlabberige Toastscheiben mit Erdnussbutter und Marmelade. Das Zähneputzen wird mit abgekochtem Wasser erledigt, der empfindlichen europäischen Mägen wegen. Aus Garlung, dem nächsten Dorf, schallt Getrommel herüber.

Bis Garlung sind es knapp zehn Minuten zu Fuß. Zeit genug, um sich die Müdigkeit aus den Knochen zu schütteln. Zeit genug, damit Krishna, der Führer, uns stichwortartig auf die Hauptprobleme dieser entlegenen Region einstimmen kann. Sie lassen sich in drei Begriffen zusammenfassen: Bildung, Wasserversorgung, Gesundheit. An Bemühungen, die Lebensumstände im VDC Narayansthan zu verbessern, fehlt es nicht. Seit 1993 beispielsweise hält die nicht-staatliche Organisation SWAN (*Social Welfare Association of Nepal*) regelmäßig Lese- und Schreibkurse für die lokale Bevölkerung ab. Ferner unterstützt die Vereinigung Schulen, schafft Sanitäreinrichtungen, koordiniert private Fördermaßnahmen und sammelt Gelder, die vornehmlich im Erziehungs- und Gesundheitswesen sowie bei ökologischen Vorhaben eingesetzt werden. Die Ausgangsidee: Die Menschen vor Ort sollen nicht mit Geschenken aus dem Ausland überhäuft, sondern selbst aktiv in die diversen Hilfsprogramme eingebunden werden. Nur so kann nach Auffassung der Verantwortlichen von SWAN bei den Einheimischen ein Bewusstsein für die akuten Probleme geweckt und ihre Einsicht in die Notwendigkeit eigenverantwortlichen Handelns gestärkt werden.

Auch der in dieser Region Nepals erst wenig verbreitete Fremdenverkehr kann und soll seinen Teil zur Verbesserung der Lebensgrundlagen beitragen. „Projekttourismus" nennt sich dieses noch junge Segment der Reisebranche. Angeboten werden Besuche von sozialen Hilfs- und Umweltschutzprojekten in Entwicklungsländern, wobei besonderer Wert auf die Begegnungen zwischen Reisenden und Einheimischen gelegt wird. „Speziell in Nepal", so der Vertreter einer deutschen Reiseagentur, „ist es wichtig, den Besuchern zu zeigen, dass das Land nicht nur als Kulisse für Trekkingabenteuer dient, sondern wie die Menschen dort erfolgreich versuchen, mit den erschwerten Lebensbedingungen auf dem Dach der Welt fertig zu werden." Das Konzept des „sanften" Tourismus umfasst allerdings nicht nur Kontakte zwischen „Entdeckern" und „Entdeckten". Wann immer es möglich ist, erhalten die lokalen Dienstleister – Hotels, Transporteure, Reiseleiter – den Vorzug gegenüber den ohnehin häufig bevorteilten ausländischen Konkurrenten. Zudem werden die besuchten Projekte für die erbrachten Leistungen überdurchschnittlich entlohnt, um auf diese Weise deren Entwicklung zu fördern und den Beteiligten bessere Zukunftsaussichten zu bieten.

Doch wie viel Fremdheit verträgt ein Flecken, an den sich bislang nur eine Hand voll Touristen verlaufen hat? Wann beginnen die Einflüsse von außen die gewachsenen Strukturen zu verändern? Der Reiseveranstalter ist sich der Gefahren seiner Philosophie durchaus bewusst. Nicht mehr als vier Gruppen mit jeweils maximal zehn Teilnehmern sollen pro Jahr nach Narayansthan gelotst werden. Immer nur für ein paar Tage und ohne Konzessionen an westliche Urlaubsgewohnheiten.

Die 65 Mitglieder des Jugendclubs von Garlung haben den Platz vor ihrer kleinen Bibliothek gefegt, die Bücher ordentlich auf die Regale gereiht. An einer Wand hängen die Resultate eines Quizwettbewerbs, daneben die unvermeidlichen Schwarzweißaufnahmen des Königspaares sowie ein Foto der bekanntesten nepalischen Schriftstellerin, Pari Jat, die sich für die Menschenrechte engagiert und gegen die Benachteiligung der Frauen in ihrem Land kämpft. Vor dem niedrigen Gebäude spielt eine Combo traditionelle Lieder, in denen häufig vom Stolz auf das Vaterland, vom Geburtsort der Götter, von der Heimat der höchsten Berge und von den Tapfersten der Tapferen die Rede ist. Junge Männer drehen sich wie ekstatische Derwische.

Welch ein Kontrast zum gegenüberliegenden Schulhof! Dort stehen die blau uniformierten Schüler in Reih und Glied, mit ernsten Mienen, wie bei einem militärischen Drill. Im Takt eines Trommlers üben sie Rumpfbeugen und marschieren im Stechschritt los, immer im Kreis herum, in Plastiksandalen und mit steif erhobenem Kinn. Eine Übung zur Förderung der Disziplin, erklärt später der strenge *Headmaster*.

Im Büro des Direktors, hinter Fensterrahmen ohne Glasscheiben, an mit geblümten Wachstüchern bedeckten Holztischen, bekommen wir die vollständig versammelte Lehrerschaft vorgestellt. 16 vornehmlich junge Männer und vier Frauen, die, so der erste Eindruck, nach längst überholten pädagogischen Methoden und mit einem Minimum an Lehrmaterial ihre Arbeit verrichten. Es fehlt am Elementarsten: an Tafeln, an Kreide, an Räumlichkeiten, an Pulten und Bänken und ... an neuen Ideen. Zumindest stehen neben gängigen Fächern wie Mathematik, Englisch und Buchhaltung auch praktische Informationen über Ernährung, Familienplanung, Gesundheitsvorsorge und Hygiene auf dem Programm. Klassen mit bis zu hundert Schülern sind keine Seltenheit − immerhin werden heute neunzig Prozent der Dorfkinder in den Unterricht geschickt, obwohl der Schulweg für viele von ihnen täglich mehrere Stunden in Anspruch nimmt. Vor 15 Jahren lernte nur jedes vierte Kind in Narayansthan Lesen und Schreiben. Eine Generation früher lagen die Klassenzimmer gar noch unter freiem Himmel, die Kugelschreiber ersetzten zugespitzte Bambusrohre, die man in den Saft ausgepresster Blätter tauchte.

Die Dörfer Narayansthans erscheinen einem erstaunlich sauber und gepflegt, zumal wenn man gerade aus dem an extremer Umweltverschmutzung und rasanter Zersiedlung leidenden Kathmandu-Tal kommt. Die meisten Häuser sind aus festem Material gebaut, niemand muss zwischen Müll, Schlamm, Unkraut und stinkenden Wassergräben umherwaten. Neben den Unterkünften wachsen Papayabäume und Bananenstauden, auf den Feldern und in den Gärten gedeihen, sofern kein jahreszeitlich bedingter Wassermangel herrscht, Reis, Mais, Hirse, Bohnen und Kartoffeln. Dass zwei von drei Einwohnern von Garlung und Umgebung Analphabeten sind und neun von zehn unter äußerster Armut leiden, ist auf den ersten Blick nicht zu erkennen. Wohl muss in den VDC-Dörfern niemand verhungern, das althergebrachte Wirtschaftssystem bewahrt vor dem Elend der Großstädte. Doch das Prinzip der Selbstversorgung bedingt einen eklatanten Geldmangel. Auch in dieser Hinsicht hat die Gemeinschaft ein gewisses Maß an Eigeninitiative entwickelt, die derzeit noch der Unterstützung von außerhalb bedarf, aber irgendwann ohne fremde Hilfe funktionieren soll.

In Tulakhor beispielsweise betreibt die Vereinigung der Kleinbauern eine bankähnliche Einrichtung, die Kredite zum Erwerb von Büffeln, Hühnern, Ziegen und Saatgut vergibt und mit zehnprozentiger Rendite zum Sparen animiert. Schräg gegenüber vom Geldinstitut liegt ein winziger, mit Postern von Schauspielerinnen geschmückter Laden. Hier werden Seife, Waschpulver, Haarfärbemittel, allerlei Salben und Pillen verkauft. Hinter dem Tresen hängt ein Zettel mit dem Hinweis „Please no credit"; ein Schaubild warnt vor den Gefahren des Rauchens. Im Nachbargebäude wurde unlängst, wie in einem Drittel sämtlicher Häuser Narayansthans, eine mit Kuhdung betriebene Biogasanlage installiert. Sie liefert Energie zum Kochen und hilft, das in den nepalischen Mittelgebirgen immer seltener und damit immer kostbarer und immer kostspieliger werdende Brennholz zu sparen.

Von staatlicher Seite fühlen sich die Bewohner Narayansthans schmählich im Stich gelassen. Gerade mal umgerechnet fünftausend Dollar hat die Regierung in Kathmandu dem VDC bewilligt. Mit dieser Summe müssen ein ganzes Jahr lang sämtliche Entwicklungs- und Infrastrukturarbeiten der Siedlung finanziert werden. Kein Wunder, dass die einfachen Bauern und Handwerker Politik für ein schmutziges Geschäft halten und ihren Gästen die nepalischen Politiker als Schürzenjäger, Trinker und Glücksspieler beschreiben.

Auch die Blindenschule des Bezirks existierte nicht ohne ausländische Unterstützung. 28 Kinder leben und lernen in diesem Heim, das mit der Hilfe eines japanischen Rotary-Clubs gegründet wurde und laufend auf Spenden angewiesen ist. Müssten die Familien der sehgeschädigten Kinder deren Ausbildung, Unterkunft und Verpflegung aus eigener Tasche bezahlen, die Bücher in Braille-Schrift würden ungelesen verschimmeln.

Nach Sonnenuntergang herrscht in Narayansthan tiefe Stille. Die Frauen, die im Newar-Dorf vor dem Stoffladen, dem Schneideratelier kauerten und den ganzen Tag lang Steine zu Schotter zerkleinerten, die an einer der 36 Wasserstellen des VDC die Wäsche klopften oder in Steinmörsern Korn zerstampften – am frühen Abend haben sie sich ihren Nachwuchs auf den Rücken gebunden und sind nach Hause gegangen. Wie seit Jahr und Tag und trotz westlicher Einflüsse, trotz des Engagements der vor Ort tätigen Frauengruppen, leisten die nepalischen Frauen auch heute noch den Hauptanteil der Arbeit, derweil man immer wieder Männern begegnet, die untätig herumsitzen oder sich mit Würfelspiel die Zeit vertreiben. Auch die Masken- und Regentänzer aus der Newar-Schule haben ihre bunten Kostüme und ihre Perücken aus Yakhaaren längst in großen Holzkisten verstaut. Es ist die Zeit des Kerzenlichts, das fahl in der Dämmerung flackert.

Nur noch einige Fremde sind unterwegs. Mit Taschenlampen tasten sie sich zurück in ihr Zeltlager. Sie kommen aus dem Dorf Namuna, wo sie den Nachmittag bei den „Unberührbaren" verbrachten, zunächst mit den Handwerkern und Tagelöhnern tanzten und sich dann die Klagen der Schuhmacher und Lederverarbeiter anhörten. Es gibt immer weniger Arbeit für diese Vertreter der niedrigsten Kaste, die sich als Diener und Angestellte in den Häusern der hinduistischen Oberklasse verdingen und die Drecksarbeit machen müssen. Das straffe, jahrtausendealte Kastensystem zumindest ein wenig aufzulockern, ohne den gewachsenen Sozialstrukturen bleibende Schäden zuzufügen – auch dieses Anliegen verfolgen Hilfsorganisationen wie SWAN mit ihren Projekten. Zusätzliche Unterstützung kommt von jedem Touristen, der bereit ist, auf Urlaubsansprüche westlichen Standards zu verzichten, Vorurteile abzubauen sowie Respekt und Verständnis für die realen Lebens- und Arbeitsweisen der gastgebenden Bevölkerung zu zeigen.

Am Abreisetag stehen die Einwohner Narayansthans erneut Spalier. Sie streuen ihren Gästen ein letztes Mal rotes Pulver auf das Haupt, legen ihnen Blumen vor die Füße, schenken ihnen Obst als Proviant für den anstrengenden Weg zurück nach Kusma. Auf der dortigen Hauptstraße geht es, einmal mehr, weder vor- noch rückwärts. Doch diesmal sind nicht Lastwagen und Busse Anlass für den Stau, sondern die Teilnehmer eines Festumzugs, die mit Musik und Gesang, Kind und Kegel, Banderolen und Blumenkörben durch den Ort ziehen. Wir stehen da und staunen, nippen an eiskalter Cola. Als wir in den Bus steigen, fällt uns plötzlich ein, dass wir ganz vergessen haben, uns nach der Ziege zu erkundigen, die in einer Nische im Fels geduldig auf Rettung wartet.

(1998)

Nepal

Neues über „Lääsch"

Nur langsam verzog sich der Nebel über der Stupa von Swayambunath. Dann schälte sich die Sonne hinter den Himalaja-Gipfeln hervor, die frühen Besucher des buddhistischen Heiligtums suchten den Schatten der schneeweißen Kuppel auf. Dort stand ein Junge, vielleicht 19 Jahre alt. Er wollte wissen, was alle Nepalis wissen wollen: „What's your name? Where do you come from?"
Als ich ihm den Namen des Landes nannte, wechselte er übergangslos vom Englischen ins Französische und deutete mit der Hand hinunter nach Kathmandu. Irgendwo am Stadtrand, unter einer riesigen Abgaswolke, lag die Schule, an der er studierte. „Sciences économiques", sagte er, ein Begriff, der hierher passte wie eine Almhütte auf den Gipfel des Mount Everest. Und dass er einen Brieffreund habe, mit dem er auf Französisch korrespondiere.
Einen belgischen Brieffreund aus ... – aus dem Mund des Jungen klang es wie „Lääsch". Zunächst wusste ich nicht, welche Stadt er meinte. Also schrieb er ihren Namen auf einen Fetzen Papier: Liège. Und lachte, als ich endlich kapierte.
Eine schöne Stadt, sagte er, obwohl er noch nie dort gewesen war. Ebenso wenig wie in Luxemburg, doch Luxemburg sei ebenfalls schön, das wisse er ganz genau.
Eine Weile blickten wir zwischen der Stupa und Kathmandu hin und her. Glöckchen bimmelten, Butterfett dampfte, Kinder und Affen hopsten umher. Es war ein friedlicher, weltentrückter Moment. Fast vergaß ich, worauf ich die ganze Zeit gewartet hatte: Dass mein jugendlicher Gesprächspartner mich um ein paar Rupien bitten würde, um sich Bücher, Hefte, Stifte, Briefmarken für seine Post nach Belgien kaufen zu können. Dass er sich mir, zum Dank für die

Spende, als Privatführer andienen und mir noch andere Stupas, ganz Kathmandu zeigen, mir sein Land und dessen Bewohner erklären würde. Nichts dergleichen geschah. Der Junge stand einfach nur da, schaute, lächelte und schwieg. Auch im Schatten begann es allmählich heiß und stickig zu werden. Bevor wir uns trennten, lud er mich auf eine Cola ein. Unter einem Strohdach gleich neben der von Gebetsfähnchen umwehten Kuppel, wo es angenehm kühl war. Er erzählte mir alles, was er über „Lääsch" wusste. Etliches davon war mir neu.

(1998)

Nepal

Im Herzen des Dschungels

Die Männer vom Weckdienst kennen kein Pardon. Morgens um halb sechs drehen sie ihre Runde und scheuchen die Gäste mit beharrlichem Türklopfen aus den Betten. Thermosflaschen mit Kaffee und Tee sowie allerlei Kekse stehen bereit, damit sich niemand mit leerem Magen auf die frühe Tour machen muss. In diesigem Dämmerlicht setzt sich der Konvoi schließlich in Bewegung: Raskali, Apukali, Anarkali, Laxmikali mitsamt Fracht. Jedem Elefanten – ihre Namen verweisen auf die Göttin Kali – hat man einen *howdah*, einen hölzernen Sitzkorb, auf den breiten Rücken gebunden. Darin nehmen zu viert die Touristen Platz. Ihr Führer nennt sich *phanit* und lässt sich im Nacken des Dickhäuters nieder. Seine Kommandos gibt er mit einem Stöckchen und mit den Füßen, die er dem Rüsseltier hinter die Flatschohren drückt. Raskali und Co. verstehen auch rund vierzig akustische Befehle, sofern diese in Hindi sind – die Sprache, in der die Elefanten im benachbarten Indien aufgezogen und zu wandelnden Aussichtstürmen ausgebildet wurden.

So beginnen alle Tage im Royal Chitwan National Park, dem größten und bekanntesten Naturreservat Südasiens. Von den bis zu dreißig Meter hohen Salbäumen tropft es so üppig, als würde ein morgendlicher Schauer auf den Regenwald niedergehen. Es riecht nach feuchter Erde und exotischen Blüten. Ein dichter Dunstschleier hat sich in den Baumwipfeln, Bambusstauden und Bananenwedeln verfangen. Doch sobald die Jumbos mit ihren Huckepack-Passagieren den Urwald verlassen und sich trittsicher eine Schneise durch das übermannshohe Gras der Steppe geschlagen haben, ändern Farben, Licht und Atmosphäre. Die Stimmung ist so friedlich, so ergreifend, dass selbst die zähesten Morgenmuffel plötzlich hellwach sind und beim Anblick der hinter den Nebelwolken aufgehenden Sonne sogar die aufgewecktesten Korbinsassen verstummen. Schweigen ist auch nötig, wenn der Ausritt nicht vergeblich sein soll: In Chitwan werden die wilden Tiere nicht wie im Zoo präsentiert, meistens ist es mühsam und zeitaufwändig, ihnen auf die Spur zu kommen.

Wenn sich die kühle Watte über dem Grasland lichtet, kommt unverzüglich wohltuende Wärme auf – eine typische Erscheinung im subtropischen Klima des Terai. In überwältigendem Kontrast zum Flachland leuchten, bei klarem Wetter, am Horizont die vergletscherten Gipfel des Himalaja-Gebirges auf. Von diesen arktischen Gefilden liegt das ganzjährig wohltemperierte Terai knapp zweihundert Kilometer entfernt und bildet die unterste Stufe des gewaltigen Aufstiegs, der zum eisigen Dach der Welt hinaufführt. Platt wie ein Pfannkuchen zieht sich der Landstrich in Nepals Süden an der indischen Grenze entlang – lange Zeit eine unüberwindbare Barriere, die vor potenziellen Angreifern aus dem Süden schützte. Dem Tourismus konnte sich die Region erst nach massiven Eingriffen in die Natur öffnen.

Bis Mitte der 1950er-Jahre wütete im „Land des Fiebers" – so die wörtliche Übersetzung von Terai – nämlich die Malaria. Einigermaßen resistent dagegen waren nur die Tharu-Stämme, die hier seit Menschengedenken als Landwirte und Viehzüchter tätig waren. Ihre von jeher erbittertsten Feinde waren der bengalische Königstiger, das einhörnige Panzernashorn, das Dschungelrind und das Schnabelkrokodil. Deren Lebensraum verringerte sich drastisch, als die nepalische Regierung mit finanzieller Unterstützung aus den USA und reichlich DDT im Chitwan-Tal die Sümpfe trockengelegt, Wald gerodet und die Seuche so weit besiegt hatte, dass immer mehr Menschen aus dem unwirtlichen Hochgebirge und aus Nordindien ins fruchtbare Terai zogen. Rasch entwickelte sich die kaum hundert Meter über dem Meeresspiegel liegende Ebene zu Nepals Kornkammer und zu einem bedeutenden Industriestandort.

Was dazu führte, dass immer größere Wald- und Graslandgebiete in landwirtschaftliche Nutzfläche umgewandelt wurden und die Zahl der wilden Tiere in gleichem Maße zurückging, wie die der Siedler zunahm.

Ein erstes Umdenken erfolgte 1962, als Chitwan zum Schutzgebiet für Nashörner erklärt und unter die Obhut der bewaffneten Wachen der „Rhino Patrol" gestellt wurde. Nun war endgültig Schluss mit den pompösen Großwildjagden, die seit Mitte des 19. Jahrhunderts von indischen Rajas, nepalischen Aristokraten und britischen Kolonialherren im Terai veranstaltet wurden. 1911 beispielsweise töteten die Teilnehmer einer Safari innerhalb von elf Tagen nicht weniger als 39 Tiger und 18 Rhinozerosse. 1938 brachten Großwildjäger in kurzer Zeit 120 Tiger, 38 Nashörner, 27 Leoparden und 15 Bären zur Strecke. Bis heute ist das pulverisierte Horn des Rhinos in China als Aphrodisiakum äußerst gefragt.

Zu einer noch radikaleren Dezimierung des Wildtierbestandes führte die massive Immigration in die malariaarme Zone in den Jahren 1950 bis 1970. Definitive Rettung kam 1972 mit der Ausweisung Chitwans als erster Nationalpark Nepals. Zu jenem Zeitpunkt war die Zahl der Rhinozerosse auf hundert, die der Tiger gar auf zwanzig geschrumpft. Mittlerweile haben sich die Bestände wieder vervierfacht, vom Aussterben ist derzeit keine Rasse akut bedroht.

Insgesamt konnten bei den jüngsten Zählungen über fünfzig Säugetier- und etwa vierhundert Vogelarten registriert werden. Die allermeisten davon bekommt der Parkbesucher allerdings nie zu Gesicht. Ganz gleich, ob er auf einem Elefanten durch Chitwan – wörtlich: „das Herz des Dschungels" – streift, in einem Einbaum über die Flüsse paddelt oder zu Fuß im immergrünen Dickicht unterwegs ist.

Am allerseltensten zeigt sich der Königstiger. Nur seine Spuren in Form überdimensionaler Katzentatzen sind ab und zu auf dem sandigen Untergrund zu entdecken. Und wer ein besonders feines Näschen hat, vermeint ihn gelegentlich sogar zu riechen. Begegnungen mit dem Panzernashorn hingegen sind geradezu alltäglich. Und für den, der hoch auf einem Elefantenrücken thront, völlig ungefährlich. Obwohl ..., ein wenig mulmig wird dem Laien schon, wenn der Koloss seine 1.500 Kilo Lebendgewicht auf einmal aus einem Schlammtümpel wuchtet und leicht indigniert schnauft. Oder wenn plötzlich eine aufgeregte Affenhorde hoch in den Bäumen zu lärmen beginnt und einige der Akrobaten über die Köpfe der aufgeschreckten Beobachter hechten.

Als kleine Entschädigung für das nicht zustande gekommene Rendezvous mit der majestätischen Raubkatze wird abends auf dem Herbergsgelände eine Diashow geboten. Dann erläutert Harkan, der sich in den 13 Jahren seiner Tätigkeit in der Chitwan Jungle Lodge vom Kellner zum Ranger hochgearbeitet hat, Näheres zu Flora und Fauna. Und mit dem gleichen Sinn für amüsante Details, mit dem er die Geschichte „seiner" Anlage resümiert, hält Harkan am nächsten Tag seinen „elephant talk". Was den asiatischen vom afrikanischen Dickhäuter unterscheidet, woran man sein Alter erkennt, wie viel so ein Riesentier täglich frisst und säuft, dass es auf seinem Buckel problemlos eine Last von einer Tonne zu transportieren vermag – das alles und noch viel mehr können die Zuhörer am abendlichen Lagerfeuer noch einmal erfragen, wenn sie während Harkans Informationsstunde nicht richtig zugehört hatten.

Auf eigene Faust darf kein Fremder das Reservat auskundschaften. Auch unangemeldetes Betreten des Parks ist verboten. Darüber wachen etwa tausend Soldaten der nepalischen Armee, die rund um das Naturschutzgebiet stationiert sind. Aber vor allem Wilderern und illegalen Holzfällern gilt ihr Augenmerk. Obwohl es seit Jahren nur noch selten zu diesbezüglichen Vergehen kommt, wie Dr. Tirtta M. Moskey vom *Department of National Parks und Wildlife Conservation* später in seinem Büro in Kathmandu erklärt.

Das war nicht immer so. Vor allem die Tharus, die ursprünglichen Bewohner Chitwans, die man bei der Schaffung des Reservats kurzerhand umlogierte, verstanden anfangs nicht, wieso sie von ihrem angestammten Land vertrieben wurden. Auch Umwelt- und Tierschutz waren Fremdwörter für diejenigen, die hier jahrhundertelang Ackerbau betrieben hatten und zur Jagd gegangen waren und nun touristischen Ambitionen weichen mussten. Noch heute werden regelmäßig Klagen der Einheimischen laut, weil die immer zahlreicher werdenden Wildtiere die Felder und Gärten der Anrainer verwüsten, Teile der Reis-, Senf-, Linsen- und Weizenernte zerstören und gelegentlich auch vor Angriffen auf Menschen nicht zurückschrecken.

Weil die Protektion der Tierwelt und ihres natürlichen Lebensraumes mit großen finanziellen Nachteilen und Verlusten für die lokale Bevölkerung verbunden ist, kam es immer wieder zu Konflikten. Aber auch zur Lösung der sozio-ökonomischen Probleme hält Mister Moskey die passende Zauberformel parat. Sie lautet „Pufferzone-Projekt" und sieht vor, die Einwohner der umliegenden Ortschaften in Zukunft stärker als bisher an den Einkünften des Nationalparks teilhaben zu lassen. Fünfzig Prozent dieser Einnahmen sollen etwa in den Bau von Straßen und Schulen investiert werden. Geplant ist ferner die Schaffung eines „trust fund system", von dem man sich eine gerechtere und effizientere Verteilung des Profits erhofft. Bislang dürfen die Siedler nur einmal im Jahr, eine Woche lang, Elefantengras im Park schneiden, das sie für die Dächer und Instandhaltung ihrer Hütten dringend benötigen. An allen anderen Tagen warten die geschäftstüchtigsten von ihnen außerhalb des Parks, um die Touristen mit unschuldigem Lächeln zum Kauf mehr oder weniger typischer Souvenirs zu drängen.

Auch von ökologischen Schwierigkeiten ist der Chitwan Nationalpark nicht verschont geblieben. Der zeitweilig sprunghafte Anstieg der Besucherzahlen hat zu schwerwiegenden Engpässen bei der Energieversorgung und der Abfallbeseitigung geführt. Am deutlichsten zeigt sich diese Problematik anhand der sieben Lodges, die im Reservat selbst liegen. Sie verbrauchen, mangels Strom, Unmengen von Brennholz, das sie aufgrund ihrer Konzession legal im Dschungel schlagen dürfen, und sind bislang nur sehr unzureichend mit Biogas- und Solarenergieanlagen ausgerüstet. Den Dreck vergräbt man einstweilen noch in tiefen Löchern in der freien Natur, Mülltrennung nach westlichem Vorbild ist bis dato unbekannt, von Aufforstungsplänen wird bisher nur geredet, Wiederaufbereitungsanlagen für Brauchwasser gelten nach wie vor als ferne Zukunftsvision. In anderer Hinsicht jedoch werden die Ansprüche der Chitwan-Besucher aus den Industriestaaten absichtlich nicht erfüllt – glücklicherweise! Zwar muss man kein ausgesprochenes Faible für den herben Charme von Jugendherbergsatmosphäre haben, um sich in den Safari-Hotels wohl zu fühlen, doch Swimmingpools, Diskotheken und ähnliche Extravaganzen sucht man im nepalischen Dschungel vergeblich. Dafür passt sich die Architektur der Lodges bewusst ihrer natürlichen Umgebung an. Jede Art von Luxus ist verpönt, bei Hochbetrieb wird in Zelten logiert, manche Unterkunft erhellt nachts ausschließlich eine stinkende Kerosinlampe. Und wenn der Himmel tagsüber allzu bewölkt war, kommt abends eben nur kaltes Wasser aus den an Sonnenkollektoren angeschlossenen Behältern.

(1998)

Nepal

Engel in Shangri-La

Sonntagnachmittag auf der Veranda des Harati Hotels. Mitten in Shangri-La, dem sagenumwobenen Paradies aus uralten asiatischen Legenden. Allein, Shangri-La gibt es nicht. Hat es nie gegeben. Oder wurde zumindest noch nie von einem Reisenden entdeckt. Shangri-La, wolkenumwölbte Gralsburg, Traum einer idealen Gesellschaft, in Frieden und Schönheit und gute Gedanken gehüllt.

Für ein paar Minuten ist die Welt auf der Veranda des Harati Hotels in Kathmandu an diesem Sonntagnachmittag tatsächlich eine bessere. Eine einsame Fliege kreist über das Glas mit dem orange-grünen Fruchtsaft. Der Kellner hat von sich aus keine Eiswürfel hineingetan – vor dem Trinken von Leitungswasser wird jeder Nepal-Reisende nachdrücklich gewarnt. Neben dem Glas ein Schälchen mit chipsähnlichem Knabberzeug – bedenkenlos genießbar, so wurde versichert.

Dann ein paar Schmetterlinge, vergänglich wie ein Lufthauch. Und die Hotelangestellten, fleißig, ständig am Kommen und Gehen, auch sie auf Sohlen aus Wind. Von Rimbaud haben sie vermutlich noch nie etwas gehört. Ebenso wenig von Bruce Chatwin, der so vermessen war, sich mit Rimbaud zu vergleichen.

Das Harati hat zwei Eingänge: einen zur belebten Hauptstraße von Chhetrapati Richtung Durbar Square, einen nach hinten, nah der Veranda, die auf eine friedliche Wiese gibt, Richtung Himalaja. Dort oben wohnt der Schnee. Nachmittags kann man einige bepuderte Berggipfel sehen, zumindest an klaren, trockenen Wintertagen. Sie bilden eine Art Grenze, in mehrfacher Hinsicht.

Doch wo endet etwas, das es nicht gibt? Und wo beginnt es? Shangri-La beispielsweise. Oder der asiatische Osten. Von jenseits des mittleren Ostens bis diesseits des nördlichen Ostens? Wieso gibt es eigentlich kein westliches Asien, zumal das südöstliche Asien durchaus bekannt ist?

In jedes ordentliche Paradies gehören Engel. An diesem Nachmittag schwirren sie als tibetische Putzfrauen verkleidet über die Hotelflure. In langen, bunten, wehenden Schürzen, mit einem vieldeutigen, nicht entzifferbaren Lächeln auf dem Gesicht. Im Vorbeifliegen senken sie schamhaft die Lider. Käme in diesem Moment Wind auf, er würde die Engel kurzerhand davonwehen.

Glücklicherweise kommt kein Wind auf, ich nippe zufrieden an meinem Fruchtsaft. Die Putzfrauen machen sich trotzdem aus dem Staub. Feierabend. Bald senkt sich die Nacht auf Shangri-La. In Kathmandu gehen die Lichter aus. Wie an jedem Sonntagabend, wenn der Strom abgeschaltet wird. Für zwei Stunden. Eine reine Sparmaßnahme.

(1998)

Nepal

Zirkusluft, rätselhaft

An der Straße von Kathmandu nach Bhaktapur, in Sichtweite des Tribhuvan-Flughafens, hat der Zirkus Jamuna seine Zelte aufgeschlagen. Sie stehen schon lange da, und der Zustand der aschgrauen, porösen Überdachung erweckt nicht den Anschein, als könnten die Planen und Tücher, die Stangen und Verstrebungen jemals ab- und anderswo wieder aufgebaut werden. Der Jamuna ist das genaue Gegenteil eines Wanderzirkus, er hätte sich nirgendwo einen ungünstigeren Standort aussuchen können und muss, zumindest nach dem Ende der Vorstellung, als weiteres Rätsel dieser Welt angesehen werden.

Das umliegende Brachland ist mit alten Reifen, zerbeulten Blechstücken, Teilen von ausgebrannten Autowracks übersät. Barfüßige Kinder toben durch den aufgewirbelten Staub. Beim Anflug der Maschinen ziehen die hochnäsig herumstehenden Kamele beleidigt die Köpfe ein. Die Elefanten, die mit schweren Ketten an einem Pflock befestigt sind, zerren vor lauter Langeweile an rostigem Stacheldraht. Unter dem mit Steinen beschwerten Wellblechdach eines Bretterverschlags steigt schwarzer Rauch auf. Ein unachtsamer Schritt, und man tritt in einen dampfenden Kothaufen. Wahrhaftig kein Ort, der die Massen anzieht.

Die tägliche Vorstellung beginnt nachmittags um halb drei. Lange vorher senden riesige Lautsprecher ohrenbetäubendes Krächzen, Knattern und Quietschen über das Gelände. Die billigste Eintrittskarte kostet vierzig Rupien. Für die teuerste, die zu einem Sitzplatz in den fünf ersten Reihen berechtigt, sind hundert Rupien, umgerechnet etwas mehr als ein Euro, auszulegen. Teppichknüpferinnen, die monatlich um die tausend Rupien verdienen, treten heute nicht an die Kasse. Stattdessen haben sich drei Europäer an den Schalter verirrt – ob aus bloßer Neugier oder aus schierer Sensationslust, ist schwer zu sagen. Sie zahlen je achtzig Rupien für einen Stuhl ab Reihe 6 und sind beim Anblick der wackeligen Holzkonstruktion im hintersten Teil des Zeltes beinahe stolz auf ihre weise Entscheidung.

Im weiten Kreis um die Manege ist Platz für gut und gerne zweitausend Besucher. Außer den drei Touristen haben sich anderthalb Dutzend einheimischer Zuschauer eingefunden: ein paar Väter mit ihren Sprösslingen, eine Großmutter mit ihrer Enkelin, einige alte Männer. Zuletzt kommen zwei Kaugummi kauende Burschen mit düsteren Mienen und schmutzigen Fingernägeln und lassen sich – ausgerechnet – links und rechts von den drei Fremden nieder. Schweigend, schmatzend, mit undurchdringlichen Blicken starren sie ihre unverhofften Sitznachbarn an, die unwillkürlich enger zusammenrücken.

Zum Glück geht die Vorstellung bald los. Zwei jugendliche Dompteure in Badeschlappen versuchen, müde Löwen durch einen ziemlich unstabil wirkenden Käfig zu treiben. Entweder haben die Tiere eben erst ihr Mittagsschläfchen beendet oder jemand streute ihnen Betäubungsmittel ins Futter – jedenfalls müssen die Tierbändiger die schlaffen Gesellen immer wieder am Schwanz packen, damit sie sich überhaupt von der Stelle bewegen. Das Löwenbaby muss gar auf Schultern weggetragen werden, bevor man mit der Entfernung der Gitter beginnen kann.

Auch im Zeltinneren besteht die Musik vornehmlich aus dröhnendem Knistern und schrillem Jaulen. Zeitweilig fällt der Ton ganz aus, um nach wenigen Sekunden umso kakophonischer wieder einzusetzen. Es folgt eine Gruppe von Nachwuchsartisten: Mollige Mädchen, die einem extrem dünnen, adrett gekämmten Buben beim Hochstand und Saltoschlagen behilflich sind. Dann kreist ein Elefant auf einem riesigen Dreirad durch die Manege. Anschließend lässt ein äußerst seriös dreinblickender Mann – vermutlich der Zirkusdirektor persönlich – die Pferdchen tanzen. Als nächstes traktiert eine griesgrämige Dame – die Gattin des Direktors? – schneeweiße Papageien mit einer Art Zauberstab.

Lauter Nummern, die, eben weil sie in ihrer Unvollkommenheit so entwaffnend aufrichtig und authentisch sind, gerade bei den zufälligen Zirkusbesuchern höchste Bewunderung hervorrufen könnten – wäre da nicht dieser beißende, mit Momenten kaum auszuhaltende Gestank, der immer wieder von den windgeschüttelten Planen durch das Zelt geweht wird. Fäkalien? Aas? Ätzende Chemikalien? Ratlos presst sich das empfindliche Trio Taschentücher auf Mund und Nase; bangend malt es sich die unsichtbaren, vermutlich sogar tödlichen Bazillen, Bakterien, Mikroben und Keime aus, die fröhlich durch die Show schweben.

Dabei stehen die dramatischsten Darbietungen an diesem unvergesslichen Nachmittag in Nepal erst noch bevor. Geboten werden sie von dem Seiltänzer, der mitten im Staub der Manege auf dem Hosenboden landet, weil plötzlich alle Sicherungstaue reißen und das gesamte Gestänge unter ihm zusammenbricht. Und, irritierender noch, von dem Bären auf dem Motorrad, der gegen Ende seiner Vorführung mit einem Mal kräftig Gas gibt, mit seinem knatternden Gefährt über den Rand der Arena hinausschießt und kopfüber in den Zuschauergraben kracht, wo heute glücklicherweise alle Plätze leer geblieben sind.

Kleine Missgeschicke? Bloß Pech? Oder alles Absicht, um das Publikum zum Lachen zu bringen? Die Kinder jedenfalls amüsieren sich köstlich über den rasenden Bären und den tolpatschigen Äquilibristen. Das nach Frischluft ringende Trio jedoch hat endgültig die Nase voll. Es strebt dem Ausgang entgegen und weiß nicht, ob der Zirkus Jamuna fortan als wahrhaftige Attraktion oder als plumpe Touristenfalle gelten muss.

(1998)

China

Last Exit Hongkou

Grillenkämpfe sind im heutigen China offiziell verboten. Doch die Insektenhändler auf dem Zhoushan-Markt lassen ihren Tierchen sorgfältigste Pflege angedeihen, vor allem den männlichen Vertretern der Gattung. Denn mit ihnen lässt sich gutes Geld verdienen, weshalb sie üppig gefüttert werden und in geräumigen, mit Samt und Seide ausgelegten Behältern auf Käufer warten dürfen. Das tun die Männchen in aller Stille, denn das typische Zirpen, für das die weiblichen Heuschrecken seit jeher von den Chinesen so geliebt werden, ist ihre Sache nicht. Auch sehen darf sie niemand, weil Wettbewerbe mit Grillen seit der Kulturrevolution illegal sind und nur noch im Untergrund stattfinden dürfen. Das behauptet jedenfalls einer der Verkäufer, bevor er mit augenzwinkernder Verschwörermiene dann doch den Deckel anhebt und einen flüchtigen Blick ins Innere einer Schachtel erlaubt.

Ob die Sache mit dem Kampfverbot nun stimmt oder nicht – für unerlaubten Handel wäre der Zhoushan-Markt jedenfalls ideal: klein, unspektakulär, getarnt als Umschlagplatz für legale Haustiere. In seiner unmittelbaren Nachbarschaft werden Fahrräder und Rikschas repariert, Holzmöbel gezimmert. In einer winzigen Suppenküche sind ein paar Burschen mit der manuellen Herstellung von Nudeln beschäftigt, die anschließend sofort hungrigen Passanten vorgesetzt werden. Kein Ort also, der in den einschlägigen Touristenbibeln erwähnt wird und einen massiven Andrang von Fremden befürchten müsste.

Dabei war die Zhoushan-Straße einst eine der Lebensadern des Hongkou-Viertels. Aber auch dieser Stadtteil im Nordosten von Shanghai, noch in Sichtweite der berühmten Uferpromenade, dem *Bund* (sprich: Band), wird in den meisten Reiseführern höchstens mit einer Randbemerkung bedacht. Es ist eine Gegend, die nicht in das Selbstbildnis der schnell wachsenden, resolut auf die Zukunft ausgerichteten 17-Millionen-Stadt passt. Hier werfen, im Gegensatz zum futuristischen Pudong jenseits des Huangpu-Flusses, keine gigantischen Turmklötze ihre langen Schatten. Hier durchschneiden keine hochtrassigen Autobahnen das gewachsene, mitunter dörflich anmutende Gefüge, wo man noch alten Männern mit Spitzbart und Greisinnen im Mao-Blaumann begegnet. Ins Bild vom alten Asien, dem in den chinesischen Mega-Städten viele Einheimische nachtrauern, passt auch der Huoshan-Park. Vormittags treffen sich hier, nicht weit vom Grillenmarkt entfernt, betagtere Herrschaften zur gemeinsamen Taichi-Gymnastik. Die Musik dazu dröhnt aus einem Ghettoblaster, der genau vor jener Gedenktafel postiert ist, die auf eine der vergessenen Epochen der Shanghaier Geschichte verweist. Gewidmet ist das Denkmal jenen jüdischen Flüchtlingen, die sich zwischen 1933 und 1939 in Shanghai vor der nationalsozialistischen Barbarei in Sicherheit brachten. Die meisten von ihnen kamen aus Deutschland und Österreich, völlig mittellos, höchstens mit den fünf Reichsmark und den zwei Koffern im Gepäck, die man ihnen bei ihrem Auszug aus Europa mitzunehmen gestattet hatte.

Hongkou war ihr letzter Ausweg. Nach der Reichskristallnacht 1938 ermöglichte von allen Ländern und Städten der Welt nur noch Shanghai, das unter Verwaltung der französischen, englischen und japanischen Kolonialmächte stand, den Juden eine visa- und auflagenfreie Einreise. 20.000 bis 30.000 sollen es gewesen sein, die in den Armenvierteln nördlich des Huangpu abstiegen, die wenigsten mit gutem Gefühl. Denn das als gefährlich geltende China war vielen äußerst fremd, seine Kultur unbegreiflich. Vor allem Shanghai, das bereits in den 1930er-Jahren so kosmopolitisch war wie kaum eine zweite Stadt der Erde, stand im Ruch einer Ganovenmetropole und eines Sündenpfuhls, wo Menschen, von einem mörderischen Klima geplagt, in Slums vegetierten oder schlichtweg auf der Straße starben.

Wang Fa Liang kennt die Geschichte von Hongkou aus eigener Erfahrung. Vor 85 Jahren wurde er in diesem Viertel geboren. Hier arbeitete er als junger Kellner, als die vor Hitler geflüchteten Juden in engen, schäbigen Ziegelbauten einzogen. Man sprach von einem Ghetto, doch in Wahrheit handelte es sich um ein friedliches, auf gegenseitiger Hilfsbereitschaft beruhendes Miteinander. „Wider Erwarten verstanden sich die Chinesen und ihre neuen Nachbarn sehr gut", erinnert sich Herr Wang. Sie teilten nämlich das gleiche Schicksal: „Die Juden wurden von den Deutschen und die Chinesen von den Japanern verfolgt."

Die damaligen Unterkünfte gibt es immer noch, und sie haben sich kaum verändert. Heute haust das chinesische Proletariat in jenen Straßenzügen, die einst Klein-Wien und Klein-Berlin genannt wurden. Ein Bad für zehn Familien auf drei Etagen, die Wäsche hängt auf Leinen von Fassade zu Fassade, Vogel- und Grillenkäfige vor den Fenstern, gekocht wird auf dem Bürgersteig. Man könnte solche Szenen als pittoresk bezeichnen, wüsste man nicht, dass das Leben hier noch nie einfach war. Und eben das weiß man nur, wenn man mit Männern wie Wang Fa Liang unterwegs ist.

Ein Stück weit begleitet der rüstige Rentner die Teilnehmer der gut vierstündigen *Tour of Jewish Shanghai*, die 1995 von einer Brasilianerin gegründet und seit vier Jahren von Dvir Bar-Gal, einem 1965 in Israel geborenen Journalisten und Fotografen, geleitet wird. In Bar-Gals Abwesenheit macht Georgia Noy, eine israelische Arabisch-Lehrerin, die selbst einige Jahre in Shanghai lebte, die Besucher auf all die kleinen, spannenden Details aufmerksam, die man niemals entdecken würde, wenn man sich allein durchschlagen wollte.

Auf dem Zhoushan-Markt beispielsweise wurde einst koscheres Fleisch angeboten, in einem unscheinbaren Ecklokal wurden früher Konzerte gegeben, lagen speziell für die Emigranten herausgegebene Zeitungen aus. Und die Ohel Moishe-Synagoge, wo das jüdische Erbe bis heute konserviert und gepflegt wird, würde man auf eigene Faust vermutlich gar nicht finden. Sie versteckt sich in einem

Hinterhof an der Chang Yang Road, zwischen Handwerkerateliers und Lagerräumen. Keine offizielle religiöse Stätte, denn seit dem forcierten Auszug aller Ausländer, also auch der Juden, aus China im Jahre 1949, wird der jüdische Glaube im fernen Osten nicht mehr anerkannt.

Als Museum mit Bibliothek und Fotowänden freilich bietet die Synagoge umfassende Einblicke in die Geschichte der Shanghaier Juden. Insgesamt drei Immigrationswellen gab es. 1840 kamen die ersten sephardischen Juden aus Kairo, Bagdad, Bombay und Singapur, die in Shanghai äußerst erfolgreich Geschäfte machten. Ab 1900 folgten die ashkenasischen Juden aus Russland, die vor den Pogromen und später vor der Kommunistischen Revolution flohen. Als die deutschen Juden einwanderten, gab es in der Stadt nicht weniger als sieben Synagogen, fünfzig Zeitungen und Zeitschriften, die in neun Sprachen gedruckt wurden und von denen dreißig auch im Zweiten Weltkrieg weiterhin erscheinen konnten.

Zu Stationen der Diaspora jenseits von Hongkou führen die nächsten Etappen der Tour. Der Kleinbus bringt uns an den *Bund*, die beliebte Flaniermeile, wo einige der emblematischsten Gebäude der alten Metropole mit den neuzeitlichen Monumentalbauten am gegenüberliegenden Ufer des Huangpu konkurrieren. 1929 ließ Victor Sassoon, ein im Opiumhandel wohlhabend gewordener Jude aus Indien, das Cathay Hotel errichten, das heute Peace Hotel heißt und wo viele jüdische Immigranten kostenlos wohnen durften, bevor sie eine feste Bleibe fanden. Die 1930er-Jahre waren die grellbunte Boom-Zeit im „Paris des Ostens", als der Mythos Shanghai geboren wurde, der Alkohol in Strömen floss und die jungen Chinesinnen willig waren – ausschweifender Lebensstil rund um die größten Banken und atemberaubendsten Wolkenkratzer der damaligen Zeit. Von den ursprünglichen Jugendstil-Dekors, dem original Lalique-Glas und den kostbaren Perserteppichen ist im Sassoon-Palast allerdings nicht viel erhalten geblieben. Aber grandios ist heute noch der Blick von der Dachterrasse, wo der Immobilien-Tycoon sich sein pyramidenförmiges Luxusappartement hatte bauen lassen. Auch der aus Bagdad stammende Elly Kadoorie war im Baugeschäft tätig. Seine Privatgemächer, ihrer Ausstattung wegen „Marmorpalast" genannt, werden heute als Freizeitzentrum für Kinder genutzt. Als Kadoorie nach Shanghai kam, war er völlig mittellos. Er starb reicher als Sassoon und wird auf Grund seines Einsatzes im Dienst der kulturellen und wirtschaftlichen Weiterentwicklung der Stadt bis heute bewundert und verehrt.

Die Kadoorie-Mansion bildet den Abschluss der jüdischen Tour durch eine Stadt, die nur vordergründig den Rückblick verschmäht und sich bereits jetzt auf die Weltausstellung 2010 vorbereitet. Zwar hat man schon viele Spuren ihrer Vergangenheit auf dem Altar des Fortschrittsglaubens geopfert. Wie in Beijing, 2008 Austragungsort der nächsten Olympischen Spiele, werden auch hier ganze Viertel in Windeseile von Presslufthämmern und Baggerschaufeln niedergemacht, um Platz zu schaffen für die gen Himmel strebenden Wahrzeichen einer kapitalistischen Zukunft, deren Superlative sich jedem Besucher mit aller Macht aufdrängen. Doch sogar in diesem Umfeld haben noch viele historische Örtlichkeiten eine Menge Überraschungen zu bieten. Dank Begleitern wie Georgia Noy und Herrn Wang werden aus Ahnungslosen in wenigen Stunden Eingeweihte, die Shanghai plötzlich mit anderen Augen sehen. Ob Grillenkämpfe in China aber tatsächlich verboten sind, das wissen auch diese beiden nicht mit letzter Sicherheit zu sagen.

(2004)

China

Maos Arm zählt die Sekunden

Erster Morgen

Das Pflaster noch nass vom Regen der Nacht, die Sonne schon prall und drückend. Arbeiter schleppen riesige Glasscheiben herbei, ein Kind singt, jemand zupft ein Saiteninstrument. Im Innenhof unterhalten sich angeregt zwei ältere Frauen. Gleichzeitig spielen sie Federball, beinahe beiläufig, nur den Arm mit dem Schläger und ganz selten noch ein Bein oder einen Fuß bewegend. Ein friedliches, harmonisches Bild, ohne Anstrengung, ohne Eifer. Bald kommt die Briefträgerin auf ihrem Fahrrad; die Briefkästen sind aus Blech, die Klappen über den Schlitzen scheppern leise. Dann fährt ein Bäckergeselle mit seinem Dreirad vor; hinter dem Sattel ein flaches Gestell, auf dem noch dampfende Brotlaibe liegen. Er klingelt, ruft etwas über den Hof; die Federballspielerinnen wechseln ein paar Sätze mit ihm, ohne ihr Spiel zu unterbrechen. Erst als die Sonne so hoch steht, dass kein Fleck Schatten mehr in den Innenhof fällt, sind plötzlich alle verschwunden.

Zärtlichkeiten

China ist, allen gegenteiligen Behauptungen zum Trotz, ein zärtliches Land. Nirgendwo sonst massieren Friseurinnen einem die Kopfhaut so innig und ausdauernd. Nirgendwo sonst gibt es Kellner, die einen Bierflaschenhals, ein Glas, das Besteck derart hingebungsvoll streicheln, bevor sie den Gast bedienen. Auch viele Esser fassen die Speisen, wenn es, wie bei Schalentieren, denn sein muss, nur mit hauchdünnen Plastikhandschuhen an. Supermarktverkäuferinnen verzichten sogar auf diesen Schutz. Auch sie lieben die sanfte Berührung und vergessen jegliche Zurückhaltung, wenn ein behaarter westlicher Männerarm in ihre Reichweite kommt. Zwar kichern sie wie Schulmädchen, wenn sie ein, zwei Fingerkuppen über den flauschigen Unterarm streifen lassen, doch bedenkenlos rufen sie auch noch ihre Kolleginnen herbei, wenn der Kunde sich nicht augenblicklich abwendet. Gemeinsam spielen sie mir schließlich ihr lustiges Entzücken vor.

Die alte Frau
Wie aus dem Nichts steht sie plötzlich vor uns, klein, bucklig, einen Sack mit leeren Plastikflaschen unter dem Arm. Die alte Frau sagt kein Wort, wartet einfach, sieht zu, wie wir unsere Mineralwasserflaschen leeren. Wir tun das so schnell, dass wir uns fast verschlucken. Schließlich reichen wir ihr die leeren Flaschen. Schweigend stopft sie sie in ihren Sack und humpelt davon.

Im Restaurant
Die Serviererin mit dem gelben Häubchen bringt uns die Speisekarte, legt sie mit einer leichten Verbeugung in die Mitte des Tisches und wartet darauf, dass einer von uns danach greift und sie aufschlägt. Hundert, zweihundert unbekannte Wörter. Ein paar Mal geht die Karte zwischen unseren Händen hin und her, die Serviererin steht immer noch da, mit gezücktem Block, gespitztem Stift. Gelangweilt tritt sie von einem Bein auf das andere und schaut zu den Nebentischen, an denen niemand sitzt.

Die Kanne Tee wird von einer anderen Serviererin gebracht, obwohl wir nicht danach gefragt haben.

Verschiedene Papiere
Im Dashanzi-Viertel, weit draußen im Osten der Stadt, steht eine ehemalige, noch von DDR-Architekten gebaute Munitionsfabrik. Eingeweihte nennen das weitläufige Gelände heute nur noch „798". An den Wänden hängen Fotos, großformatige Ölgemälde. Dazwischen Figuren aus Pappmaché, bemalt in kräftigstem kommunis-

tischen Rot. Zu essen gibt es italienische Spezialitäten, die Bedienung spricht akzentfreies Amerikanisch. Auf der Toilette stapeln sich alte *Playboy*-Ausgaben; Klopapier sucht man vergebens.

Stehen und sitzen
Verwaiste, rostende Fahrräder stehen in langen Reihen am Straßenrand. Die Bürgersteige sind mit Autos zugeparkt. Dazwischen hocken, auf niedrigen Schemeln, alte Frauen, die sich breite rote Bänder mit gelben Schriftzeichen um den rechten Oberarm gewickelt haben. Gemüse- und Obstverkäufer schlafen zwischen Bergen von Obst und Gemüse. An den Bürgersteigkanten sitzen schöne junge Frauen und löffeln Nudelsuppe.

Vereinzelte Gruppen alter Männer spielen tage- und nächtelang Schach und andere Brettspiele, deren Namen nicht einmal geübte Kreuzworträtsellöser kennen.

Wasser am Abend
Selbstverständlich hat der Taxifahrer schon vom Liqun Roast Duck Restaurant gehört. Immerhin zählt es, behauptet er, zu den berühmtesten in ganz Beijing. Doch an diesem Abend ist es einfach nicht zu finden. Dafür regnet es an diesem Abend sehr heftig, ein Gewitter mit Donner, Blitz und überschwemmten Straßen, von denen plötzlich sogar die unerschrockensten Radfahrer verschwunden sind. Eine gute Stunde lang fährt der Fahrer uns herum, durch immer höher steigendes Wasser, immer spärlicher werdendes Licht. Schließlich gehen wir den letzten Kilometer zu Fuß. Im Restaurant tropft es von der Decke, einige Gäste haben ihren Schirm aufgespannt. In den meisten Reiseführern ist das Liqun nicht verzeichnet.

Frauen als Männer
Wang Quingson hat Blumen aus Fleisch und jede Menge nackter Damen fotografiert, die sich für das überdimensionale Bild „China

Mansion" nach Motiven der berühmtesten Gemälde der Kunstgeschichte arrangieren ließen. Renoir, Botticelli, Rubens, Courbet. Auch die Männer werden von Frauen dargestellt, denen man falsche Bärte an Wangen und Kinn geklebt, Falten auf die Stirn und Schatten unter die Augen gemalt hat. Damit sie sich für ihn auszogen, erklärt der Künstler in einem Interview, musste er ihnen bloß genug Honorar zahlen. Wenn der Preis stimmte, waren sie sogar bereit, Einbeinige darzustellen. Den Rest besorgte das Photoshop-Programm.

In aller Ruhe
In dem großen Supermarkt am Rande des Botschaftsviertels langweilen sich die Verkäuferinnen. Bis auf ein Exemplar sind alle einheimischen Zeitungen in englischer Sprache ausverkauft. Eine Kundin sieht sich die bunt bemalten Porzellanschälchen an. Bevor sie geht, greift sie sich eine Nagelzange von einem Regal und schneidet damit in aller Ruhe ihre Fingernägel.

Ordnung
Von Yehe Yuan aus betrachtet ist Beijing ein verschachteltes Gebilde, das nirgendwo aufhört. Der Sommerpalast des Qianlong-Kaisers jedoch ist ziemlich aufgeräumt und übersichtlich. Lange, gerade Wege, leicht einsehbare Kurven, und jedes noch so unscheinbare Gebäude hat einen eigenen Namen: Halle der Freude im Alter, Pavillon der Unsterblichkeit, Hügel der Langlebigkeit. Sogar die Mauersegler halten sich an die nirgendwo festgeschriebenen Vorschriften. Immer im Kreis jagen sie um das spitze Dach des höchsten Palastes, fliegen durch keines der glaslosen Fenster hinein und zu keinem anderen wieder hinaus.

Zähne
Die besten chinesischen Teigtaschen, *jiaozi* genannt, aßen wir in einer winzigen Bude am Rand des Vogelmarkts, unweit des Longtan Parks. Eine Tür, vier Plastiktische mit jeweils vier Plastikstühlen, vor der

Tür eine Kochstelle, auf der Wasser in einem riesigen Topf brodelte. Der Teig, die Füllung, alles Handarbeit auf Bestellung. Aber noch erstaunlicher waren die Zähne der Köchin, die ausgiebig lächelte. Ihre Schneidezähne waren in der Mitte mit spitzen Kerben versehen, wie eine Art Mundschmuck. Erst später bemerkten wir solche Gebisse in vielen Mündern. Und erfuhren, dass die Chinesen sich eigentlich dafür schämen. Denn bei den Kerben handelt es sich keineswegs um absichtliche Verzierungen, sondern um die Folgen des ständigen Verzehrs von Sonnenblumenkernen, die in diesem Land anscheinend besonders prächtig gedeihen und deren Hüllen sich nur durch kräftiges Zubeißen öffnen lassen. Daher also die Hand vor dem Mund so vieler Frauen. Oder beherrschen Männer eine andere, weniger folgenreiche Methode zum Knacken der Kerne?

Kurz in Hairaton

Auf dem Weg zur Großen Mauer bei Mutianyu kommen wir durch die Provinzstadt Hairaton. Kein Ort, der in Reiseführern erwähnt wird. Zum Glück hat unser privater Taxifahrer, ein Cousin von Tom Taylor, dem Schneider, und von diesem an uns vermittelt, in Hairaton eine Kleinigkeit zu erledigen, so dass wir wenigstens für ein paar Minuten anhalten. Alles ganz gewöhnlich, alles in Bewegung, alles wie immer, vermutlich. Umso besser. Die Passanten in Hairaton kümmern sich nicht um uns, wollen uns keine Bambushüte, keine T-Shirts, keine Pelzmützen mit rotem Stern, keine Armbanduhren mit dem winkenden Mao-Arm als Sekundenzeiger verkaufen, wie später in Mutianyu. Leider ist eine Zigarette schnell geraucht. Und unser Chauffeur äußerst pflichtbewusst.

Schlafen

Die offene Ladefläche eines Lieferwagens ist ein Ort, an dem Männer ohne Bleibe umsonst schlafen können. Tagsüber liegt dort ihr Gemüse, ihr Obst zum Verkauf aus. Sobald es dunkel wird, breiten sie Zeitungen auf der Erde neben dem Auto aus und verteilen darauf die Melonen,

Pfirsiche, Salatköpfe, die an diesem Tag keinen Abnehmer fanden. Dann machen sie es sich auf der Ladefläche bequem, zu dritt, zu viert, rauchen noch eine, plaudern ein wenig und fallen schließlich in tiefen Schlaf, den weder der Verkehrslärm noch bellende Hunde noch Musik aus den umliegenden Gebäuden stören kann. Früh sind sie wach am nächsten Morgen, und niemand weiß, wo plötzlich die Unmengen von Früchten und Gemüse herkommen, die, pyramidenförmig aufgestapelt, nun wieder den provisorischen Schlafplatz der Männer einnehmen.

Andacht
Auf dem Weg zum Yuyan-Garten, zwischen Imbissbuden, Klamottenläden und Souvenirständen, liegt das wohl kleinste Messergeschäft von ganz Shanghai. Dort herrscht, nur zwei Schritte abseits des lärmenden Gewühls auf der Gasse, eine nachdenkliche, fast andächtige Stimmung. Frauen jeden Alters gehen geduldig herum und lassen sich Messer jeden Formats, jeder Preisklasse zeigen. Jedes liegt in seiner eigenen bunten Schachtel, die der Verkäufer wortlos öffnet, wieder schließt und an ihren Platz zurücklegt.

Sprachen und Bonbons
Es gibt noch ältere Chinesen, die Englisch, Französisch, Russisch und sogar ein paar Worte Deutsch sprechen. Shih Chao Chun zum Beispiel, ein vornehmer Siebzigjähriger, dem wir auf dem Ausflugsdampfer in Shanghai begegnen. Er hat Jacky, seinen fünfjährigen Enkel dabei, will dem Kleinen zeigen, wo der Opa einst arbeitete und seine Sprachkenntnisse weitergab. An der Marine-Universität nämlich, die nicht weit vom Ufer des Huangpu River liegt und die man vom Schiff aus sehen könnte, gäbe es da nicht all die Container, Kräne, Lagerhallen und Hochhäuser, die den Blick hinter das Ufer verstellen. Und die sechs Brücken, den Verkehr, all die Menschen, Busse, Taxis ... Doch Herr Shih beklagt sich nicht. Er zieht ganze Hände voll Bonbons aus seinen Hosentaschen und gibt sie Jacky, der sie brav an die übrigen Gäste an Bord verteilt, nicht nur an die Kinder.

Schatten

Auch Shanghai hat seinen Rotlichtbezirk. Die Bars heißen wie so viele Bars in Thailand, die wie so manche Bar in London, Manhattan und Hanoi heißen. Doch in Shanghai ist das Rot dunkler, sind die jungen Frauen, scheint es, noch jünger, noch zierlicher. Und vor den Lokalen hocken alte Frauen, die darauf warten, dass leere Bierdosen und Plastikflaschen auf den Bürgersteig geworfen werden. Sie sitzen im prallen dunklen Licht, denn um diese Zeit werfen die Straßenbäume keinen Schatten mehr.

Hutongs

Von vielen der ehemals so zahlreichen einfachen Wohnviertel, den *hutongs*, sind nur noch ein Haufen Steine und Staub geblieben. Nachts poltern die Bagger heran, am nächsten Morgen suchen die Kinder im Geröll nach Verwertbarem. Von ihren Eltern ist nichts mehr zu sehen. Sie werden die rasch hochgezogenen Neubauten nie betreten. Höchstens ihre Nachkommen werden irgendwann hier einziehen.

Der Abschied

Ein Glück, dass wir Xiao Yan haben. Sie sagt uns, wo es die schönsten Scherenschnitte zu kaufen gibt, die wir zuhause dann doch nicht auf den Badezimmerspiegel kleben. Sie verrät uns, wie auf Chinesisch ein Aschenbecher heißt, und zwar „yan hui gang". Sie bringt uns zu Tom Taylor, der in drei, vier Tagen die schönsten Maßanzüge schneidert. Am letzten Abend malt Xiao Yan jene Zeile in unser Notizheft, die wir dem Taxifahrer zeigen und der daraufhin sofort Bescheid weiß. Mit einem verlegenen Lächeln übersetzt sie uns sogar den Satz, der einstweilen alle chinesischen Türen hinter uns schließt: „Please take them to the airport. Thank you."

(2004)

Taiwan

Ein Land, das es eigentlich gar nicht gibt

„Fotografieren verboten!" So steht es in fetten roten Buchstaben auf dem unübersehbaren Schild über der Theke, hinter der ein Mann mit Mikrofon, Messer, Schere und Gläsern hantiert. Gleich daneben, an blitzenden Haken, hängen aufgeschlitzte Schlangenleiber, die von weitem an Gartenschläuche erinnern. Daraus tropfen Blut und Gallensaft – Flüssigkeiten, die, mit Kräutern vermischt, zur Stärkung, gegen allerlei Gebrechen, vor allem aber als Aphrodisiakum angeboten werden. Auch das gekochte Reptilienfleisch gilt als Potenzmittel, weshalb sich zahlreiche einheimische Männer zur allabendlichen Schau des Schlangentöters eingefunden haben. Für Touristen gilt die überdachte Huahsin-Straße, besser bekannt als Schlangenallee, ebenfalls als lohnendes Ziel.

Wer hier, trotz des Verbots, die Kamera zückt, bekommt vom Zeremonienmeister finstere Blicke und ein „No!" entgegengeschleudert. Man sagt, zu oft schon hätten Besucher aus dem Westen solche Bilder in ihrer Heimat benutzt, um vermeintliche Verstöße gegen Artenschutzgesetze oder Fälle von Tierquälerei anzuprangern und den Inselstaat vor der südöstlichen Küste Chinas in ein schlechtes Licht zu rücken. Dabei zählen die auf Taiwans Nachtmärkten geschlachteten Viecher, wie immer wieder versichert wird, weder zu den geschützten noch zu den bedrohten Spezies.

Vorbeugende Maßnahmen wie das besagte Knipsverbot scheinen trotzdem angebracht in einem Land, das imageschädigende Schlagzeilen peinlichst zu vermeiden sucht. Zumal in Zeiten, da sich die Bewohner der so genannten abtrünnigen chinesischen Provinz ihrer Identität ungewisser sind als je zuvor. Gleichzeitig streben sie danach, sich im Ausland als eigenständiges, selbstbewusstes Volk zu präsentieren.

Das eigentliche Dilemma der 22 Millionen Taiwanesen, die unaufhörlich zwischen Nationalstolz und Nostalgie, zwischen dem Wunsch nach definitiver Unabhängigkeit und nach Wiedervereinigung mit Festlandchina schwanken, beschreibt auch die als Schriftstellerin und Korrespondentin einer großen taiwanesischen Zeitung in Europa lebende Yuhui Chen: „Ich gehöre nirgendwo hin. Ich bin Taiwanesin. Ich komme aus einem Land, das es eigentlich nicht gibt. Im kollektiven Gedächtnis der Bevölkerung klafft ein großes Loch. Was ist Heimat?"

Auch die taiwanesischen Fremdenverkehrsspezialisten tun sich schwer, die Frage nach der wahren Identität ihres Landes zu beantworten. In ihren Broschüren stellen sie die Republik China – so der offizielle Name Taiwans, der den Unterschied zur Volksrepublik China markieren soll – als „Mini-China" und als „Sanktuarium der fünftausend Jahre alten chinesischen Kultur" vor. Andererseits pochen sie mit Nachdruck auf die wirtschaftlichen, gesellschaftlichen und kulturellen Realitäten, die das Land der Pflaumenblüten als modernen Industriestaat ausweisen.

Auch leidet die ökonomische Großmacht darunter, von der internationalen Völkergemeinschaft nicht als ebenbürtiger Partner anerkannt zu werden. Aus Rücksicht auf die Regierung in Beijing wurde Taiwan bereits 1971 aus dem Bund der Vereinten Nationen ausgeschlossen. Diplomatische Beziehungen unterhält man derzeit gerade mal mit 29 Staaten, unter anderem dem Vatikan, Honduras, Nicaragua und einigen afrikanischen Ländern.

Wer als Tourist auf der flächenmäßig mit Baden-Württemberg vergleichbaren Insel unterwegs ist, erfährt allenthalben, wie problematisch es sein kann, zwei entgegengesetzte ideologische Konzepte miteinander in Einklang zu bringen. Aber auch, welchen Reiz das Aufeinanderprallen einer traditionellen, von Mythen, Göttern und Geistern geprägten Welt und einer auf Kommerz, Konsum und materiellen Wohlstand ausgerichteten Zivilisation entfalten mag.

China auf Amerikanisch – das ist die griffige Formel, die sich bei erster Betrachtung bietet. Schon die Busfahrt vom Flughafen in Taipehs Innenstadt vermittelt ungewohnte Eindrücke. Kilometerweit reihen sich Reisfelder von schlichter Schönheit aneinander. Doch darin spiegeln sich hässliche graue Industrieanlagen. Im Stadtzentrum werfen voll verglaste Bürohochhäuser ihren Schatten auf prächtige, von Drachen, Schlangen und anderen Dämonen bevölkerte Tempelanlagen. Hier die bunten Straßenszenen, in denen der Zauber Asiens weiterlebt. Dort die kühle, von jeglicher Magie losgelöste Monumentalität offizieller Gedenkstätten, zu denen der Revolutionäre Märtyrerschrein ebenso zählt wie der gewaltige Marmorbau zu Ehren Chiang Kai-sheks, des 1975 verstorbenen Präsidenten der Republik China und Führers der Nationalen Volkspartei der Kuomintang (KTM). Lauter Bauwerke, die eine frappierende Ähnlichkeit mit symbolischen Stätten im kommunistischen Mutterland zeigen und den Verdacht erregen, den Einheimischen sei während der fünfzigjährigen KTM-Diktatur jeglicher Sinn für Ästhetik und menschliches Maß abhanden gekommen.

Außerhalb der Großstädte behauptet sich noch die Natur: auf der *Ilha Formosa*, der schönen Insel, wie die Portugiesen das Eiland Ende des 16. Jahrhunderts nannten. Leider wurde dessen Schutzbedürftigkeit erst in den 1980er-Jahren erkannt. Das grandiose Marmor- und Granitgebirge mit der berühmten Taroko-Schlucht auf der Ostseite der Insel beispielsweise hat man erst 1986 als Schutzgebiet ausgewiesen. Zwei Jahre zuvor wurde am tropischen Südkap der Kenting-Nationalpark eröffnet, der erste der mittlerweile fünf taiwanesischen Nationalparks. Hier, inmitten von Steilküsten, Korallenriffen und Sandbuchten, liegt freilich auch eines der drei Atomkraftwerke Taiwans, das bis heute sein Kühlwasser ins Meer leitet und in keiner Touristenkarte eingezeichnet ist.

Auch die Ferienanlagen innerhalb der Schutzzonen orientieren sich nur bedingt an ökologischen Kriterien. Die allermeisten Resorts funktionieren eher nach US-amerikanischen Vorbildern, bei denen der Spaß- und Unterhaltungsfaktor für die ganze Familie Priorität genießt. Ebenso sprechen die Freizeitangebote außerhalb der Naturparks hauptsächlich Gäste an, die auf Abenteuer- und Erlebnisurlaub erpicht sind. Trekking, Klettern, Wildwasserrafting in den immergrünen Bergregionen, aus denen Taiwan zu zwei Dritteln besteht, werden genauso offeriert wie Surfen, Tauchen, Schnorcheln, Jetski- und Bootfahren in maritimem Ambiente. „Sanfter Tourismus" ist auf Taiwan noch ein Fremdwort. Gerade mal 160.000 Besucher aus Europa wurden 1999 auf der Insel gezählt, von denen die Mehrzahl als Geschäftsreisende ins Land kam. Dem standen gut 1,8 Millionen Gäste aus dem asiatischen Raum gegenüber, vierzig Prozent davon aus Japan. Auf die Frage nach dem Stellenwert der Fremdenverkehrsindustrie für die taiwanesische Regierung kann Tuo Chung-hwa, der Direktor der Tourismusabteilung im Ministerium für Transport und Kommunikation, zu seinem eigenen Bedauern leider keine befriedigende Antwort geben. Die inzwischen abgewählte KTM überließ den Tourismus vornehmlich Privatinitiativen und investierte stattdessen sechzig Prozent des Staatshaushalts in die nationalen Streitkräfte. Auch der neu gewählte Präsident Chen Shui-bian von der Demokratischen Fortschrittspartei (DPP), der am 20. Mai 2000 sein Amt antrat, erwähnte die Tourismusbranche in seinem politischen Programm mit keinem Wort.

„Wir befinden uns derzeit in einer Übergangsphase", entschuldigt sich Herr Tuo. Prognosen möchte er nicht wagen. Nur so viel: Geplant ist, die Straßen und Gassen Taipehs in Kürze nach amerikanischem Vorbild mit einem Nummernsystem zu versehen, damit westliche Besucher sich nicht länger mit den komplizierten chinesischen Bezeichnungen abplagen müssen. Nur die Verbotsschilder in der Schlangenallee, die sind schon jetzt in Englisch.

(2000)

Laos

Allein reisende Männer

Auf dem Weg von Bokeo nach Pak Beng machte ich Bekanntschaft mit Jean-Claude Bouvier. Der etwa sechzigjährige Franzose reiste, wie ich, allein den Mekong hinunter, von Chiang Khon an der thailändisch-laotischen Grenze nach Luang Prabang. Unser Boot war mit rund fünfzig Personen besetzt, obwohl offiziell nur für zwanzig Passagiere Platz war. Wir saßen Schulter an Schulter auf schmalen Holzplanken, den Rucksack auf unseren Knien oder zwischen die Füße geklemmt, gegen die ab und zu ein wenig Wasser schwappte. Der Himmel war bedeckt, der Fluss an vielen Stellen nicht sonderlich tief, aber dafür voller wuchtiger Felsbrocken, die wie kleine Inseln aus dem Mekong ragten.

Ich sah an den lehmigen Ufern Hütten auf Stelzen, umrandet vom fleckigen Grün des dichten Urwalds; ich sah nackte Jungen, die auf den Steininseln mitten im Fluss saßen und angelten; ich sah halbverschleierte Frauen, die bis zu den Hüften im Mekong standen und Wäsche wuschen; ich sah orange gekleidete Mönche, die in Gärten arbeiteten, so steil, dass an den Einsatz von Lasttieren nicht zu denken war; von Zeit zu Zeit sah ich ölig glänzende Wasserbüffel, die sich auf Sandbänken räkelten, als müssten sie sich zu irgendeinem feierlichen Anlass einen Schuss Bräune holen.

Dabei zeigte sich die Sonne nur selten; gelegentlich kam sogar eine kühle Brise auf. Zum Schutz gegen den unangenehmen Fahrtwind und weil ich keine Watte dabei hatte, stopfte ich mir Kügelchen in die Ohren, die ich aus dem mitgeführten Toilettenpapier formte.

Je länger die erste Etappe unserer Mekong-Fahrt dauerte – insgesamt etwa sechs Stunden –, umso häufiger nickte Monsieur Bouvier ein und döste mit seitlich auf der Schulter liegendem Kopf. Nach einer Weile kam aus seinem offen stehenden Mund ein heiseres Schnarchgeräusch, das ihn erneut weckte. Dann lächelte der Franzose mich an und schaute eine Zeit lang verschlafen auf den Fluss hinaus, der sich kurz vor unserer Ankunft am Abend allmählich zu verbreitern begann.

In Pak Beng, wo wir die Nacht verbringen sollten, wurde unser Boot von einem Dutzend junger Männer erwartet, die sich anboten, unser Gepäck von der Anlegestelle ins Dorf zu tragen. Da wir kein Zimmer in dem kleinen Ort vorbestellt hatten, mussten Monsieur Bouvier und ich uns mit einer kargen Unterkunft im Monsavan Guesthouse zufrieden geben. Der Raum, in dem wir schlafen würden, war höchstens drei Mal drei Meter groß. Darin standen ein wackeliger Nachttisch, ein Stuhl und zwei Holzgestelle mit jeweils einer dünnen Matratze und einer krümeligen Wolldecke. Über jedem Bett hing ein Moskitonetz von der Decke, das zu einem dicken Knoten zusammengebunden war. Eine Toilette mit Waschgelegenheit in Form eines oben offenen Holzverschlags gab es auf der gegenüberliegenden Straßenseite, die man nach umständlichem Staksen über stinkende Pfützen erreichte.

Gegen zehn löschten wir die Kerze auf dem Nachttisch, der zwischen den beiden schmalen Betten stand. Obwohl Monsieur Bouvier schon tagsüber auf dem Boot mehrmals eingenickt war, fiel ihm das Einschlafen in unserem ungemütlichen Kabuff in Pak Beng nicht schwer. Schon nach wenigen Minuten sank mein Begleiter in tiefen Schlummer und begann fürchterlich zu schnarchen. Wie er sich auf seiner matratzenähnlichen Unterlage auch drehte und wendete, das markdurchdringende Atemgeräusch hörte nicht wieder auf. Auch alles Pfeifen, Rufen und Klopfen meinerseits nützte nichts.

Am nächsten Morgen, als wir das Monsavan Guesthouse gegen sechs Uhr dreißig verließen, setzte ein tropischer Regenguss mit Donner und Blitz ein, der die Hauptstraße des Ortes binnen Sekunden mit Dreck und Schlamm überflutete und in eine übel riechende Kloake verwandelte.

Erst zwei Stunden später als geplant konnte unser Boot für die Weiterfahrt nach Luang Prabang ablegen. Am frühen Nachmittag, bei einem Zwischenstopp in der Nähe der berühmten Buddha-Grotten von Pak Ou, stellte Monsieur Bouvier fest, dass er die Mappe mit seinen sämtlichen Reisedokumenten in unserer Unterkunft in Pak Beng liegen gelassen hatte. Am Ziel der Flussfahrt trennten wir uns, ohne unsere Adressen auszutauschen. Ich suchte nach einer Möglichkeit, auf dem Landweg nach Bangkok weiterzureisen, während der vergessliche Franzose nach Pak Beng zurückkehren wollte, noch einmal den Mekong hinauf.

(2006)

Vietnam

Weit weg von allem

Con Son ist winzig. Doch für ihre viertausendfünfhundert Einwohner wirkt die rund fünfzig Quadratkilometer umfassende Hauptinsel des Con Dao-Archipels immer noch viel zu groß. Zu breit sind die Avenuen, die das Städtchen durchschneiden und regelmäßig in imposante Verkehrsinseln münden. Zu weiträumig ist die neue Uferstraße, die von einer großzügigen Grünfläche in zwei Doppelspuren geteilt wird. Wie ein Fremdkörper erhebt sich aus der Tropenvegetation ein bombastisches Kulturzentrum, dessen preußischblauer Anstrich noch nicht lange getrocknet ist, aber da und dort bereits abzublättern beginnt. Genauso fehl am Platz wirken die protzigen Verwaltungsgebäude im Ort selbst und die in der näheren Umgebung verstreuten Monumente, die noch die höchsten Gipfel des Regenwaldes überragen.

Die Gründe für diesen architektonisch-urbanistischen Kraftakt auf Con Dao liegen auf der Hand. Aus den ehemaligen Gefängnisinseln soll bald eine touristische Destination nicht nur für einheimische, sondern auch für ausländische Besucher werden. Wobei die überzeugendsten Argumente für einen florierenden Fremdenverkehr in erster Linie nicht Geschichtsnostalgie und der Reiz des Gruselns liefern sollen. Viel eindringlicher propagieren die lokalen Tourismusbehörden die zu vier Fünfteln mit hügeligen Wäldern bedeckte Inselgruppe als unverdorbenes Naturparadies und ideales Reiseziel für konditionsstarke Wanderer, Beobachter seltener Meerestiere und Sammler erstaunlicher Legenden.

Eine dieser Überlieferungen untermauert den üblen Ruf von Con Dao und unterstreicht, warum die Insulaner ihre Vergangenheit nicht so leicht abschütteln, die historische Wahrheit ihrer Heimat nicht einfach unter Asphalt und Beton begraben können. Die Geschichte spielt im 18. Jahrhundert und erzählt von Fürst Nguyen Anh, der einst seine Konkubine Hoang Phi Yen, angeblich zu ihrem Schutz, nach Con Dao brachte, in eine Grotte auf der Insel Con Lon, die seither Hon Ba, Insel der schönen Dame, genannt wird. Leider endete ihr Exil 1785 tragisch. Anlässlich eines Dorffestes näherte sich ihr ein Metzger namens Bien Thi und berührte ihre Hand. Da die Schöne sich in ihrer Ehre verletzt fühlte, schnitt sie sich zunächst die Hand ab und tötete sich anschließend selbst.

Nicht weniger verhängnisvoll endete für viele Vietnamesen das Interesse, das die Franzosen kurze Zeit später an „Indochina" zeigten. Nachdem die europäische Kolonialmacht ab 1847 auch militärisch in Südostasien präsent war und als es darum ging, Gegner der Fremdherrschaft wegzusperren, entschied man sich für denselben Verbannungsort, den Nguyen Anh für die Dame seines Herzens ausgesucht hatte. Von 1862 bis 1975 galt das aus 16 Inseln bestehende Con Dao-Archipel als Hölle auf Erden. 113 Jahre lang wurden Regimefeinde auf die „Teufelsinsel", wie die Hauptinsel Con Son auch noch genannt wird, deportiert. Insgesamt waren hier zweihunderttausend größtenteils politische Gefangene unter schlimmsten Bedingungen eingekerkert. Die Zahl der Todesfälle wird auf zwanzigtausend geschätzt; allein der Hang Duong-Friedhof besteht aus eintausendneunhundert meist anonymen Einzel- und aus 25 Massengräbern.

Das tatsächliche Ausmaß des Grauens in der Hölle von Can Dao ist in einem kleinen Museum dokumentiert. Kernthema der Ausstellung ist eine Chronik jener Demütigungen, die das Land in den vergangenen Jahrhunderten unter wechselnden Besatzungsmächten erleiden musste. Nicht ohne Beklemmung hält der Besucher vor Bildtafeln und Schaukästen inne, die ihm in aller Deutlichkeit den vietnamesischen Widerstand gegen die Franzosen, den kommunistischen Kampf gegen die Republik Vietnam und die Behandlung der Sträflinge durch die amerikanische Armee während des Vietnam-Krieges vor Augen führen. In den Vitrinen liegen mit Blut befleckte Fahnen, die von einem Gefangenenaufstand am 1. Mai 1975 stammen. Hinter Glas werden nicht nur Waffen aufbewahrt, die sich die Inhaftierten heimlich aus Blech, Nägeln und kleinen Hölzern angefertigt hatten. Zu sehen sind ebenfalls Stücke von Baumrinden und kleine Stofffetzen, auf die alte Erinnerungen oder letzte Hoffnungsschimmer gemalt sind: ein Frauengesicht, eine Meereslandschaft, ein romantischer Sonnenuntergang.

Einer der vier Museumssäle ist der älteren, ebenfalls selten friedlichen Geschichte der Inselgruppe gewidmet. Nachdem die Region lange von Khmer und Malaien besetzt war, gingen 1560 die ersten Europäer, eine portugiesische Schiffsbesatzung, an Land. Sie nannten die Insel Poulo Condore, eine Verballhornung ihres malaiischen Namens Pulau Kun-dur, Insel der Kürbisse. Weitere lokale Erzeugnisse wie Teak- und Pinienholz, Cashew- und Kokosnüsse, Mangos, Perlen, Meeresschildkröten, Hummer und Korallen weckten die Begierden zahlreicher europäischer Handelsunternehmen. Ab 1702 beispielsweise unterhielt die British East India Company hier einen befestigten Stützpunkt. Allerdings währte dieses Intermezzo an der viel befahrenen west-östlichen Handelsroute nur drei Jahre. Bereits 1705 wurden alle vor Ort anwesenden Engländer von jenen indonesischen Soldaten getötet, die sie zur Verteidigung ihrer Niederlassung rekrutiert hatten.

Wer Genaueres über das spätere Schicksal der Gefängnisinseln erfahren will, muss einen örtlichen Führer anheuern. Zunächst schließt dieser die schwere Pforte des 1867 erbauten Phu Hai-Gefängnisses auf. In den düsteren, muffig riechenden Gemeinschaftszellen kauern 95 unbekleidete Puppen, die mit Armen und Beinen an Eisenstangen gekettet sind. Von dem ebenfalls zwischen die mit Glasscherben gespickten Gefängnismauern gepferchten Restaurant, der Bar, dem Friseurladen, der Kapelle, der Krankenstation, dem Konferenzraum und sonstigen Annehmlichkeiten jedoch, so mahnt der Führer mit strengem Blick, sollte man sich nicht täuschen lassen. Alles bloß Kulissen, die nie in Betrieb waren und nur dazu dienten, ausländischen Politikern, Journalisten und anderen Besuchern der Anlage eine Normalität vorzugaukeln, die es in Wirklichkeit nie gab.

Auch einige der 1930 errichteten, als „Kuhstall" und „Schweinestall" bezeichneten Kerker gibt es noch. Sie sind winzig klein, ohne Licht und wurden nach Tieren benannt, um die Häftlinge zusätzlich zu demütigen. Am gefürchtetsten allerdings waren die so genannten „Tigerkäfige", die nach 1940 von den Franzosen gebaut wurden. Dabei handelt es sich um knapp anderthalb Quadratmeter große Einzelzellen mit stählernen Gitterstäben statt einer Decke. Diese Öffnung nach oben setzte die Inhaftierten schutzlos der tropischen Witterung sowie der Willkür ihrer Wärter aus, die durch das Gitter heißes Kalkpulver und Salzwasser schütten konnten. Infolge internationaler Proteste wurden diese Zellen 1970 von den Amerikanern geschlossen, um nach 1971, in einem neuen Komplex ein paar Kilometer außerhalb der Stadt, als Zwinger im US-Stil, das heißt mit fadenscheiniger Bedachung, einer Grundfläche von nun 2,5 Quadratmetern, aber dafür mit der blanken Erde als einziger Schlafgelegenheit, neu zu erstehen. 1973, nach dem Pariser Vertrag, musste auch in diesen Zellen der Betrieb eingestellt werden.

Ausländischen Besuchern begegnet man selten an den Schauplätzen der leidvollen vietnamesischen Geschichte. Es sind eher einheimische Reisegruppen, die mit finanzieller Unterstützung ihrer Regierung für ein paar Tage nach Con Dao geflogen werden, um in dieser „grandiosen Revolutionsschule", wie es in einer offiziellen Broschüre heißt, den „unbezähmbaren, stoischen Kampfeswillen des vietnamesischen Volkes und die Erhabenheit der kommunistischen Seele" eingetrichtert zu bekommen. Westliche Touristen aber sind mit solchen Parolen kaum zu ködern. Ihnen gelten Versprechen anderer Art. „Dies ist eine Trauminsel. Etwas Schöneres habe ich noch nie gesehen", hat ein begeisterter Urlauber auf Deutsch in das im Besucherzentrum des Nationalparks ausliegende Gästebuch geschrieben. Das war im März 2005. Seit jenem Tag ist nur noch ein Dutzend weiterer Kommentare hinzugekommen, alle auf Vietnamesisch. Sie erwecken einen Eindruck, den die Erläuterungen des Leiters der einzigen Tauch- und Schnorchelschule auf Con Dao bestätigen. Als wir Bin Diep auf der Terrasse vor seinem Büro im Phi Yen Hotel auf seine Kundschaft ansprechen, schüttelt er resigniert den Kopf. Seit Weihnachten letzten Jahres seien keine ausländischen Besucher mehr bei ihm vorstellig geworden. Und seine nach Con Dao gelotsten Landsleute, meist ältere Herrschaften über sechzig, würden sich nicht für Unterwasserabenteuer, ja häufig nicht einmal für die doch so einmalige Fauna und Flora des Archipels interessieren.

Ähnliches ist im Büro der Naturpark-Verwaltung zu erfahren. Die Brutplätze der grünen Meeresschildkröten, die tausend Hektar gut erhaltener Korallenriffe, die ausgedehnten Mangrovenwälder, die für Vietnam einzigartige Biodiversität – das alles gilt offenbar nur ausgewiesenen Spezialisten als Attraktion und wird vom Durchschnittstouristen eher selten zur Kenntnis genommen. Doch mit welchen Erwartungen, mit welchen Absichten kommt letzterer dann hierher?

Nicht nur aufgrund seiner Vergangenheit liegt Con Dao weit weg von allem, was das Land für Ferntouristen so besuchenswert macht. Mit der üblichen Vietnam-Symbolik kann das ehemalige Gefangenenlager jedenfalls nicht dienen. Es gibt keine Reisfelder, keine schwimmenden Märkte, keine fliegenden Händler, die einem, wie sonst fast überall im Land, ihre uninspirierten Souvenirs aufdrängen. Es zirkulieren kaum Autos und keine Taxis in Con Son, nicht einmal Fahrrad-Rikschas, die den Gast an einen der entlegenen, als unvergleichlich gelobten Strände der Insel bringen könnten. Auch sonst erinnert der Alltag auf Con Dao eher an die touristische Steinzeit. Nach Geldautomaten und Wechselstuben sucht man vergeblich, die einzige Bank in Con Son hat nur ein- bis zweimal im Monat für ein paar Stunden geöffnet, Bezahlung mit Kreditkarte ist nirgendwo möglich. Dafür herrschen Ruhe, Beschaulichkeit und, einer der stärksten Eindrücke überhaupt, eine nie nachlassende Hitze, die unter zinkfarbenen Wolken schwermütig über einem hängt.

Dabei wurde in den letzten Jahren einiges unternommen, um Con Dao attraktiver zu gestalten. Seit 2004 müssen Besucher keine zwölfstündige Schiffspassage ab dem Festland mehr auf sich nehmen und nicht länger in alte russische Helikopter steigen, um auf die Inselgruppe zu gelangen. Nunmehr verbinden drei wöchentliche Hin- und Rückflüge in Chartermaschinen Con Son in knapp fünfzig Minuten mit Ho-Chi-Minh-Stadt. Und demnächst sollen noch häufigere Verbindungen zustande kommen. Wie überhaupt auffällt, dass die zuständigen Behörden viele ihrer Aussagen in den Konjunktiv kleiden, wenn sie von goldenen Zeiten träumen. Bis 2020 soll sich das Archipel, wenn möglich, zu einer wirtschaftlichen und touristischen Metropole im südchinesischen Meer entwickeln.

Demnächst könnten die Tage auf Con Dao tatsächlich stürmischer werden. Wobei man nicht weiß, ob man den Grund hierfür als Segen oder als neuerliche Bedrohung erachten soll. Unlängst hat eine japanische Hotelkette die Insel Bay Canh gepachtet, um dort ein Luxusresort mit hundert Zimmern anzulegen. Derzeit werden Probebohrungen durchgeführt, die das Vorhandensein von ausreichend Süßwasser prüfen. Sollten diese Tests zu positiven Ergebnissen führen, würde sich die Zahl der auf der Inselgruppe verfügbaren Betten auf einen Schlag nahezu verdoppeln. Gleichzeitig müssten zusätzliche Küstenstraßen gebaut werden. Und die wiederum würden den Lebensraum der ohnehin vom Aussterben bedrohten Seekühe verringern, die vornehmlich auf den Algenfeldern in Ufernähe ihre Nahrung finden.

Bislang gilt der Dugong, so der vietnamesische Name der Seekuh, zumindest inoffiziell als Con Daos Wappentier. Auf Plakaten, in Prospekten und in Gestalt putziger Skulpturen auf Kinderspielplätzen ist der schwimmende Säuger mit dem plumpen Leib allgegenwärtig. Am Ende der – derzeit ebenfalls noch meist verwaisten – Strandpromenade hat man ihm sogar ein Denkmal errichtet. Ganz so, als würde er schon nicht mehr unter den Lebenden weilen.

(2006)

Kuwait

Zuerst das Gebet, dann das Geschäft

Ernüchterung ist der erste Eindruck. Kein Hauch Orientalisches, nicht die Spur von Tausendundeiner Nacht nimmt den Betrachter gefangen. Stattdessen sieht er sich einem Gewirr aus bis zu achtspurigen Autobahnen gegenüber, überfüllt mit prachtvollen, chromblitzenden Limousinen und teuren Geländewagen neuester deutscher, japanischer oder amerikanischer Bauart. Und am Horizont, unter einem makellos blauen Himmel, türmt sich eine Hochhaus-Skyline wie aus dem Bilderbuch.

In Kuwait – der arabische Name ist eine Abkürzung für „die uneinnehmbare Zitadelle" und „das umwallte Dörfchen" – überstehen die Träume vom märchenhaften, mysteriösen Arabien nicht einmal die Fahrt vom Flughafen zum Hotel. Wenn man im ersten Stau stecken bleibt, hat man immerhin Zeit, die übrigen Verkehrsteilnehmer zu studieren. Sie geben endlich einen Hinweis darauf, dass man sich nicht in New York oder Frankfurt, sondern am Persischen Golf befindet. Man sieht, wie die mit *dishdashas*, langen weißen oder cremefarbenen Gewändern, und passenden Kopftüchern bekleideten Fahrer eifrig mit ihren Mobiltelefonen hantieren. Oder wie die Frauen am Steuer entweder ihre Sonnenbrillen zurechtrücken oder immer wieder an ihrem dunklen Gesichtsschleier zupfen und dabei nur einen schmalen Schlitz für die Augen offen lassen.

Um die Mittagsstunde, als wir das Hotel für einen Stadtspaziergang verlassen, verdichten sich die Erinnerungen an eine frühere Reise durch die USA. Mehrere Meter breite Bürgersteige, doch kaum ein Fußgänger, der sie benutzt. Gewaltige Kreuzungen, aber keine Ampeln, die dem Passanten die Überquerung erleichtern. Auch die wenigen Zebrastreifen werden von den Automobilisten kaum beachtet. Das einzig Exotische in diesem Panorama sind die Straßenschilder, die meist nur mit arabischen Schriftzeichen bedruckt sind.

Das kleine, reiche, zwischen die riesigen Nachbarstaaten Irak und Saudi-Arabien eingezwängte Kuwait in der nordöstlichen Ecke der arabischen Halbinsel, auf das während des ersten Golfkrieges die ganze Welt schaute, ist nie ein Urlaubsziel gewesen. 95 Prozent der Staatseinnahmen erwirtschaften die etwa zwei Millionen Kuwaitis mit dem Erdöl, dessen industrielle Förderung in den 1950er-Jahren begann. 1937 war die kostbare Flüssigkeit in kuwaitischer Erde entdeckt worden, 1946 wurde sie erstmals exportiert. Für den restlichen Teil des Bruttosozialproduktes zeichnet die Finanzbranche verantwortlich. Was, so scheinen sich die Einheimischen zu fragen, soll man da noch vom Tourismus erwarten, zumal in einer islamischen Gesellschaft, die westliche Konsumgewohnheiten mehrheitlich als Bedrohung empfindet?

Kuwait braucht keine Touristen. Ohnehin hat ihnen das Land – im Gegensatz zu arabischen Bruderstaaten wie Dubai, Jemen und Oman – nur wenig zu bieten. Der Staat, der mit einer Fläche von etwas mehr als 17.000 Quadratkilometern halb so groß ist wie die Schweiz, besteht hauptsächlich aus Ölfeldern und ebener Steppenwüste. Spektakuläre Sanddünen, schattige Oasen, historische Stätten oder ein Hinterland für westliche Abenteurer gibt es nicht. Und nicht einmal in der Hauptstadt selbst sind bedeutende Spuren der Vergangenheit auszumachen. Die letzten Zeugnisse kuwaitischer Geschichte wurden zwischen August 1990 und Februar 1991 von den irakischen Invasoren zerstört. Sogar die Schäden dieses Krieges hat man inzwischen weitgehend beseitigt, fast alle sichtbaren Wunden scheinen längst geheilt.

So bleibt den Besuchern nichts anderes übrig, als ziemlich orientierungslos durch eine Stadt zu schlendern, die wie eine Luftspiegelung aus willkürlich zusammengewürfelten Elementen wirkt und allem Modernen huldigt, ohne Wurzeln im Wüstensand geschlagen zu haben. Man kommt an Luxushotels, Wolkenkratzern, Einkaufszentren und den Wohnsilos der Gastarbeiter vorbei, am Al Sief-Palast und an der 1986 eröffneten großen Staatsmoschee mit ihrem schlanken, alles überragenden Minarett und ihrer bombastischen Kuppel – und erkennt in dem Ganzen kein Leitmotiv und keine Logik. Man erblickt ein paar im Hafen dümpelnde *dhaus*, traditionelle Fischerboote, die wenigstens ein Quäntchen exotisches Flair verströmen, und wird doch sofort wieder ernüchtert, weil dicke Steine den Zugang zur See erschweren, während der schmale Strand von Betonmauern begrenzt wird. Kein Sonnenanbeter ist weit und breit zu sehen, obwohl es mehr als dreißig Grad heiß und auch die Wassertemperatur äußerst angenehm ist. Bikinis freilich sind an den Ufern des Persischen Golfes genauso tabu wie sonst überall im Land der Alkohol.

Eine Freizeitinfrastruktur, wie man sie etwa von europäischen Mittelmeerländern kennt, kann unter diesen Umständen natürlich nicht gedeihen. Wenn trotzdem pro Jahr ein paar tausend Ausländer einen Stop-over-Aufenthalt nutzen, um sich ein, zwei Tage in der Metropole umzusehen, wird ihre Stippvisite nicht selten zu einem Hindernislauf. Kaum ein Kuwaiti, dem man auf seinen Irrgängen durch das Wolkenkratzerlabyrinth begegnet, spricht Englisch. Nicht einmal die Taxifahrer kennen den Weg zu einem der wenigen noch existierenden Basare. Und fremde Währungen werden weder in den vornehmen Boutiquen noch in den Cafés und schon gar nicht von den einfachen Händlern in der Fischhalle akzeptiert.

Hier, in der quirligen Markthalle des Sharq-Einkaufszentrums, bekommen die Touristen wenigstens eine vage Vorstellung vom legendären „felix Arabia". Turbulent geht es in der Halle allerdings nicht zu. Mandeln und Nüsse, Feigen und Datteln, Meeresgetier und Geflügel, Kräuter, Gewürze, Öle und Essenzen, Stoffe und Metalle werden wie alle anderen Waren akkurat aufgeschichtet und auf klinisch sauberen Ständen präsentiert. Den Fliesenboden wischen indische Gastarbeiter regelmäßig nass ab, so dass es mehr nach Reinigungsmitteln als nach der unüberschaubaren Vielfalt des Angebots riecht.

So steril wie der Markt wirkt die Strandpromenade, die zu den

Nadeln der drei Kuwait Towers, dem Wahrzeichen der Stadt, führt. Auch hier sieht man kaum Passanten, stattdessen stößt man auf verschlossene Tore und unüberwindliche Gitter. Und ehe sich der Flaneur versieht, steht er einem Wachsoldaten mit grimmigem Blick gegenüber. Dies sei die Sicherheitszone des Dasman-Palastes, man solle bitte weitergehen, sagt der junge Mann im Tarnanzug, der demonstrativ seine Maschinenpistole umklammert hält. Aber wohin? Asphaltbänder überschneiden sich, nirgendwo gibt es einen sicheren Übergang. Und wenn man nach dem Weg in die Altstadt fragt, wird man mit der konsternierten Gegenfrage „Welche Altstadt?" konfrontiert.

Nach einigem Suchen findet man schließlich doch noch so etwas wie eine Sehenswürdigkeit: eine Hand voll Ruinen aus dem Golfkrieg, die man dankbar als Relikte des Authentischen betrachtet. Die Trümmer und zerbombten Wohnhäuser, die Durchschusslöcher und Einschlagkrater sind hinter Stacheldraht und Barrikaden verschanzt, als wolle man den Gewalttaten des irakischen Nachbarn für alle Zeit ein Mahnmal und für die Zukunft ein abschreckendes Beispiel setzen. Und das in einer Umgebung, die ausschließlich Fortschritt, Wohlstand und Friedfertigkeit verheißt. Doch das alles wirkt wie eine heile Welt aus der Retorte, aufgepfropft auf den Wüstensand wie die mickrigen Palmen und schütteren Büsche, die man in Kuwait City künstlich am Leben hält.

Wirklich Authentisches zeigt sich erst am späten Nachmittag, zufällig, wenn nach dem Spaziergang die Füße brennen, das Hemd auf der Haut klebt und sich der Schweiß mit dem Staub vermischt. Man ist schon der Resignation nahe, als plötzlich, um Punkt 17 Uhr, aus allen Richtungen die Rufe der Muezzine erschallen. Dunkle, leiernde Männerstimmen dröhnen aus jenen Lautsprechern, die man unterwegs an unzähligen Minaretten entdeckt hatte. Wie von Zauberhand geführt, landen die Besucher im Mubarakiya Souk, der in der nachlassenden Hitze allmählich zu Geschäftigkeit erwacht. Bündelweise legen die Geldwechsler ihre Scheine in den Vitrinenkästen aus. Vergleiche sind zwecklos, der Kurs ist bei allen identisch. Die meisten anderen Händler, die Teppichverkäufer, Juweliere, Souvenir- und Kitschanbieter, lassen hingegen mit sich feilschen. Und dabei wird gelacht, geschrien, geschwatzt. „Welcome, my friend", ruft man den seltenen Fremden entgegen. Ein Teppichhändler bietet sich gar ungefragt als Fotomotiv an. Ein anderer spendiert ein Glas Tee, dazu süßes, vor Zucker triefendes Gebäck. Wenn es dunkel wird, werden hier und dort Fernsehapparate im Freien und davor einige Stühle aufgestellt. Ein amerikanischer Sender überträgt eine Wrestling-Show. Auf diese Art von Ringkämpfen seien die kuwaitischen Männer förmlich versessen, sagt ein zahnlückiger Parfümkaufmann, der gerade seine Wasserpfeife schmaucht. Ein lautes Blubbern auf dem Grund des Gefäßes, ein leises Zischen der Glut, und schon ist man in betörende Düfte gehüllt. Mit dem Rauch breitet sich ein aparter Apfelgeschmack im Mund aus, weil zum Tabak Apfelschnitten gemischt werden – und noch einige andere Substanzen, wie der Genießer mit einem schelmischen Augenzwinkern verrät. Details über die genaue Zusammensetzung des Rauschmittels freilich sind nicht zu erfahren. Dafür glaubt man sich, wenn man die Augen schließt und sich vom Rauch gefangen nehmen lässt, endlich für einen Augenblick im Märchenreich des Orients.

(1999)

AFRIKA

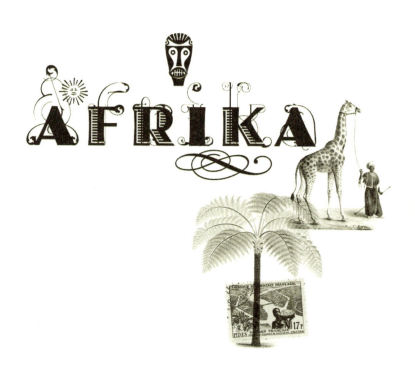

Mali

Afrikanische Nacht

Der Tag beginnt mit einem Missverständnis. Statt, wie vereinbart, um sieben, holt der Jeep der Entwicklungshilfeorganisation uns erst kurz vor neun in Bamako ab. Offenbar hatte die Sekretärin falsche Hotelangaben notiert.

Wir fahren nach Sélingué und von dort, querfeldein, weiter ins Dörfchen Tagan, an der Grenze zwischen Mali und Guinea. Für die 35 Kilometer des letzten Streckenabschnitts benötigen wir anderthalb Stunden. Buckelpiste, Wasserlöcher, Steinwüsten. Um nicht ständig mit dem Kopf gegen die Wagendecke zu stoßen, hält Mamoutou, der groß gewachsene Fahrer mit den kräftigen Schultern, sich mit beiden Händen am Lenkrad fest.

Gegen Ende des Nachmittags beginnt Mamoutou sichtlich nervös zu werden. Während wir noch beim verspäteten Mittagessen sitzen, drängt er plötzlich zum sofortigen Aufbruch. Es sei verboten, nach Sonnenuntergang zu fahren.

Unser belgischer Begleiter weiß nichts von einer solchen Bestimmung. Allerdings ist ihm bekannt, dass afrikanische Chauffeure es, wenn nur irgendwie möglich, vermeiden, in der Nacht unterwegs zu sein. Sie haben Angst vor der Dunkelheit, Angst vor möglichen Unfällen, Angst vor Dämonen und Gespenstern – *djinns*, wie sie sie nennen.

Kein Wunder. In Mali zirkulieren unzählige Fahrzeuge ohne Licht, nach sechs wird es binnen weniger Minuten stockfinster, achtlos kreuzen Mensch und Tier die unebene Fahrbahn, auf der Markierungen meist völlig fehlen. Auch von übernatürlichen Phänomenen will man in Afrika schon gehört haben. Doch anstatt den Fuß vom Gaspedal zu nehmen, beschleunigt Mamoutou das Tempo, drückt unentwegt auf die Hupe und schaut sich, nicht ohne eine gewisse Hektik, ständig nach allen Seiten um. Wir drohen jeden Moment von den Pritschen auf der überdachten Ladefläche des Pick-ups zu rutschen, tasten immer wieder nach nicht vorhandenen Haltegriffen. Es ist die Angst vor dem Unbekannten, die in den Augen des Nichtafrikaners zu einem extrem unlogischen Verhalten führt. Zu unbegreiflichen, bedrohlichen und scheinbar irrationalen Reaktionen, die ihrerseits beim Fremden handfeste Ängste schüren. Folglich perlt schon nach wenigen Minuten allen Insassen der Schweiß über die Stirn, jedes Geräusch, jedes Leuchten, jeder Schatten signalisiert Gefahr und wird mit fiebriger Aufmerksamkeit wahrgenommen.

Erst als wir in Bamako im Stau stehen, setzt allgemeine Erleichterung ein. Mamoutou grinst seinen Fahrgästen über die Schulter zu, klopft dem erschlafften Belgier triumphierend auf den Oberschenkel. Doch für einen gemeinsamen Abschiedsdrink bleibt keine Zeit. Schließlich ist es schon acht und tiefste Nacht und das letzte Stück Heimweg muss unser Fahrer, wie er erklärt, allein und zu Fuß zurücklegen. Durch düstere, staubige Gassen, an Gräben und Mauern entlang, wo lauter unbekannte Wirklichkeiten lauern.

(2001)

Niger

Und abends ein Giraffenbier

Das Kamel kommt aus dem Nichts. Plötzlich steht es da, gegen Mitternacht und mitten auf der Fahrbahn. Zunächst ist es nur als rätselhafter Schattenriss zu erkennen, der sich im staubigen Scheinwerferlicht undeutlich von der Dunkelheit abhebt. Es dauert ein paar Sekunden, bis die Augen des Fremden die mächtige Silhouette einem Tier zuordnen können, zumal dessen riesiger Leib fast vollständig unter mehreren Lagen dicker Strohmatten verschwindet, die bei jedem Schritt des Lastenträgers gemächlich auf und ab wippen. Von geradezu unwirklichem Kleinwuchs erscheint der Mann, der das Tier durch die Nacht begleitet und ihm mit einem Stock kurze Hiebe gegen den Hals und die schlaksigen Beine versetzt, um es von der Straße zu treiben.

In den nächsten Tagen werden wir in Niamey, der Hauptstadt des Niger, noch häufig hoch beladenen Kamelen begegnen, die sich mit unendlich viel Gleichmut und erstaunlicher Souveränität durch den chaotischen Verkehr bewegen. Und jedesmal irritiert es, die Wüstentiere über Asphalt statt durch Sand staksen zu sehen.

Die Transportgewohnheiten in dem westafrikanischen Sahel-Staat haben auch Justins Leben maßgeblich mitbestimmt. Eigentlich ist der vierzig Jahre alte Mann Lastwagenfahrer, doch weil es in Niger mehr Chauffeure als Fahrzeuge gibt, konnte er seinen erlernten Beruf nie ausüben. Stattdessen verdingt er sich seit längerem im Haushalt von *expats* – so werden die verhältnismäßig wohlhabenden Ausländer genannt, hauptsächlich Botschaftsangehörige, Firmenpersonal und Angestellte internationaler Entwicklungshilfeorganisationen. Verglichen mit der großen Mehrheit seiner Landsleute, hat Justin ausgesprochenes Glück: eine feste Stelle, ein sicheres Einkommen, eine würdige Tätigkeit. Davon wagen die meisten Nigerer nicht einmal zu träumen. Ihr Land gilt als das zweitärmste der Welt, nur unwesentlich besser gestellt als Sierra Leone. Viel mehr wissen die wenigsten über den Staat, der immerhin doppelt so groß wie Frankreich ist.

In Niamey braucht man keinen Wecker. Gegen fünf schalten die Muezzine die Lautsprecher in den Moscheetürmen an und rufen die Gläubigen zum Gebet. Kurz danach wird es hell, jeden Tag, das ganze Jahr über. Und gegen sieben Uhr, nach der ersten Anrufung Allahs, tritt Justin seinen Dienst an. Als erstes bereitet er seinem Patron das Frühstück. Dann spült er das Geschirr ab, putzt, wäscht, bügelt oder geht einkaufen auf dem *Petit Marché*. Auf dem kleinen Markt von Niamey, einem Labyrinth aus Gassen, Düften und Stimmen, sind vor allem Lebensmittel im Angebot: Gemüse, Obst, Fleisch, lebendes Federvieh, Gewürze, Erdnüsse, Brot – alles, was man als Koch benötigt und wofür in den europäischen Sprachen die genauen Bezeichnungen häufig fehlen. Für Brühwürfel, Butter, Marmelade, Rotwein, Cornflakes, Ansichtskarten und andere Extravaganzen, die nur *expats* brauchen und auch bezahlen können, gibt es in der Nähe zwei Supermärkte. Zwischen ihren gut gefüllten Regalen begegnet man meist Europäern und Asiaten, gelegentlich den Landsleuten jener Libanesen, die als Besitzer von Cafés, Restaurants, Geschäften und Supermarktketten große Teile des westafrikanischen Wirtschaftslebens kontrollieren.

Auf dem *Petit Marché* sieht man Frauen, die drei Tomaten vor sich auf dem Boden liegen haben, Kinder, die an Tütchen mit bunter, gefrorener Flüssigkeit lutschen, und alte Männer, die Kolanüsse kauen und Tee trinken. Man begegnet Eseln, die wackelige Holzkarren durch das Menschen- und Warengewimmel ziehen, und Bettlern in dunklen Gewändern, die am Straßenrand hocken und von fern wirken wie flügellahme Krähen. Die an Kreuzungen und vor öffentlichen Gebäuden gelangweilt auf und ab marschierenden Bewaffneten in Uniform erinnern daran, dass Niger nach Jahren der Militärherrschaft derzeit wieder einmal den Weg zur Demokratie eingeschlagen hat, aber noch längst nicht dort angekommen ist.

Zu belastend ist das Erbe, das die Generäle und Juntachefs in den Jahrzehnten nach 1960, als die französische Kolonialzeit zu Ende ging, hinterlassen haben. Zu lebhaft ist die Erinnerung an die vielen Putsche und politisch motivierten Morde, die den gesellschaftlichen Aufbruch in Niger immer wieder hinausgeschoben haben. Bislang hat noch keine der wechselnden Führungen, weder die vom Militär eingesetzten noch die demokratisch gewählten, die gewaltigen Probleme des Landes auch nur einigermaßen in den Griff bekommen. Die Regierungskassen sind leer, seit zwölf Monaten, sagt Justin, wurden den Staatsbeamten keine Gehälter mehr gezahlt.

Ob ausgerechnet der Fremdenverkehr die wirtschaftliche Lage des Landes kurzfristig verbessern kann, ist überaus fraglich. Die Hauptstadt Niamey mit ihrer wenig spektakulären Umgebung gilt als touristisches Niemandsland. Hier gibt es, außer den manchmal sehr herben Reizen des vermeintlich exotischen afrikanischen Alltags, nicht viel, mit dem um ausländische Besucher geworben werden könnte: ein Museum mit angeschlossenem Zoo, zwei, drei anspruchsvolle Hotels, die bislang vorwiegend von Geschäftsreisenden und Kongressteilnehmern genutzt werden. Am ehesten noch finden westliche Touristen den Weg nach Wadata, ins Handwerkerdorf am Rande der Hauptstadt.

Das 1992 eröffnete Zentrum ist Teil eines vom Ausland finanzierten Projekts zur Förderung des nigerischen Handwerks. In der Sprache der Haussa, der größten ethnischen Gruppe Nigers, bedeutet der Name „Aufblühen und Wohlstand". Das Handwerk gilt tatsächlich als einer der wenigen privatwirtschaftlichen Zweige, der in den vergangenen Jahren einen gewissen Aufschwung verzeichnen konnte. Heute sind in Wadata über vierhundert Meister mit ihren Gesellen und Lehrlingen tätig: Schmiede, Schreiner und Töpfer, Holzschnitzer, Gerber und Weber, Frauen, die Stoffe bedrucken und Kleidung schneidern, Tuareg-Männer, die Leder verarbeiten. Die dumpfen Klänge der Djembé-Trommeln hallen über das Gelände, in einzelnen Ecken plärren Kofferradios und Kassettenrekorder. Sogar ein „écrivain public", ein Volksschreiber, bietet in einem der etwa hundert Ateliers seine Dienste an. An einheimischer Kundschaft fehlt es ihm nicht, denn die Analphabetenrate liegt in Niger bei weltrekordverdächtigen 83 Prozent. Nicht einmal jedes dritte Kind besucht die Schule.

Am späten Nachmittag verspricht der Sonnenuntergang über dem Niger-Fluss, der dem Land seinen Namen gibt, ein unvergessliches Erlebnis. Nirgendwo lässt sich dieses Schauspiel besser beobachten als von der Terrasse des Grand Hotel. Hoch über den Ufern des „Flusses aller Flüsse", wie die Nigerer das mächtige Gewässer nennen, treffen sich die *expats* regelmäßig nach Feierabend. Vor dem Hotel parken die Jeeps und Limousinen mit den Aufklebern der ausländischen Unternehmen, am Eingang zur Terrasse haben Andenkenverkäufer ihre Stände aufgebaut. Man munkelt, dies sei das bevorzugte Revier junger Nigererinnen, die nach Heiratskandidaten mit fremdem Pass Ausschau halten.

Auch Hama Bari, der Vizekonsul der malischen Botschaft in Niamey, trinkt hier regelmäßig sein Bier, bevor er sich gegen halb sieben zum Abendgebet in die Moschee begibt. „Dies ist das einzige ruhige Plätzchen in der ganzen Stadt", behauptet er, mit dem Rücken zur Sonne gewandt. Das Naturspektakel hat er schon oft genug erlebt. Die Kamele, die in der Dämmerung, von ihren giraffenlangen Schatten verfolgt, über die Kennedy-Brücke stolzieren, würdigt er längst keines Blickes mehr. Ein Freund des Feuerballs ist der Diplomat ohnehin nicht. „Das Klima ist unser Schicksal! Die Hitze, die Trockenheit, der ausbleibende Regen", sagt er mit fatalistischem Unterton, bevor er mit den Fingern schnippt und beim Kellner eine weitere Runde Bier bestellt – das mit den Giraffen auf dem Etikett, auch „bière conjoncture" genannt, weil es das einzige war, das sich die Einheimischen nach der Geldabwertung von 1994 noch leisten konnten.

Wenn Justin nach Sonnenuntergang heimgeht, kommt Mohammed, der Nachtwächter. Der Tuareg hat sich den typischen, *tagelmust* genannten Baumwollschleier seines Stammes kunstvoll um den Kopf gewickelt. Dass er beim Öffnen des Stahltores lächelt, erkennt man nicht an seinem Mund, sondern nur an seinen Augen. Vor Jahren verließ Mohammed sein Heimatdorf im Landesnorden, um, wie so viele Menschen aus den armen ländlichen Gegenden, in der Hauptstadt nach Arbeit zu suchen. Mit seinem Lohn als „gardien de nuit" und dem, was er tagsüber mit Gelegenheitsjobs dazuverdient, unterstützt er nicht nur seine Eltern, sondern auch die im Dorf verbliebenen Geschwister.

Weil kein Nomade von abends sieben bis morgens sieben tatenlos auf einem Campingstuhl hocken kann, gießt Mohammed nachts den Garten der kleinen Villa, die Blumen und Sträucher. Regelmäßig scharrt er die dürren Blätter zusammen, harkt die Erde und recht den Sand auf dem Zufahrtsweg, wo das Auto des Patrons geparkt ist. Um wach zu bleiben, braut er sich alle paar Stunden einen dicken, süßen Tee. Auf einem winzigen Holzkohleofen steht ein dunkelblaues Emailkännchen, in dem Wasser zum Kochen gebracht wird. Kleine Plastiktüten sind mit frischen und mit getrockneten Kräutern gefüllt, auch ein Tütchen mit Zucker hat der gärtnernde Wachmann ständig bei sich.

Mit der gleichen Hingabe, mit der er das Teetrinken zelebriert, kümmert sich Mohammed um das Schaf, das neben dem Haus in einem länglichen Käfig untergebracht ist. Das Tier hat der Hausherr seinem Angestellten gekauft, damit sie es gemeinsam aufziehen und die Familie des Nomaden es an einem hohen islamischen Feiertag schlachten kann. Tagsüber knabbert es an dem Grünzeug, das Mohammed ihm in sein Ställchen legt. Nachts schläft es. Doch manchmal wird es wach und fängt an zu blöken. Besonders laut blökt es, wenn sein fürsorglicher Besitzer den Zwinger öffnet, damit es sich im Hinterhof ein wenig die Beine vertreten kann. In manchen Nächten wird von den Tierlauten sogar der Verrückte geweckt, der an der nahen Hauptstraße in einer Hütte aus Abfall und Schrott lebt und seine Tage mit unaufhörlichem Singen verbringt.

Am nächsten Morgen fahren wir nach Kouré, sechzig Kilometer in östlicher Richtung. Hier kann man die letzten frei lebenden Giraffen Westafrikas beobachten. Angeblich gibt es nur noch knapp hundert Exemplare. Auf dem Weg zu ihnen muss man zahlreiche Straßenkontrollen passieren. Kurz hinter Niamey versperrt die erste Schranke den Weg. Ein Uniformierter tritt aus einer Baracke, fragt nach unserem Ziel, salutiert und hebt den Schlagbaum, dem ein mit Steinen gefüllter Korb als Gegengewicht dient. Weitere Stopps folgen. Einmal ist eine dicke Eisenkette über die Fahrbahn gespannt, dann hängt zwischen zwei Ölfässern eine einfache Schnur, die ein Kind zu Boden sinken lässt, nachdem es die Vorbeikommenden um ein „cadeau", ein kleines Geschenk, angebettelt hat.

Am Eingang des achtzigtausend Hektar großen Geländes, einem Ausläufer des Nationalparks „W" – dessen Name leitet sich ab von der Form der Flussschleife, die der Niger in diesem Gebiet beschreibt –, warten 13 junge Burschen, die man als Führer durch das Giraffenrevier anheuern kann. Die meiste Zeit, sagen sie, langweilten sie sich, säßen im Schatten eines Wellblechdaches, spielten Karten, hörten Musik. Im Schnitt betreuen sie pro Tag zwei Fahrzeuge mit je drei Insassen. Von einer Besucherschwemme kann also nicht die Rede sein, was nicht verwundert, wenn man bedenkt, dass pro Jahr nicht einmal dreitausend Touristen nach Niger kommen. Die meisten von ihnen zieht es in den Norden, nach Agadez und in die Ténéré-Wüste. Trotz ihrer geringen Zahl sind schon erste Klagen über die Fremden zu hören. Man wirft ihnen vor, sie würden zu viel Holz für Lagerfeuer verbrauchen, die Wasserlöcher verschmutzen und mit ihren Allradautos den Landschaften schaden. Sogar Fälle von Plünderungen historischer Stätten sind bekannt geworden.

Unser Führer heißt Kader und weiß genau, wo die Giraffenherden, die aus jeweils 15 bis 20 Tieren bestehen, am leichtesten aufzustöbern sind – zumindest behauptet er das. Flink springt er auf die Rückbank des offenen Geländewagens und hält Ausschau. Bei Sina Koare, einem der typischen Lehmziegeldörfer, biegen wir von der geteerten Piste ab. Von nun an geht es quer durch Hirse- und Sorghumfelder, an winzigen Strohhüttenansammlungen und spitzdornigen Sträuchern vorbei, über hitzeflimmernde Sandflächen und durch betonharte Erdmulden – ein Hauch von Safari unter einer erbarmungslosen Sonne, die sofort jeden Schweiß trocknet und die Haut strafft. Vierzig staubige Minuten und etliche Kilometer Buckelstrecke später stehen sie plötzlich da: zuerst zwei, dann vier, dann acht Giraffen. Es überrascht, wie wenig scheu sie sich geben. Näselnd, mit klimpernden Wimpern schauen sie auf die Besucher herab. Geschickt zupfen ihre weichen Lippen die Blätter von den Akazien. Dann trotten die gefleckten Langhälse unbeeindruckt davon. Wir steigen aus, tapsen hinterher, Kamera im Anschlag. Ob wir wüssten, dass Giraffen stumm seien, fragt Kader. Und dass sie nur einmal pro Woche trinken müssten.

Die nigerischen Giraffen, die man an den beiden pelzigen Auswüchsen auf der Stirn erkennt, sind trotzdem vom Aussterben bedroht. Der zunehmende Bevölkerungsdruck lässt ihren Lebensraum in der Dornbuschsavanne immer weiter schrumpfen. Ständig müssen mehr Bäume gefällt und als Brennholz verwendet werden, weil die Zahl der Nigerer sich rund alle zwanzig Jahre verdoppelt, von 5,5 Millionen im Jahre 1980 auf nunmehr über elf Millionen. Für 98 Prozent der Haushalte ist Holz die wichtigste, wenn nicht die einzige Energiequelle. Zum Schutz der Giraffen wurde kürzlich eine Vereinigung gegründet, die hofft, dass zur Finanzierung des Projekts auch der Tourismus beitragen wird. Um zusätzliche Einnahmequellen zu erschließen, plant man den Bau eines Hotels und mehrerer Lokale – genau auf dem Gelände, das eigentlich der gefährdeten Fauna vorbehalten sein sollte.

Der frühe Abend ist erneut den Nöten der Menschen gewidmet. Wir sitzen im Taxi nach Saga, einem am Niger-Ufer gelegenen Stadtteil von Niamey. Zu siebt haben wir in einem klapprigen Peugeot Platz genommen, drei Erwachsene vorne und vier hinten. Die Enge stört höchstens den, der solches Improvisieren nicht gewöhnt ist oder sich über die Umwege wundert, die der Chauffeur einlegen muss, um die Fahrgäste einen nach dem andern an seinem Ziel aussteigen zu lassen. Zumindest werden wir unterwegs schon akustisch auf die nächste Stunde eingestimmt. Es läuft die Kassette „Les aventures de Moussa, le taximan" – eine Sammlung von zwanzig Sketchen zur Aids-Prävention.

Im kleinen Freilichtkino von Saga hat die Vorführung bereits begonnen. Etwa fünfzig Personen, vor allem Kinder und Jugendliche, starren auf ein Fernsehgerät, in dem ein Hindi-Film gezeigt wird. „Die Leute lieben diese Schmachtfetzen", sagt Tahirou, unser Begleiter. Als der Film abbricht, ertönen Pfiffe aus dem Publikum. Doch es geht gleich weiter: mit einem Aufklärungsvideo zum Thema Aids. Ein größerer Kontrast ist kaum denkbar. Statt von Liebe und inbrünstig gehauchten „Darlings" ist nun von „kapotas", Präservativen, von Schmerz und von Tod die Rede. Der medizinische Fachjargon wird durch Aussagen von Betroffenen ergänzt. Die Aufnahmen stammen aus dem südlichen Nachbarland Nigeria und sprechen eine für Niger ungewohnt deutliche Sprache, erklärt Tahirou. Die Infizierten und Kranken verstecken das Gesicht nicht hinter schwarzen Balken.

In dem streng islamischen Staat Niger ist solche Offenheit eher die Ausnahme. Obwohl Aids eine nicht länger zu leugnende gesellschaftliche Realität ist, gilt das öffentliche Sprechen darüber nach wie vor als Tabu. Offiziell sind zwei Prozent der Bevölkerung von der Viruserkrankung betroffen, Realisten gehen jedoch von einer mindestens doppelt so hohen Zahl aus. Kampagnen zur Verbreitung von Kondomen und anderen Verhütungsmitteln werden von Moslem-Verbänden bislang jedoch regelmäßig verhindert. Gleichzeitig hält sich der Glaube, die Immunschwäche sei bloß ein von lustfeindlichen Kreisen erfundenes Syndrom, um Männer zu entmutigen und die Jugendlichen – fünfzig Prozent der Nigerer sind jünger als 15, jede Frau bringt im Durchschnitt sieben Kinder zur Welt – zur Keuschheit zu erziehen.

Nach der Projektion ergreift Amadou Bagna das Wort. Der Philosophiestudent wurde von einer europäischen Nichtregierungsorganisation zum „Animateur" ausgebildet und tritt einmal wöchentlich als Aids-Aufklärer in Saga auf. Die Hindi-Streifen seien das beste Lockmittel, sagt er. Den Kinobesuchern führt er vor, wie man Kondome benutzt. Unter dem Kichern der Zuschauer erklärt er, dass man sie nicht zu Luftballons aufblasen oder Löcher hineinschneiden solle. Und dass nicht jeder, der mager sei oder Durchfall habe, automatisch an der Infektionskrankheit leide. Auch die Meinung, die Krankheit werde durch Stechmücken übertragen, ist weit verbreitet. Nach der Vorstellung werden die „kapotas" zum Kauf angeboten, zwei Stück für umgerechnet weniger als fünf Cent. Es melden sich nur wenige Interessenten. „Man schämt sich", weiß Tahirou. Daher ist geplant, in Saga demnächst Kondomautomaten aufzustellen. Das sei anonym und billiger, als sich die Gummis in Bars, Videotheken oder Apotheken zu besorgen.

Als wir heimfahren, haben die Diskotheken im Stadtzentrum die Musik noch auffallend leise gestellt, es ist eindeutig noch zu früh für das allabendliche Giraffenbier. Vor Mitternacht ist hier nichts los, sagt der Fahrer. Aber nach Mitternacht würde man die jungen Moslemfrauen, die tagsüber unauffällig gekleidet und mit schüchternem Augenaufschlag in Niamey unterwegs sind, nicht wiedererkennen. Wir kommen an belebten „maquis" vorbei, kleinen Restaurants, deren Decke der sternenübersäte Himmel bildet. Rund um den *Grand Marché* züngeln Holzfeuerchen. Nur noch wenige Händler hoffen im Kerzenschein auf letzte Kunden. Es riecht nach Abgasen und verbranntem Mais.

Nächster Tag. Schon etliche Kilometer vor Baleyara, einem Marktflecken zwei Autostunden nordöstlich von Niamey, sind die Straßenränder mit Marschierenden, Eselskarren, Radfahrern und Kamelreitern dicht gesäumt. Aus allen Himmelsrichtungen streben sie heran. Viele sind seit Stunden unterwegs, vorwiegend Frauen mit Kindern auf dem Rücken und reich gefüllten Schüsseln auf dem Kopf. Sie sind mit weiten, bunt bestickten Gewändern bekleidet, die Töchter vom Stamm der Fulbe und vor allem die Angehörigen der Bella, denn Baleyara heißt übersetzt: der Ort, an dem die Bella sich versammeln. In der Ortsmitte halten wir an. Auch zu Fuß ist das Durchkommen mühsam. Zunächst müssen wir dem *amirou*, dem Kantonalchef, einen Besuch abstatten. So verlangt es die Höflichkeit. Monsieur Albadé bittet uns in sein stickiges Kabuff. Fliegenschwärme umsurren die abgewetzten Samtsessel. Diese Hitze, dieser Gestank! Aber so sei das nun einmal auf dem wöchentlichen Viehmarkt von Baleyara, der im ganzen Land berühmt sei für seine Kamele, die in Wahrheit Dromedare seien, wie der Vorsteher erklärt. Bevor wir uns ins Gewühl begeben, bekommen wir Mamadou, unseren Führer, zugewiesen. Er wird dafür sorgen, dass in den nächsten Stunden niemand im Gedränge verloren geht.

Im Schatten von Dattelpalmen, Mango- und Orangenbäumen haben sich die Händlerinnen installiert. Lautstark preisen sie ihre Waren an: Obst, Gemüse, Getreide, mit geschnitzten Ornamenten verzierte Kalebassen sowie alle denkbaren Gebrauchsgegenstände aus Blech und Plastikgefäße in allen Formen und Größen. Unter Strohdächern werden Maiskolben geröstet, Fleischspieße gegrillt, Teigkugeln und *foura*, die beliebten Hirsebällchen, frittiert. Berge von Kolanüssen, die als Stimulanz gelten und zu jedem Handel gehören wie der arrogante Blick der einhöckerigen Wüstentiere, die voller Verachtung auf die Passanten herabschauen. Hunderte, wenn nicht Tausende sind hier versammelt, ein Meer von pelzigen Beulen, gereckten Hälsen und weichen Gesichtern. Vorsichtig lotst uns Mamadou durch Rinder-, Ziegen- und Schafherden, die ständig in Bewegung sind, ungewöhnliche Töne von sich geben und unbekannte Gerüche verströmen. Immer wieder warnt er vor den spitzen, elegant geschwungenen Langhörnern, vor den unbeabsichtigten oder auch gezielten Huftritten der Eselskolonien. Vergeblich versucht er, die Wolke von neugierigen Kindern zu verscheuchen, die uns den ganzen Nachmittag über nicht mehr aus den Augen lassen.

Auch sein Glück kann man auf dem Viehmarkt herausfordern, wenn man bereit ist, einen oder mehrere Tausend-Francs-Scheine zu setzen. Die Hütchenspieler von Baleyara sitzen auf der blanken Erde und sind mit einem Gummiband und einem Stöckchen ausgerüstet. Schlangenähnlich rollen sie das Band zusammen, stechen den Holzstab an einer bestimmten Stelle in die Erde. Dann muss sich der Herausforderer entscheiden: Wird das Band, wenn der Spielleiter daran zieht, am Stöckchen hängenbleiben oder sich vollständig entrollen? „Faites vos jeux!"

Nicht weniger mysteriös kommen dem Fremden die plumpen, anderthalb Meter langen und oben mit einem etwas breiteren Schlusskranz versehenen Zylinder vor, die aufeinander gestapelt sind wie Riesenzahnstocher und aus stumpfem, unpoliertem Marmor zu bestehen scheinen. Ihr Geschmack aber löst das Rätsel: Dies sind die berühmten Salzsäulen, die von den Tuareg mit ihren Kamelkarawanen aus der Wüste in den Süden geschafft und auf Märkten wie dem von Baleyara verkauft werden. Das war früher so und ist heute nicht anders, wie überhaupt Vergangenheit und Gegenwart in Niger ein identischer Zustand zu sein scheinen und die Zukunft dieses seltsam entrückten Landes einem vorkommt wie unerreichbar fern.

(2001)

Burkina Faso

Sonntag in Baleyara

Auf die Sonne kann man sich verlassen, auch sonntags. Gegen Mittag spüre ich meine Füße nicht mehr, sehe nur noch die Beine von Kamelen, Kühen, Ziegen, Eseln, Hunden, Hungernden. Und gezähnte Mäuler. Regelmäßig schiebt Nabou mir Teigkügelchen in den Mund. Nabou und ich auf dem Wochenmarkt. Der Dorfvorsteher hat seine Männer in den Versammlungsraum gerufen. Dort saßen auch wir gleich nach unserer Ankunft in Baleyara und schluckten Fliegen. Dem Dorfvorsteher fächelte eine Dicke mit einem welken Bananenblatt Luft zu. Am Ende wagten wir nicht mehr den Mund zu öffnen und wurden kurzerhand aus dem Schatten verbannt.

Nun warten wir auf das Ende der Zusammenkunft, das Resultat der Besprechung. Ein Blinder verfolgt uns mit seiner selbst gebastelten Gitarre. Kinder greifen mir an die Hose, vor einem Horizont aus gelben Gebissen. Nabou kann darüber nur lachen. Und immer wieder über mich, der keine Beine mehr hat, keinen Rücken, nur eine lodernde Stirn und Augenhöhlen, aus denen es dampft.

Ganz gleich, wohin wir gehen, wir landen immer wieder vor dem Versammlungsraum. Der Vorsteher jedenfalls muss den Mund weit aufreißen, um so laut reden zu können. Oder die Dicke hat ihm ihren Schleier geliehen. Nichts zu sehen im Inneren der Baracke. Je greller der Sonnenschein, umso dunkler der Schatten. Zum Glück geht der Vorrat an Teigkugeln Nabou nie aus. Oder zaubert sie Ersatz vom dreckübersäten Boden?

Am Montag, also morgen, sieht wieder alles ganz anders aus. Doch solange der Dorfvorsteher nicht schweigt, weiß ich nicht, wo ich morgen früh aufwachen werde. Ob überhaupt. Ob ohne Füße, ohne Beine, womöglich sogar ohne Nabou und ihr unergründliches Lachen.

(2001)

Burkina Faso

Drei Belgier

Der Mann, mit dem ich in Ouagadougou verabredet war, trank Cola und rauchte afrikanische Zigaretten. Er stammte aus Belgien. Als es kühler wurde, führte der Belgier mich durch die Ateliers der einheimischen Handwerker. Man zeigte mir Trommeln und seltsame Blasinstrumente, ich durfte Silberringe und Hemden mit großen, bunten Mustern anprobieren und mich auf einen üppig verzierten Stuhl setzen, der aus einem einzigen Holzblock gehauen war. Anschließend wurden kleine Fleischspieße und geröstete Maiskolben serviert. Einige Handwerker setzten sich zu uns und erzählten von ihrer Arbeit, ihren Familien, während der Belgier schwieg, seine filterlosen Zigaretten rauchte und darauf wartete, dass die Eiswürfel in seinem Glas schmolzen.

Später schlenderten wir die Nkrumah-Avenue hinunter. Es war längst dunkel geworden, einige Restaurants hatten auf den Bürgersteigen Metalltische und Holzbänke aufgestellt. Aus unsichtbaren Lautsprechern schepperte schrille Musik.

Irgendwann setzten sich zwei weiße Männer zu uns, Freunde meines Begleiters. Ebenfalls Belgier, wie sich rasch herausstellte. Der eine, ein Geschäftsmann, handelte nach eigener Aussage mit Kolonialwaren. Hauptsächlich mit Erdnüssen, die er nach Europa verschiffte. Der andere war angeblich ein weltberühmter Koch aus Brüssel. Sein Name sagte mir nichts. Er war nach Ouagadougou gekommen, um den hier beschäftigten Diplomaten eine Woche lang belgische Spezialitäten zu servieren. In seiner Jugend, behauptete er, sei er ein bekannter Kegelsportler gewesen, mehrfacher flämischer Meister.

Nur am Anfang stellten die Belgier auch mir einige Fragen. Dann vergaßen sie mich und erzählten sich harmlose Geschichten über die Afrikaner und über gemeinsame Bekannte in der Heimat. Mein Hotel, das Palm Beach, lag schräg gegenüber. Als mein Bierglas leer war, machte ich mich auf den Weg. Am nächsten Tag flog ich nach Niamey, die Hauptstadt Nigers. Dort begegnete ich einem Engländer, dessen Streichholzfabrik in Mali kürzlich abgebrannt war.

(2001)

Senegal

Zum guten Ton gehören drei Gläser Tee

Vom Werk jenes Mannes, dem der Ort seinen Namen verdankt, ist in Richard Toll so gut wie nichts mehr zu sehen. Claude Richard hieß der französische Agronom, der diese Landschaft im äußersten Norden Senegals zu Beginn des 19. Jahrhunderts erblühen ließ. Damals war die Wüste noch fern, das Schlagwort von der drohenden Desertifikation noch unbekannt und der Boden extrem fruchtbar – beste Voraussetzungen, um weitläufige Obstplantagen und Gemüsefelder anzulegen, Bäume und Getreide zu pflanzen. Für Baron Roger, den Finanzier des ambitionierten landwirtschaftlichen Projektes, entwarf Claude Richard sogar einen prächtigen Privatpark. Heute sind das Schloss des Adligen und das dazugehörige Terrain verwildert und die einst ertragreichen Äcker und Fluren im Sand der stetig nach Süden vorrückenden Sahara versunken. Geblieben ist nur noch der Name der Stadt. In der Sprache der Wolof, der größten ethnischen Gruppe Senegals, die gut ein Drittel der Gesamtbevölkerung ausmacht, bedeutet er „Richards Garten".

Der klimatisierte Geländewagen fährt uns durch riesige Zuckerrohrfelder und eine flunderflache Dornbuschsavanne mit versprengten Baobabs, die von der Gluthitze gepeinigt werden. Wie fette Skulpturen recken sich die Affenbrotbäume in den milchigen Himmel. Von Richard Toll sehen wir als erstes die Schlote der *Compagnie sucrière sénégalaise*. In ihren Fabriken wird die Ernte von den Feldern der Umgebung verarbeitet. Hier steht ein Großteil der lokalen Bevölkerung in Lohn und Brot. Und in der Zuckerraffinerie sind nach den Worten unseres Begleiters Massiré Karé, des Leiters der örtlichen Hygienebrigade, auch die Ursachen für die Umweltbelastung und den miserablen Gesundheitszustand der in dieser Region lebenden Menschen zu suchen. Das glaubt man auch als Laie sofort. Der Himmel stinkt, die offenen Kanäle am Straßenrand gleichen Kloaken.

An touristischen Attraktionen hat Richard Toll weder Unerwartetes noch sonst viel zu bieten. Damit wir uns wenigstens vom chaotischen Verkehr auf der staubigen Hauptstraße erholen können, bringt unser Begleiter uns ins schattig gelegene *Gîte d'Étape* – ein einfaches kleines Hotel mit sauberen Zimmern, einer Tischtennisplatte zwischen regelmäßig gegossenen Blumentöpfen, einem bescheidenen Pool und direktem Zugang zum Senegal-Fluss, der die Grenze zu Mauretanien bildet. Auch hier gibt es wenig Bemerkenswertes zu entdecken. An den Ufern des schlammbraunen Gewässers wächst Schilf, wie in Zeitlupe schaukelt eine Piroge auf den trüben Fluten, ein längst unbrauchbar gewordenes Segelboot mit gebrochenem Mast steckt mit dem Bug voran im Schlick. Zumindest die blühenden Sträucher und Hecken im Garten des Gasthauses vermitteln eine vage Vorstellung davon, wie üppig und grün und gesund es zu Zeiten von Claude Richard hier ausgesehen haben mag.

Massiré Karé steht im Dienst der senegalesischen Armee und trägt zur Sonnenbrille eine dunkelblaue Uniform. Das gehöre sich so, erklärt er, denn ab jetzt sei er sozusagen in offizieller Mission unterwegs. Zu seinen Aufgaben zählen auch die Ausarbeitung, Betreuung und Kontrolle verschiedener Entwicklungshilfeprojekte, die von westlichen Industrieländern finanziert werden. In Richard Toll, wo der Fremdenverkehr niemandem eine Lebensgrundlage bietet, führt man ausländischen Besuchern gerne die Resultate erfolgreicher Nord-Süd-Kooperation vor. Angesichts der schwierigen wirtschaftlichen und klimatischen Bedingungen in dieser Region konzentriert sich die Zusammenarbeit auf den Kampf gegen Armut und für eine bessere Gesundheitsversorgung. So jedenfalls steht es in den Broschüren und Rechenschaftsberichten der westlichen Hilfsagenturen. „Aber die Menschen haben oft Mühe, sich zu ihrer Armut, ihrem Leiden zu bekennen", sagt Karé mit bedrückter Stimme.

Innerhalb von drei Jahren wollen er und seine Mitarbeiter rund dreitausend private und öffentliche Latrinen errichten. Thiabakh, Ndiaw und Gallo Malick heißen die Bezirke, in denen es bereits fertige Klohäuschen zu besichtigen gibt. Die Jeeps mit den Aufklebern der ausländischen Hilfsorganisationen überwinden Straßengräben, Sand- und Steinpisten, rumpeln an unzähligen Unterkünften aus Reisig und Kuhdung, an Blech- und Sperrholzbaracken vorbei. Mehr als zwei Drittel der etwa siebzigtausend Einwohner von Richard Toll leiden an Bilharziose, einer durch Kontakt mit verseuchtem Wasser hervorgerufenen und durch Egel übertragenen Infektionskrankheit. Auch Malaria ist weit verbreitet – alles Folgen mangelnder Hygiene, die wiederum mit der Mittellosigkeit der Menschen zusammenhängt.

Der Platz, an dem uns eine Delegation aus Präsidenten, Vizepräsidenten, Sekretären und diversen Chefs unterschiedlicher Ortsgruppierungen empfängt, liegt in dürftigem Schatten. Abgesägte Baumstämme tragen ein Dach aus getrockneten Tierhäuten und Schilf, unter dem man nicht aufrecht stehen kann. Also sitzt man auf Strohmatten und weißen Plastikstühlen. Zunächst wundern wir uns über das ausgeprägte Bedürfnis der Einheimischen, für alle Belange des täglichen Lebens Komitees, Räte, Brigaden und andere, streng hierarchisch gegliederte Organisationen zu bilden. Doch bald stellen wir fest, dass jeder seinen Titel mit Würde und Stolz trägt, auch wenn er bloß für ein halbes Dutzend Blechkarren zuständig ist, mit denen Haushaltsmüll weggeschafft wird.

Der Schuldirektor von Gallo Malick hat sich zu seinem kanariengelben Hemd sogar eine Krawatte umgebunden. Souverän leitet er das gewohnte Begrüßungszeremoniell mit dem üblichen Austausch von Höflichkeiten ein: „Ça va?" – „Ça va bien!" – „Et la santé? Et la femme? Les enfants?" – „Merci, ça va bien, merci." Die kleinsten Kinder rennen beim Anblick der bleichen Besucher schreiend davon. Die größeren posieren mit ihren Lehrern vor der neuen Latrine, deren ovale Versenkung im Boden gerade verkleinert wird. Anfangs, so erzählt man uns lachend, weigerten sich die Knirpse, den mit europäischen Mitteln finanzierten Lokus zu benutzen: Aus Angst, sie könnten ins dunkle Loch plumpsen.

So sei das nun mal, sagt Karé: „Nicht immer ist die ausländische Hilfe unseren tatsächlichen Bedürfnissen angepasst. Oder den Programmen mangelt es an der nötigen Flexibilität." Später erzählt Moussa Diop, der Bezirksvertreter im Oberkomitee des Latrinenprojekts, voller Bitternis von dem 1986 wenige Kilometer flussabwärts erbauten Diama-Staudamm, der den Bauern zwei Reisernten pro Jahr sichern soll, vor allem aber zur massiven Verbreitung der Bilharziose beigetragen hat. Auch an den umwelt- und folglich gesundheitsschädlichen Aktivitäten der Zuckerraffinerie übt er harte Kritik. Dann lädt Monsieur Diop uns zum Abendessen zu sich nach Hause ein.

Dort sitzen wir kurz nach acht unter freiem Himmel, ständig die allgegenwärtigen Moskitos vertreibend. In der Mitte des Hofs steht ein Hocker, und auf dem Hocker thront ein imposanter Farbfernseher. Wie an jedem Donnerstag wird eine religiöse Sendung übertragen. Stundenlang erklärt ein hoher Geistlicher auf Arabisch, wie die Inhalte des Korans praktisch auszulegen sind. Gleichzeitig sollen wir dem Hausherrn erklären, wie viel Milch eine durchschnittliche europäische Kuh gibt und ob Polygamie auch in unseren Gegenden üblich sei.

Moussa Diop ist, wie achtzig Prozent seiner Landsleute, Muslim und hat drei Frauen. Die älteste ist für Couscous zuständig, die mittlere für *tiéboudienne*, das senegalesische Nationalgericht aus Reis und Fisch, die jüngste hat sich auf die Teezubereitung spezialisiert. Gegessen wird auf dem Boden sitzend und mit den Fingern. Nach dem Mahl – *méchoui*: ein farciertes Schaf, das im Ofen der Quartiersbäckerei zubereitet wurde – macht die älteste Frau des Gastgebers mit einer Schüssel Wasser, einem Stück Seife und einem Handtuch die Runde. Dann kommt der Tee. Der gute Ton verlangt, dass jeder drei Gläschen trinkt. Das erste, sagt man, schmecke bitter wie der Tod, das zweite süßsauer wie das Leben, das dritte honigsüß wie die Liebe.

Das Dörfchen Mbagam, etliche Kilometer abseits der Hauptstraße von Richard Toll nach Saint-Louis, liegt auf flachem, dürrem Land. Durch das flirrende Licht stolzieren Gestalten in bunten Gewändern, die Brennholzstapel, Plastikeimer, Blechschüsseln auf dem Kopf balancieren. Neben einer Kreuzung liegt ein verrostender Überlandbus auf dem Dach. Ein Kind rollt mühsam ein dickes Strohbündel über die Fahrbahn. Im schmalen Schatten eines abgestorbenen Baumes steht eine winkende Alte. Es herrscht kaum Verkehr, doch niemand hält an, um sie einsteigen zu lassen.

Am Eingang von Mbagam sind ein paar Mädchen dabei, ihre Kleider und halbnackten Körper am Ufer des Senegal zu waschen. „Da", ruft Karé, „so erwischt man die Flusskrankheit!" Auch für solche Fälle gibt es die örtliche Krankenstation, die vor kurzem mit einer von der luxemburgischen Regierung bezahlten Solaranlage versehen wurde. Ein massives Gitter schützt die Kollektoren vor Beschädigung und Diebstahl. Leider ist die Stationsvorsteherin, eine ausgebildete Krankenschwester, gerade abwesend. Ihr Stellvertreter führt uns durch die Räumlichkeiten: ein Stahlbett, ein paar gebrauchte Spritzen, eine Lampe, dank derer die Patienten neuerdings auch nachts behandelt werden können. Smaragdene Echsen flitzen über die glühenden Fassaden, halten kurz inne und nicken uns zu, bevor sie hinter den Mauerkanten verschwinden.

Auch der nächste Tag ist wieder sengend heiß. Man bringt uns zurück nach Saint-Louis. Der Mann, der dem Städtchen und vor allem dem dortigen Hôtel de la Poste zu dauerhaftem Ruhm verholfen hat, ist in der Eingangshalle, auf den Treppen und Gängen des Etablissements allgegenwärtig. Plakate, Fotos, Gemälde und allerlei Erinnerungsstücke halten das Andenken des Flugpioniers Jean Mermoz auf umsatzfördernde Weise in Ehren. Mermoz war Angestellter der 1927 gegründeten französischen Luftfrachtgesellschaft *Compagnie générale Aéropostale*. 1930, auf seinem ersten Flug von Toulouse nach Santiago de Chile, legte er einen Tankstopp unweit der Senegal-Mündung in den Atlantik ein und logierte in Zimmer

219 des Hauses. Wer heute im selben Raum übernachten möchte, tut gut daran, schon Monate im Voraus eine Reservierung zu tätigen. Denn Saint-Louis, 1659 als erste französische Niederlassung auf afrikanischem Boden gegründet und bis 1958 Hauptstadt von Senegal-Mauretanien, steht im Gegensatz zu Richard Toll durchaus auf dem Reiseplan zahlreicher Touristen aus Amerika und Europa. Die amerikanischen Touristen suchen, vor allem wenn sie Schwarze sind, in den schäbigen Kulissen einer lange zurückliegenden Vergangenheit nach ihren Wurzeln. Die europäischen Gäste hoffen womöglich, im verwitterten Glanz der Kolonialzeit ein Quäntchen eigener Identität aufzuspüren. Auch als Alternative zu Mallorca und den Kanarischen Inseln wird Saint-Louis bei manchen Europäern, die dem heimatlichen Winter entfliehen möchten, immer beliebter. Außerdem steigt die Zahl jener Ausländer, die ihren Zweitwohnsitz an die afrikanische Westküste verlegen. Einstweilen sind die Mieten, Grundstücks- und Baupreise im Norden Senegals noch wesentlich günstiger als bei der südeuropäischen Konkurrenz.

Unsere Begleiter warten derweil an der mit zwei riesigen Elefantenzähnen bestückten Empfangstheke. Vom Plafond hängt ein Ventilator, der die heiße Luft verquirlt. Vor dem Hotel lauern junge Burschen auf vermeintlich reiche Weiße, um sie zu einer Tour in der Pferdekutsche zu überreden, ein „Geschenk" zu erbetteln oder zum Wechseln alter und zudem vermutlich gefälschter französischer Geldscheine zu bitten. Wer ablehnt, bekommt böse Bemerkungen, gelegentlich sogar eine deftige Frechheit zu hören. Vor Uniformen allerdings haben die aufdringlichen Jungs großen Respekt.

Selbst im künstlich gekühlten Jeep wird der Abstecher in die Fischerviertel von Saint-Louis keine Vergnügungsfahrt. Angeblich haben die auf der Langue de Barbarie, dem schmalen Küstenstreifen zwischen Fluss und Atlantik, gelegenen Siedlungen N'Dar Toute und Guet N'Dar die höchste Bevölkerungsdichte von ganz Afrika. In jedem der eng aneinander geduckten Häuschen sollen vierzig bis fünfzig Personen leben. Die sanitären Zustände sind katastrophal, was man deutlich riechen kann. Erst kürzlich musste hier wieder eine Cholera-Epidemie eingedämmt werden. Man wundert sich nicht und würde freiwillig keinen Fuß in diese gespenstische Umgebung setzen. Nicht einmal Allradantrieb sichert ein zügiges Vorankommen. Zu belebt, zu schlagloch- und abfallübersät sind die Wege, die man nicht Straßen nennen mag. Nur am Verladekai, an dem Lastwagen auf den Abtransport der Fischfänge warten, lässt man uns für einen kurzen Moment aussteigen, aber keine Sekunde aus den Augen. Sofort springen Lumpenkinder mit filzigem Haar, schorfiger Haut, schmutzigen Nasen und Mündern herbei. Der Gestank der dunklen Rauchfäden, Tierskelette, Ölpfützen und vergammelnden Essensreste, in denen ausgemergelte Hunde scharren, ist atemraubend.

In der Hotelbar jedoch werden sogar die Eiswürfel aus gefiltertem Wasser hergestellt. Das behauptet zumindest der Kellner, als er unsere *menthe à l'eau* serviert. Und dass in diesem Haus 1981 verschiedene Szenen des Films „Coup de torchon" von Bertrand Tavernier gedreht wurden, mit Philippe Noiret als ständig schwitzendem, übel gelauntem Polizisten, der den uralten Kampf des weißen Mannes gegen den schwarzen Kontinent austrägt – ein hilfloser Rächer im „Saustall", wie der Film auf Deutsch betitelt war.

Schon am frühen Abend sind die Straßen von Saint-Louis ziemlich ausgestorben. Nur da und dort ein Kerzenflämmchen oder ein blasses Funzellicht. Die Gesichter der Menschen, die neben winzigen Souvenirständen, vor düsteren Kunsthandwerkerateliers kauern, sind kaum zu erkennen. Pfeifen, Rufen, Zungenschnalzen. Man mag es nicht, wenn die Fremden sich nur für ein einziges einheimisches Produkt interessieren, für die ofenfrischen Baguettes nämlich, die für umgerechnet 15 Cent das Stück bis spät in die Nacht verkauft werden. Sie geben eine Ahnung davon, was die Franzosen in all den Jahrzehnten in Westafrika getrieben haben. Außer der Kunst, knusprige Stangenbrote zu backen, ist auf den ersten Blick nicht viel übrig geblieben. Wären da nicht die unaufhaltsam abbröckelnden Fassaden von unaufhaltsam zerfallenden Kolonialbauten, niemand würde vermuten, dass dies zur Zeit von Französisch-Westafrika eine quirlige Hafenstadt und ein bedeutendes Verwaltungszentrum war.

Auch die Stahlbrücke, die in sieben Bögen und auf einer Länge von fünfhundert Metern den Fluss überspannt, kannte zweifellos schon lebhaftere Tage. Sie wurde von Gustave Eiffel entworfen, soll ursprünglich für die Donaumonarchie bestimmt gewesen sein und wurde um 1895, in Einzelteile zerlegt, hierher geschafft. Benannt ist die mächtige Konstruktion nach dem französischen Generalgouverneur Louis Faidherbe, der Saint-Louis nach 1845 zu einem wichtigen Kolonialstützpunkt ausbaute.

Der beste Blick auf die Brücke und gleichzeitig über die ganze Stadt, meint die Dame an der Rezeption, bietet sich vom Dach des Hauptpostamtes. Ein Geheimtipp ist das allerdings längst nicht mehr, weil der Ort in jedem zweiten Reiseführer erwähnt wird. Trotzdem wollen wir hinauf. Wegen der Perspektive, die für Fotos ideal ist, und auch, weil es als äußerst preiswertes Vergnügen angepriesen wird. Höchstens fünfhundert Francs CFA, umgerechnet siebzig Cent, sollte man sich die Erlaubnis, es zu betreten, kosten lassen – auch das steht in den Büchern.

Gegen Mittag fragen wir den Türsteher im Postamt nach dem entsprechenden Aufgang. Doch der für Besucher zuständige Mann ist gerade nicht da. Wir sollen es am späten Nachmittag noch einmal versuchen. Das tun wir, allerdings ist das Gebäude nun geschlossen. Doch es gibt einen Nachtportier, der, wie er vorgibt, seinen Vorgesetzten gerne um Zustimmung bitten würde, wenn dieser nicht inzwischen Feierabend hätte und nach Hause gegangen wäre. Aber Moment mal, vielleicht ... Wir warten. Nach zehn Minuten kommt der Pförtner mit der guten Nachricht zurück: Ja, der stellvertretende Chef des Wachpersonals hat nichts dagegen, vorausgesetzt, wir seien bereit, tausend CFA zu zahlen. Offiziell sei das Betreten des Daches nämlich verboten.

Wir klettern vier Stockwerke hoch, dem uniformierten Wachmann hinterher. Kaum oben, taucht plötzlich ein zweiter Uniformierter auf, der keinen Widerspruch duldet und behauptet, sein Kollege sei neu, noch nicht im Bilde und keinesfalls befugt, Fremde nach oben zu lassen. Nach einigen Diskussionen werden ein paar Aufnahmen gegen die Zahlung von 2.500 Francs gestattet.

Die Aussicht über die Stadt, die Brücke und den Fluss ist tatsächlich nicht schlecht. Mit ein wenig Fantasie kann man sich sogar ausmalen, wie es hier zuging, als Saint-Louis eine Drehscheibe für den Warenverkehr zwischen Europa und Amerika war und Gold, Elfenbein, Kautschuk sowie der berüchtigte Sklavenhandel Geschäftsleute aus aller Welt anlockten. Nur noch in der Vorstellung sieht man die *Signares*, wie die einflussreichen, aus schwarzweißen Mischehen hervorgegangenen Damen genannt wurden, auf die zunächst mit hölzernen, später mit schmiedeeisernen Verzierungen geschmückten Balkonbalustraden treten. Und was für ein Spektakel muss sich geboten haben, als der Mittelteil der Faidherbe-Brücke sich öffnete, um die Handelsschiffe den Senegal-Fluss hinauffahren zu lassen. Angeblich funktioniert der Schwenkmechanismus noch heute, doch seit Generationen hat niemand mehr den Vorgang mit eigenen Augen beobachten können.

Als wir kurz darauf den Abstieg antreten, sind die uniformierten Aufpasser von der Post mit einem Mal verschwunden. Unten steht zum Glück das Stahltor offen, kein Portier weit und breit. Nur ein Stuhl, ein Tisch, und auf dem Tisch eine Zeitung. Rasch schieben wir einen Tausender zwischen die Seiten. So, dass man ihn sehen kann, aber nicht zu deutlich.

(2000)

Senegal
Die Legende bröckelt

Auf der Insel Gorée, sagt man, werde nicht laut gezählt. Denn lautes Zählen erinnere an jene düstere Zeit, als Millionen Afrikaner ihres Namens beraubt und mit Nummern gekennzeichnet wurden, um auf europäischen Schiffen in die Länder jenseits des Atlantiks verschleppt zu werden. Es war die Zeit des weltumspannenden, industrialisierten Menschenhandels. Und die Île de Gorée, das der senegalesischen Hauptstadt Dakar vorgelagerte Eiland, spielte – zumindest nach offizieller Darstellung – bei diesen Transaktionen zwischen Europa, Afrika und Amerika drei Jahrhunderte lang die Rolle einer wichtigen Drehscheibe.

Am Beginn des lukrativen Dreiecksgeschäfts standen die Portugiesen. Sie entdeckten den neunhundert Meter langen und dreihundert Meter breiten Erdflecken 1444 bei ihren Fahrten entlang der westafrikanischen Küste und nannten ihn *Ilha Palma*. Abgesehen von einigen wilden Ziegen und Besiedlungsspuren aus dem Neolithikum war die Insel wüst und leer. Doch sie bot den Männern von Kommandant Denis Dias einen schönen Sandstrand und ein leicht zu verteidigendes Refugium, von wo aus die Vorstöße auf das afrikanische Festland in aller Ruhe vorbereitet werden konnten. Dass das mit göttlicher Segnung geschehen sollte, zeigt das erste feste Gebäude, das 1482 auf der Insel errichtet wurde: die kleine steinerne Kirche, in der heute der Polizeiposten untergebracht ist. Fortan diente Gorée den europäischen Kolonisatoren als willkommener Stützpunkt bei der Einnahme Afrikas. Nach der Entdeckung Amerikas wurde die Insel zudem als Transitstation auf der Route in die Neue Welt genutzt.

Eine erste Ladung mit menschlicher Fracht verließ den Inselhafen im Jahre 1536 – und damit war der Mythos der „Todesschleuse"

Gorée geboren. Ein halbes Jahrhundert später, 1588, bemächtigten sich die Holländer des Landfleckchens und tauften es um in *Goede Rede*, was „gute Reede", also guter Ankerplatz, bedeutet und woraus später Gorée entstand. Dieser Name gilt bis heute als Synonym für die Unterdrückung und Ausbeutung der afrikanischen Völker. Nach dem Bau von zwei Forts konnten sich die neuen Herren voller Eifer dem interkontinentalen Handel widmen. Im Tausch gegen europäische Glasperlen, Waffen, Messer, Küchenutensilien und Alkohol gelangten Gold und Elfenbein aus Afrika auf den Alten Kontinent. Das begehrteste Gut aber war die menschliche Arbeitskraft.

Für die nach Übersee Verschleppten, die nach der Ankunft in den mexikanischen und peruanischen Silberminen schufteten oder als Zuckerrohrschneider, Baumwoll-, Kaffee- und Tabakpflücker auf den Plantagen Nord- und Südamerikas sowie in der Karibik arbeiten mussten, wurden die europäischen Händler mit Zucker, Kaffee, Rum und Gold aus der Neuen Welt bezahlt. An dieser Praxis änderte sich auch nichts, als zwischen 1678 und 1814 Franzosen und Engländer um die Herrschaft über Gorée stritten. Neunmal wechselten sich die beiden Kontrahenten in dieser Zeit als Besitzer ab, bevor die Insel von 1815 bis zur Unabhängigkeit Senegals im Jahre 1960 an die „Grande Nation" fiel.

Bis 1848, dem Jahr der offiziellen Aufhebung der Sklaverei in Frankreich, blühte in Afrika der Sklavenhandel, der durch die kolonialen Ambitionen der Europäer zwar eine neue, schreckliche Dimension erhielt, aber nicht von ihnen erfunden worden war. Lange zuvor war der Handel mit Menschen in der islamischen Welt gängige Praxis. Auch die schwarzafrikanischen Königreiche des Mittelalters kannten die Sklaverei. Allerdings zeichnete sie sich bei den Muslimen durch ein gewisses Maß an religiös bedingter Menschlichkeit aus. Sklaven war es erlaubt zu heiraten, ihre Kinder wuchsen unter einem Dach mit den freien Kindern auf, gelegentlich durften sie sogar über einen persönlichen Besitz verfügen. Gefangenen, die in kriegerischen Auseinandersetzungen ihre Familien verloren hatten, sollte die Zwangsarbeit eine gesellschaftliche Wiedereingliederung ermöglichen.

Ein ungleich grausameres Bild des Menschenhandels zeichnet die Geschichte Gorées. Als Chronist und Statthalter ihrer düstersten Epoche versteht sich Boubacar Joseph Ndiaye, der Kurator der auf der Insel gelegenen *Maison des Esclaves*. In dem 1776 erbauten und vor wenigen Jahren mit französischer Unterstützung renovierten Sklavenhaus an der Rue Saint-Germaine verwirklicht der Achtzigjährige sein Lebenswerk. An den Wänden dieses letzten vollständig erhaltenen Gebäudes aus der Sklavenzeit kleben Dutzende von fotokopierten Zetteln mit Sprüchen des alten Mannes, der einst als Fallschirmjäger in der französischen Armee diente und sich in der Rolle des von unbändigem Aufklärungsdrang beseelten Feierabendpoeten sichtlich gefällt.

Wie ein kleiner Fürst empfängt der gebürtige Goréen die Besucher in seinem Büro, das gleichzeitig als Souvenirladen dient. Nicht ohne Pathos doziert Monsieur Ndiaye über „eine der größten Tragödien der Menschheit", mit mahnenden Worten zieht er Parallelen zwischen Gorée, Auschwitz und Dachau. Mit nimmermüder Eloquenz berichtet er über das Schicksal der einstmals hier Eingekerkerten und erklärt die Architektur des Hauses, das schon Papst Johannes Paul II., die Clintons, Angela Davis und Nelson Mandela besucht haben. Besonders stolz ist er, dass das Gebäude 1990 von Danielle Mitterrand, der Frau des damaligen französischen Staatspräsidenten, wiedereröffnet wurde. Natürlich hat der selbsternannte Anwalt der Schwarzen die entsprechenden Fotografien, auf denen er mit stolzgeschwellter Brust neben den berühmten Persönlichkeiten posiert, rasch zur Hand. Und die von B. J. Ndiaye verfasste Broschüre bekommt jeder Käufer vom Autor eigenhändig abgestempelt, datiert und signiert.

Über die Zweifel, die in Historikerkreisen an der Darstellung Gorées als Schnittstelle des Sklavenhandels geäußert werden, steht in dem nachlässig gedruckten, bereits beim bloßen Durchblättern auseinander fallenden Heftchen allerdings kein Wort. Die Gründe, warum der Mythos neuerdings wankt und die Legende zu bröckeln begonnen hat, werden auf der Insel auch sonst gerne verschwiegen. Kritische Stimmen tut man rasch als revisionistisch, gar rassistisch ab, auch wenn diese keineswegs beabsichtigen, die Gräuel der Sklaverei zu leugnen oder auch nur zu verharmlosen. Die Fakten jedoch verweisen auf eine andere historische Wahrheit als auf die, die in Senegal amtlich verkündet wird. So haben neuere Forschungen ergeben, dass zwischen dem 16. und 19. Jahrhundert nicht, wie gern behauptet wird, Abermillionen Sklaven durch die berühmte „Tür ohne Wiederkehr" geschickt wurden, sondern höchstens dreihundert pro Jahr. Für eine größere Anzahl von Gefangenen, heißt es, sei in den engen Zellen des Zwischenlagers nicht genügend Platz gewesen. Wahrscheinlicher sei vielmehr, dass in den Kammern im Erdgeschoss vornehmlich die Haussklaven des europäischen Händlers gelebt hätten, der seinerseits die erste Etage bewohnt habe. Dieser Geschäftsmann war übrigens, wie alte Registerbücher belegen, keineswegs ein im Sklavenhandel tätiger Holländer, wie oft behauptet wird, sondern der französische Marinearzt Jean Pepin, der eine Senegalesin geheiratet hatte.

Auch die erwähnte „Todestür" ist mittlerweile nicht mehr unumstritten. Jüngere Forscher bezweifeln, ob sie überhaupt jemals den ihr zugeschriebenen Zweck erfüllte. Wie bis heute zu sehen ist, führt sie zu einem von mächtigen Felsbrocken gesäumten Uferstück, an das die Schiffe nicht nah genug heranfahren konnten, um die Insassen direkt aus dem Sklavenhaus zu übernehmen. In dem nur wenige Meilen entfernten Hafen von Dakar gab es zur damaligen Zeit schon eine Anlegestelle, an der sich das Beladen viel unkomplizierter bewerkstelligen ließ.

Unstimmigkeiten wie diese haben zur Folge, dass auch die Rolle des *conservateur en chef* und die seiner Arbeitgeber genauer unter die Lupe genommen werden. So ist der schwerwiegende Verdacht aufgekommen, etliche Kapitel der gruseligen Inselvergangenheit könnten pure Fiktion sein, eine Erfindung der politischen Führung Senegals und pfiffiger Reiseagenturen, die Touristen ins Land locken wollen. Für die lokale Fremdenverkehrswirtschaft wäre es in der Tat sehr ungünstig, wenn man sich auf eine wahrheitsgemäße Präsentation des Ortes beschränken und zugeben müsste, dass Gorée wohl kaum ein Zentrum, sondern nur ein Nebenschauplatz des Geschäfts mit der Ware Mensch war. In dem Fall könnten wissbegierige Besucher und auch solche, die nur auf den Schauder historischer Gräueltaten aus sind, Senegal kurzerhand den Rücken kehren und ihr Augenmerk auf die verbürgten Hochburgen des Sklavenhandels in Ghana, Gambia und Benin richten. Abhilfe könnte in diesem Zusammenhang höchstens die Sklavenroute durch Westafrika schaffen, die seit Jahren im Gespräch ist, ohne dass sich die betroffenen Staaten bisher auf eine Verwirklichung dieses ambitionierten Tourismusprojekts verständigen konnten.

Das Versiegen des Besucherstroms auf Gorée hätte auch für die vielen Händler negative Auswirkungen. Jeden Vormittag kurz vor zehn sitzen sie auf einer der harten Holzbänke an der Mole des Dakarer Hafens und warten auf die nächste der Fähren, die von sechs Uhr früh bis Mitternacht fast stündlich zwischen dem Festland und der Insel pendeln. Es ist ein düsterer, stickiger Raum, in dem von acht Deckenventilatoren gerade mal zwei sich träge drehen. Hier hocken, in schwüler Enge zusammengepfercht, die Einheimischen, die auf Gorée ihren Lebensunterhalt verdienen, neben den Fremden, die aus dem Chaos und Smog, den Slums und dem Schmutz der Metropole flüchten und für ein paar Stunden das friedliche Inselleben genießen wollen. Das großflächige Wandbild im Wartesaal schmücken Worte, die poetisch auf das Ziel einstimmen, das die Passagiere nach der zwanzigminütigen Überfahrt erwartet. Es sind Verse des Dichters Léopold Sédar Senghor, der 1962 zum ersten Präsidenten der unabhängigen Republik Senegal gewählt wurde. Und den Ndiaye in seiner Chronik mit der Bitte zitiert, Gott möge dem „weißen Europa" und seinen Christen verzeihen, dass sie „unsere Koranschüler gefoltert, unsere Ärzte und Wissenschaftler verbannt haben".

Die dreißigjährige Stéphanie ist eine der Händlerinnen, die auf dem Eiland eine Souvenirbude betreiben. Das erwähnt sie beiläufig, nachdem sie sich mit unaufdringlicher Höflichkeit vorgestellt hat. Dann erzählt sie von sich und ihrer Familie, dass sie Mutter von zwei Töchtern sei und mit dem Erlös aus dem Andenkenverkauf ihre Familie ernähren müsse, weil ihr Mann keine Arbeit finde. Ganz zum Schluss nimmt sie ihren potenziellen Kunden das Versprechen ab, auf ihrem Rundgang auch tatsächlich an ihrem Stand vorbeizukommen. „Fragen Sie einfach nach Stéphanie", sagt die Frau, die in Wahrheit vermutlich ganz anders heißt. Doch den französischen Vornamen können die Besucher sich leicht merken, was genauso gut für ihre Kasse ist wie die Tatsache, dass die Unesco Stéphanies Arbeitsplatz 1978 zum Weltkulturerbe erklärt hat.

Außer der Allgegenwart geschäftstüchtiger Händler hat Gorée mit der senegalesischen Alltagswirklichkeit nicht viel gemein. Die Luft ist rein, es gibt keine Straßen, nur adrette Pfade und schattige Alleen. Ein paar gepflasterte, von blühenden Hecken und greller, wohlduftender Blumenpracht gesäumte Wege führen von Verkaufsbude zu Verkaufsbude, von einem Bistro zum nächsten Restaurant. Es gibt keine Autos, keine Motorräder und keine Fahrräder, nicht einmal Pferdekutschen oder Eselskarren. Die paar Dutzend sienarot und ockergelb gestrichenen Häuser haben mit ihrer einstöckigen Bauweise, den rotbraunen Ziegeldächern, den bunten Balkons und Fensterläden den typischen Kolonialcharakter des Ortes bewahrt. Die weißen Gäste, die den abblätternden Fassadenputz geflissentlich übersehen, fühlen sich gleich wie zu Hause oder zumindest an die vertrauten pittoresken Dörfer im europäischen Süden erinnert. Die schwarzen Amerikaner hingegen, die auf Gorée ihren afrikanischen Wurzeln nachspüren, finden hier eine Pilgerstätte, die sie vor einem allzu jähen Kontakt mit der kruden Realität dieses Kontinents bewahrt.

Was sich auf Gorée außer dem Sklavenhaus sonst noch bietet, ist in zwei bis drei Stunden problemlos zu entdecken. Zum Beispiel das auf einem Hügel an der Südseite der Insel gelegene Kastell, das im

Zweiten Weltkrieg als Bollwerk diente und heute von einem kürzlich eingeweihten Betondenkmal von ausgesuchter Hässlichkeit dominiert wird. Doch von hier aus bietet sich ein prächtiger Blick auf das Meer und hinüber nach Dakar. Unter vereinzelten Bäumen hocken die trommelnden Jünger der Baye-Fall-Sekte, die sich ein Grinsen nicht verkneifen können, wenn eine blasshäutige Passantin sich vom Rhythmus der Musik zu einer ungelenken Tanzeinlage bemüßigt fühlt. Authentischer geht es auf einem Terrain aus gestampfter Erde unweit der Pfarrkirche Saint Charles-Borromée zu, auf dem die Jungen aus dem Dorf Fußball spielen. Es sind derer so viele, dass sie problemlos vier komplette Mannschaften bilden könnten. Doch es stehen ihnen nur ein Ball und zwei eigenhändig gezimmerte Tore zur Verfügung, die jeden Moment zusammenzubrechen drohen. Ohnehin zappelt nur höchst selten ein Schuss in den Maschen des zerfledderten Netzes – das Spielfeld ist einfach zu riesig für die wild durcheinander laufenden Kinder.

Von hier bis zum Fort d'Estrées an der Nordspitze der nur 16 Hektar großen Insel sind es bloß wenige Schritte. Das massive, Mitte des 19. Jahrhunderts erbaute Rundgebäude war eine Verteidigungsanlage, bevor es in eine Dependance des Dakarer Zentralgefängnisses umfunktioniert wurde. Heute beherbergt es ein sehenswertes historisches Museum, in dem auch die Vergangenheit Gorées als Sklavenumschlagplatz dokumentiert ist. Doch statt geschwollener Aphoristik werden hier aussagekräftige Zeugnisse vorgelegt: Originaldokumente, Gegenstände, Fotos und Zeichnungen. Der Querschnitt eines Sklavenschiffes etwa macht deutlich, unter welch menschenunwürdigen Bedingungen die Gefangenen im Schiffsbauch untergebracht waren und wieso die Hälfte der Angeketteten während der Überfahrt an Seuchen, Unterernährung und Misshandlung starb.

Der letzte Weg auf Gorée führt zu Stéphanie. Schon von weitem sieht sie die Besucher kommen, läuft ihnen mit fuchtelnden Armen entgegen. Stolz breitet sie ihr Angebot aus: Holzschnitzereien,

Batiktücher, Kunstledergürtel, Muschelketten, Ringe und Armreifen aus Messing – der gleiche Tand, der überall auf der Welt offeriert wird, aber nur in Afrika auf jene zurückfällt, deren Vorfahren einst für eine Hand voll Glasperlen eine Frau, für eine Stange Eisen einen Mann und für ein paar Gramm Schießpulver ein Kind erwerben konnten. Aus bloßem Schuldgefühl entscheidet man sich für zwei, drei Kleinigkeiten. Mit ihrem Taschenrechner addiert Stéphanie die Preise und hält den Kunden stumm die Summe vor Augen. Auch das Wechselgeld blättert sie auf den Tisch, ohne ein Wort zu sagen.

(2000)

Tunesien

Karawanserei

In der zentraltunesischen Steppe liegt ein Städtchen, das Kairouan heißt. Es ist die wichtigste Stadt der Moslems in Nordafrika, die viertheiligste der ganzen islamischen Welt. Da muss sieben Mal hin, wer allahfürchtig ist und sich die vorgeschriebene Pilgerfahrt ins ferne Mekka, das in Saudi-Arabien liegt, nicht leisten kann. Wer aber an keinen Gott glaubt, sondern sein Schicksal im Zeichen der Kamele und Esel erkennt und auf die Wohltat des gelegentlichen Ruhens vertraut, der darf sich mit einer einzigen Reise nach Kairouan begnügen. Übersetzt bedeutet der Name des Ortes nichts anderes als Karawanenraststätte, also: Karawanserei.

Neulich war ich dort und fühlte mich wohl in der Gesellschaft von störrischen Vierbeinern und einhöckrigen Tieren, welche die Spezialisten nicht Kamel, sondern Dromedar nennen. Einträchtig standen wir nebeneinander in der Sonne, Schatten an Schatten spazierten wir über Sand und Staub, Schritt für Schritt und Huf vor Huf, von einem Heiligen zum nächsten, was lange dauerte, weil in Kairouan nicht weniger als fünfhundert solch außergewöhnlicher Männer leben. Jeder von ihnen will mit der ihm zustehenden Hingabe bekniet, gelobt, gepriesen, geölt und gepudert werden. Jeder verlangt, dass man darüber seine eigene kleine Seele, dieses verletzliche, schöne Gefäß vergisst, seinen Körper, die schwache Hülle. Dass man nur Geist sei für diesen Moment und unbelastet von groben Gliedern, stämmigen Waden und strohigen Locken.

Wir gaben uns Mühe, meine Begleiter und ich. Wir schauten von unten hinauf zum empörenden Blau des Himmels und konnten zu keiner Sekunde verbergen, dass wir Bewohner des Erdballs sind und den höheren Gefilden des Glaubens folglich unendlich fern. Wir feilschten verbissen um Nahrung und Kleidung, verrieten unsere Schwächen an jeder Ecke der Souks, an jedem Verkaufsstand, bei jedem Erfrischungsgetränkefabrikanten, auch wenn er bloß mit einer Hand voll Eiswürfel lockte. Das also war Kairouan. Heilige Stadt mit Scharen von Besuchern, die mit Fehlern behaftet und mit Sünden beladen sind. Nach der Abreise bleibt nur die Hoffnung, dass das Verfassen einer Notiz mit dem Titel „Karawanserei" am Jüngsten Tag mit allen anderen Unzulänglichkeiten verrechnet wird.

(2001)

Tunesien

Musée du Bonheur

Wer liest, kennt, wenn er Glück hat, das nächste Museum für Arbeit und Unglück. In Tunis aber gibt es ein Museum für Glück. Leider habe ich, als ich dort war, versäumt, es zu besuchen. Durch die Gassen und Ritzen streiften, als ich dort war, die Vorboten des nächsten Sommers. Sie schwenkten die Arme und warfen vor lauter Übermut den Kopf in den Nacken und nach vorn auf die Brust, nur für besagtes Museum hatten sie kein Auge und keine Zeit. Auch ich sah bloß aus der Ferne das Schild, über das ich zuerst erschrak und mich dann wunderte und fragte, was in einem Museum für Glück wohl ausgestellt werde.

Teppiche, sagte man mir, Kelims und Zarbias, Allouchas und Mergoums, fliegende Teppiche und aus den Locken brünetter Jungfrauen geflochtene, Betteppiche und solche zum Liegen nach beendetem Essen und zum Rauchen blubbernder Wasserpfeifen.

Zunächst und einstweilen gab ich mich mit dieser Antwort zufrieden. Doch kaum hatte ich Tunis verlassen, überkamen mich heftige Zweifel. Was verbirgt sich tatsächlich hinter dem Schild und seinem unfassbaren Versprechen. Gesammeltes Glück, auf Podesten drapiertes, von kugelsicheren Vitrinen, gar an Alarmglocken angeschlossenen Gitterstäben geschütztes Glück, ausgegrabenes Glück aus uralten Zeiten und fremden, erstaunlich hoch entwickelten Kulturen. Und wer sind die Männer, die im Glücksmuseum den nützlichen Posten des Wächters und Aufpassers übernehmen dürfen. Oder wird gar Frauen der Schutz von ausgestelltem Glück in ihre bestens hierfür geeigneten Hände gelegt.

Vorerst, so viel steht fest, habe ich die Gelegenheit verpasst, das Glück zu finden. Oder zumindest zu erfahren, aus welchem Material es beschaffen ist, welche Formen es aufweist, ob es sich eher prachtvoll oder durchaus gewöhnlich präsentiert. Doch wenigstens weiß ich nun, in welchem Land, welcher Stadt ich danach suchen muss. Beim nächsten Mal, wenn ich das Glück nötig habe, wenn die glatte Rasur mir nicht gelingen will, die Krawatte wie ein toter Hundeschwanz von meinem Hals hängt, meine Füße sich in fadenscheinigen Teppichen verheddern oder das Mundstück meiner tunesischen Wasserpfeife, kein billiges Souvenir, mir auf der Zunge zergeht.

(2001)

Marokko
Die Farben der Stille

Schwarze Lavasteine und bräunliche Kiesel. Ockerfarbene Felsen, kupferrote Gesteinsbrocken und graues Geröll, so weit das Auge reicht. Und am verschleierten Horizont majestätische Tafelberge über einer Gebirgskette ohne Vegetation. – Nein, so hat der Wüstenneuling sich die Sahara nicht vorgestellt. Doch schon bald wird er am eigenen Leib erfahren, sich auf eigenen Füßen die Erkenntnis erlaufen, dass die große afrikanische Wüste zu weniger als zehn Prozent aus jenen grandiosen Sanddünen besteht, die dem an einschlägigen Fotos und Filmbildern geschulten europäischen Auge so sehr schmeicheln.

Zunächst aber landen wir in Agadir, fahren durch die Dunkelheit nach Taroudant und übernachten im Palais Salam, wohl dem einzigen Hotel der Welt, das man direkt durch eine Stadtmauer betritt. Der Schlaf wird kurz sein: Pünktlich um halb vier erschallen Flötentöne über dem Städtchen. Es ist die Zeit des Ramadan. Vier Wochen lang werden die Gläubigen zu nachtschlafender Zeit mit schriller Musik geweckt, damit sie noch vor Sonnenaufgang eine Mahlzeit zu sich nehmen können. Tagsüber werden sie weder essen noch trinken noch rauchen und sich in sexueller Enthaltsamkeit üben, die Frauen sich nicht einmal schminken.

Um neun steht der Konvoi für die Wüstentouristen bereit: Fünf voll bepackte und hoch beladene Landrover, mit denen sie in den nächsten sechs Tagen annähernd tausend Kilometer zurücklegen werden. Eine zwanzigrädrige Karawane, die ihre Spur durch Stein-, Kies- und Sandwüsten zieht.

„Yallah! Yallah!" – Los, auf geht's! Südwärts, auf gewundenen Straßen und schotterigen Pisten zu den nördlichen, von tiefen Canyons zerschnittenen Ausläufern des Anti-Atlas. Unweit von Tafraoute schlagen wir unser erstes Camp auf. Die Männer in ihren indigoblauen, *gandora* genannten Gewändern wuchten die Ladung vom Autodach: die Decken, Zelte und Isomatten, das Kochgeschirr, den in Säcke und Kartons verpackten Proviant, die täglichen Wasservorräte. Im Nu steht das weiße Küchenzelt. Auf Gaskochern und über offenem Feuer werden hier fortan erstaunliche Köstlichkeiten präpariert. Dreimal täglich gießt Bamar, der Teemeister, den stark gesüßten Pfefferminztrunk auf.

Derweil schlendern die Teilnehmer der Wüstensafari zu den „blauen Bergen", unter die sich auch rosafarbene Granitbrocken gemischt haben: „Les Peintures" – ein Werk des belgischen Land-Art-Künstlers Jean Vérame, der in den 1980er-Jahren auf Riesenmurmeln zwanzig Tonnen nach altägyptischem Rezept angerührter Farbe vermalt hat. Abends ein kurzer Abstecher ins nächste Dorf. Enge, staubige Gassen gibt es, in denen es nach überreifem Obst und Gemüse riecht und nach zu lange abgehangenem Fleisch. Ansichtskarten gibt es, aber keine Briefmarken, wie der Verkäufer bedauert, der gerade vom Abendgebet aus der Moschee kommt. Sogar ein Internet-Café lockt mit seiner grellen Leuchtreklame. Es wurde erst kürzlich eröffnet, die meisten Computer stecken noch in der Plastikverpackung. Doch das Verschicken einer E-Mail klappt, wie wir später, wieder zu Hause, erfahren werden.

Bei der Rückkehr ins Zeltlager haben Youssouf und seine Helfer ein Viereck aus Teppichen, Matten und Wolldecken ausgelegt. Darauf suchen die Esser umständlich eine einigermaßen bequeme Sitzhaltung. Die Crew hat Feuerholz gesammelt, der Koch Said eine Tajine, das marokkanische Nationalgericht, mit Huhn und Kartoffeln zubereitet und den Topfinhalt mit Kreuzkümmel und Koriander apart gewürzt. Bald leuchtet der Mond heller als die Gaslampen. Die Temperatur – tagsüber um die dreißig, nachts kaum mehr als sieben Grad – sinkt so rasch, dass jeder sich mehrere Lagen T-Shirts und Pullover überstreift. Dann das nächste Staunen: Je später die Nacht, desto üppiger schmückt sich der Himmel mit seiner funkelnden

Pracht. Bald ist die Stille in blässliches Gelb gekleidet. Am nächsten Morgen liegt eine Schicht Feuchtigkeit auf den Nylon-Iglus, innen und außen. Noch ist der Atlantik nicht weit genug entfernt, damit, wie weiter im Landesinneren, ausschließlich Trockenheit herrscht. Katzenwäsche, Taschen packen, Zelte abbauen. Zum Frühstück in der heimeligen Morgenwärme gibt es Kaffee, Tee, Fladenbrot, Schmierkäse, Marmelade, manchmal ein Ei. Zur Frühwanderung bleibt keine Zeit, die Jeepmotoren laufen bereits. Rasch schnappt jeder sich eine Wasserflasche, dann geht's weiter, „Yallah! Yallah!", nach Süden, Richtung Taghjijt. Quer durch die gebirgige Wildnis des Anti-Atlas. Eine Einöde aus versteinerter Ewigkeit. Ein Labyrinth aus alten Nomadenpfaden, auf denen sich unsere Führer zum Glück bestens auskennen.

Beim ersten Fotostopp vor einer menschenfeindlich anmutenden Kulisse steht plötzlich ein Kind am Wegrand, gekommen aus dem staubigen Nichts, wie vom stahlblauen Himmel gefallen. Als Dank für eine Aufnahme erbittet es einen Dirham, ein Bonbon, einen Kugelschreiber. Wünsche, die wir noch oft zu hören bekommen werden, sofern sich die Menschen, vornehmlich die Mädchen und Frauen, beim Anblick einer Kamera nicht schleunigst abwenden oder zumindest rasch ihren Schleier vor das Gesicht ziehen.

Taghjijt, die kleine Oasenstadt, ist bereits von weitem zu erkennen: ein grüner Strich in einer Landschaft, wo sich die Farben Braun und Grau in ihren sämtlichen Nuancen präsentieren. Zum Agadir Id Aissa, der Speicherburg von Amtoudi, ist es nicht weit. Mehrere Dorfkinder hüpfen auf dem buckeligen Pfad hinauf zur festungsähnlichen Anlage neben uns her. Mittlerweile geht unser Atem immer schwerer, die Schweißporen öffnen sich – die Wüste klebt. Doch die Mühen des Aufstiegs werden mit prächtigen Panoramablicken im orangefarbenen Licht der Abenddämmerung belohnt.

Id Aissa, die aus Bruchsteinen gebaute, extrem verschachtelte Stammesburg der Berber, gilt als eine der schönsten und am besten erhaltenen des Landes. Ihre Architektur vermittelt einen guten Eindruck von der Lebensweise der Bewohner, von denen die meisten freilich längst weggezogen sind. Raus aus dem steilen, beschwerlichen Gelände, fort in die modernen Wohnsiedlungen am Fuß der Berge, wo der Zugang zu Wasser und Strom ganzjährig gesichert ist.

Nach dem Abendessen am Ufer eines brackigen Wasserlochs inmitten der Oase treten Sänger und Tänzer auf. Hinter den Gürteln ihrer weißen Kutten stecken Krummschwerter, ihre spitz zulaufenden Babuschen wirbeln Sand und Asche auf. Wie Derwische kreisen die Männer um den Feuerplatz, so ausgelassen, dass ihre Turbane jeden Moment zu verrutschen und sich zu lösen drohen. Während unsere Gelenke schon vom bloßen Stillsitzen zu schmerzen beginnen.

In aller Frühe beginnt die längste Tagesetappe, ostwärts. Statt zu wandern, werden die Gäste stundenlang in den Jeeps durchgerüttelt. Im Vorbeifahren erblicken sie Frauen in bunten Kleidern, die riesige Reisigbündel schleppen; Männer in dunklen Kapuzengewändern, so genannten *djellabahs*, die einen hölzernen, von einem Esel gezogenen Handpflug in die knochenharte Erde drücken. Seit fünf Jahren, erklärt Monika, unsere Schweizer Begleiterin, hat es in der marokkanischen Sahara nicht mehr geregnet. Zwei weitere Jahre wird die Dürre anhalten, bevor, nach dem altbekannten Rhythmus der Natur, erneut eine siebenjährige Fruchtbarkeitsperiode beginnt. Später, im Flugzeug, werden wir in der Zeitung lesen, dass dieser Tage Mohammed VI., der marokkanische König, höchstpersönlich das Ministerium für islamische Angelegenheiten damit beauftragte, das Volk zum Gebet für Niederschläge aufzufordern.

Wir sehen Verkehrsschilder, die ins Nirgendwo weisen; verlassene Hütten aus morschen Ästen und mit löchrigem schwarzen Stoffdach. Wir begegnen ein paar Nomaden, die in der Nähe vereinzelter Brunnen ihre schlichten Behausungen aufgeschlagen haben. Es gibt immer weniger Wüstenbewohner, die sich das entbehrungsreiche, gar nicht lustige Zigeunerleben noch leisten können. Und immer mehr, die ihre Kinder zur Schule schicken und im Fremdenverkehr ein wenig Geld verdienen möchten.

Wir kommen an Städtchen vorbei, die auf Hügeln thronen und ihrer Farbe, ihrem Baustil nach der kargen Landschaft abgeschaut zu sein scheinen. Unser Weg führt vorbei an Häusern mit lehmiger Außenhaut, an kubistisch angeordneten Kasbahs, befestigten Wohnanlagen, die wie Trutzburgen am Fuß bizarrer Felsformationen kauern. Wir passieren Bergflanken, an denen mit weiß bemalten Steinen die Losung „Allah, Vaterland, König" in gigantischen arabischen Schriftzeichen ausgelegt ist. Und wir lauschen der Stille, die von Dieselmotoren zerquirlt wird.

Endlich, am vierten Tag, meine erste Wüste getreu der Imagination! Nichts als Sand. Sand in Form von Hügeln, Höckern, Buckeln, Kuppen, Wellen. Leider fegt der Wind so heftig über die siebzig Meter hohe Chigaga-Düne, dass sie sich bloß als trüber Schattenriss zu erkennen gibt. Im Nu dringen, trotz eng gewickelten Schals, Sand und Staub in Ohren, Nase, Augen und Mund. Keine Ahnung, wie wir inmitten dieses Gestöbers unsere Einzelschläferzelte aufschlagen, wie die Heringe im unsteten Untergrund Halt und wir selbst irgendwann Schlaf finden sollen.

Nur gut, dass sich der Sturm bei Anbruch der Dunkelheit legt. Nachts ist sie dann perfekt, die Stille, die sich mit Millionen Gestirnen ausstaffiert. Unter einem derart gesprenkelten Himmel, an dem vor lauter Sternen kein Sternbild mehr auszumachen ist, vergisst man die anstrengende Annäherung an das riesige „Meer ohne Wasser" – so nennen die Araber die Sahara, die vor dreihundert Millionen Jahren tatsächlich ein Ozean war. Man stolpert geradezu über die lose herumliegenden Brocken, die versteinerte Muscheln und Tintenfischkörper für die Ewigkeit gefangen halten.

Zur Feier des Abends formen unsere Begleiter ein Sandbett im Boden, erhitzen es mit brennendem Holz und legen einen Teigfladen in die Kuhle, die mit heißer Asche und Sand bedeckt wird. Nach knapp einer Stunde wird der runde Brotlaib herausgeholt, die Asche abgeschabt, das duftende Rad zerschnitten und brüderlich unter allen Anwesenden aufgeteilt.

Bei Sonnenaufgang grenzt das Wüstenszenario endgültig an die Perfektion der Vorstellung. Windstille, scharf geschnittene Dünenkämme, an deren geriffelten Flanken sich ein wunderbares Licht- und Schattenspiel darbietet. Zur Vollendung des beinahe unwirklich schönen Augenblicks treten plötzlich zwei Dromedare ins Bild, gefolgt von ihrem Treiber, der seine uns unbegreiflichen Kommandos zischelt. Nur eines stört das Wüstenidyll: das zigfache, fiebrige Klicken unserer Fotoapparate. Doch auch sonst ist die Sahara nicht frei von Wunden und Verletzungen. Wassermangel, Abholzung, Versalzung, Erosion und selbstverständlich ein paar tausend Wüstendurchquerer pro Jahr fordern ihren Tribut.

Die Strecke nach Zagora geht durch Wadis genannte Trockentäler, über die Salzkrusten des wasserlosen Ikhiri-Sees, der sich wie eine Fata Morgana im grellen Sonnenlicht spiegelt. Hier nimmt die Stille minutenlang eine grau-silbrige Tönung an, die in der Ferne in stumpfes Weiß übergeht.

In Zagora, einem Zentrum für touristische Wüstentouren, steht das berühmte Schild mit dem mulmig oder sehnsüchtig stimmenden Hinweis: „52 Tage bis Timbuktu". So lange braucht eine Kamelkarawane aus dem Süden Marokkos bis nach Mali. Eine Strecke, die Jeepinsassen sich nur schwerlich ausmalen können, nachdem sie sich direkt vor die Eingangstür eines Souvenirladens chauffieren ließen. Oder einfach nur auszusteigen brauchen, um in Ait Ouazik die zehntausend Jahre alten Felsgravuren zu studieren.

Unweit von hier steht das Haus des Marabouts. Zum Moussem-Fest, alljährlich im Mai, so erzählt Said, versammeln sich an diesem Ort die jungen Frauen aus der Umgebung und hoffen, jenen Traum zu träumen, der bald darauf Realität wird. So wie das für Fatima, die Schwester unseres Kochs, der Fall war. Sie hatte sich einen Gatten gewünscht, war zum Träumen nach Ait Ouazik gekommen und feierte kurz darauf Hochzeit.

Noch 160 Kilometer bis Ouarzazate, unserer Endstation. Letzte Nacht in der *hamada*, der Steinwüste. Vormittags marschieren wir ein

Stündchen durch das fruchtbare Tal des Draa. Wenn der längste Fluss Marokkos Wasser führt, gedeihen an seinen Ufern, wo Tausende von Menschen leben, zahllose Dattelpalmen. Letztes Mittagessen auf dem Teppichquadrat. Es scheint, als hätten sich Said und seine Helfer mit dem Tomaten-Paprika-Mais-Thunfisch-Salat und den Grillspießen heute besondere Mühe gegeben. Vor lauter Genuss verzögert sich einmal mehr die Abfahrt. Dann erneut die unmissverständliche Aufforderung: „Yallah! Yallah!" Zu allem Überfluss erleidet einer der Geländewagen innerhalb von zwei Stunden nicht weniger als drei Reifenpannen. Als wir Ouarzazate erreichen, ist es längst dunkel geworden. Höchste Zeit, die Sandreste aus den Haaren, der Kleidung, dem Gepäck, den Schuhen rieseln zu lassen. Die erste Dusche seit vier Tagen ist ebenfalls nicht übel.

(2001)

Marokko

Blauer Dunst mit Hamid

Unser Fahrer ist pünktlich, geradezu überpünktlich. Wir sitzen noch beim Frühstückskaffee, bei knusprigem Fladenbrot und leckeren Honigpfannkuchen, da betritt Hamid bereits den Innenhof unseres Ryads. Die Sonne scheint, zum ersten Mal seit drei kühlen Regentagen. Während er wartet, schaut Hamid mehrmals ungeduldig auf seine Armbanduhr, klopft nervös die Asche seiner Zigarette in den Pflanzenkübel neben dem mit Mosaik ausgelegten Wasserbecken. Dann gehen wir los, kreuz und quer durch Derb El Cadi, das noch still und verschlafen liegende Wohnviertel. Unter blauem Himmel ein erster Kapuzenmann, ein paar verschleierte Hausfrauen mit noch leeren Einkaufskörben, ein Eselskarren mit aufrecht darin stehendem Treiber – „le 4x4 marocain", sagt Hamid und lacht, wie er vermutlich immer lacht, wenn er seinen Gästen die lokale Variante eines Geländewagens erläutert.

Hamids Gefährt ist ein Jeep japanischer Herkunft. Es parkt in einer gewaltigen Pfütze auf dem Ben Salah-Platz, wo die aufgewecktesten Garküchenbetreiber schon früh mit dem Feuer spielen. Durch ein Gemisch aus Hitzedunst und Ofenrauch fahren wir hinaus aus der Stadt, Richtung Königspalast und Palmenhain, an vielen Marschierern, einigen Radfahrern, noch weniger Joggern und vereinzelten Autos vorbei. Links und rechts riesige Avenuen, schnurgerade und bis zu 13 Kilometer lang, beinahe menschenleer, bloß ein paar Ziegen, verloren auf graslosem Seitenstreifen, aber malerisch vor den schneebedeckten Atlas-Gipfeln im schräg einfallenden Morgenlicht.

An Baustellen nimmt Hamid den Fuß vom Gaspedal. Hier, auf weitem Gelände, würden neue Wohnviertel entstehen, dort Hotelanlagen, so groß wie zehn Fußballfelder, alles hinter übermannshohen Mauern versteckt, daneben der Vergnügungspark Oasiria, und alles „très, très cher", wie Hamid findet und missmutig lächelt.

Ein schöner, ein perfekter Morgen, eigentlich. Kein Gegenverkehr, kein Stau, keine Schlaglöcher, nur ab und zu ein knatternder Bus, der dunkle Rauchschwaden hinter sich herzieht und schnell überholt werden muss, was unser Fahrer mit elegantem Schwung erledigt. Nur Hamids rechte Hand bereitet mir eine Weile Sorgen. Ihr Zeigefinger vibriert auch dann, wenn es keine Zigarettenasche abzuklopfen gibt, und Hamids geballte Faust saust regelmäßig mit voller Wucht auf die Hupe in der Mitte des Lenkrads nieder, wenn irgendwo ein Hindernis sich zeigt, und sei es nur ein vermeintliches: eine Bushaltestelle, an der Passagiere warten, oder eine Lämmerherde auf einem Feld, die ängstlich davonstiebt, lange bevor wir auf ihrer Höhe sind.

Erst beim ersten Zwischenstopp merke ich, dass das Polster des Beifahrersitzes, auf dem ich Platz genommen habe, ganz feucht, fast nass ist. „Il y a pas de garage", erklärt Hamid. Der Wagen habe über Nacht draußen gestanden, er hätte vergessen gehabt, das Seitenfenster zu schließen. Leider ist auch keine alte Zeitung zur Hand, auf die ich mich setzen könnte. Dafür ist die Aussicht grandios, die Atlas-Gipfel sind zum Greifen nah und die Stellung der Sonne am Himmel ist ideal. Ein erstes Foto mit verfallender Kasbah im Vordergrund und marokkanischem Schnee wie eine Krone aus Puderzucker am Horizont. Hamid bittet um eine Zigarette. Dann fahren wir weiter, mit klammem Hintern unserem ersten Etappenziel entgegen, und mit einwandfrei funktionierender Hupe.

Lalla Takarkoust, der erste und bis heute größte marokkanische Stausee. In Msmis, dem angrenzenden Dorf, verlässt Hamid die Hauptstraße, biegt ab auf einen zum Kik-Plateau führenden Schotterweg. Fortan klopfen auch das asiatische Fahrgestell und die Achsen und die hintere Sitzbank, und bei jedem Schlag auf die Räder öffnet sich der Deckel des Handschuhfachs, und nach jedem Öffnen knallt Hamid ihn mit Schwung wieder zu. Oben angekommen, halten wir an, steigen aus und schauen hinunter auf die Wasserfläche, die fotogen in einem Bergkessel ruht und hübsch in der Sonne glitzert. Bevor ich die Kamera zücke, biete ich Hamid eine weitere Zigarette an, er stellt sich fingerzuckend in den Schatten des Jeeps, wir spazieren die paar Schritte zum nächstgelegenen Aussichtspunkt, drücken auf den Auslöser und gehen zum Wagen zurück.

Es ist erst kurz nach neun, der Tagesausflug soll bis in den späten Nachmittag dauern, das erste Drittel des Programms ist bereits abgehakt. Doch dann beginnt der Umweg nach Tahanaout: alles andere als eine Traumstraße durch den Hohen Atlas. Eher ein Schlingern über seifige Lehmpisten, ein ständiges Ausweichen vor den ärgsten, von den Niederschlägen der letzten Tage ausgewaschenen Kurven, knietiefen Fahrrinnen, riesigen Löchern und mächtigen Felsbrocken, die niemand von der Fahrbahn entfernen zu wollen scheint. Ab und zu sehen wir Hirten mit ihren Herden zwischen graslosem Geröll, einen einsamen Wanderer mit Baseballmütze und Regenmantel, noch einen Trupp Ziegen, noch eine blökende Großfamilie Schafe, die verängstigt das Weite sucht. Eine urzeitliche Landschaft, von biblischen Gestalten bevölkert. Dann ein Dorf, wo mitten auf der Straße ein zerfledderter Sonnenschirm steht; den Coca-Cola-Schriftzug kann man gerade noch lesen.

Zum Glück kommen wir irgendwann in die Nähe von Anzer, einem pittoresk oberhalb des Flusses Nfiss gelegenen Berberdorf. Die Häuser sind so erdig braun wie die Hänge und die schmalen Terrassen, auf die sie sich ducken, aber ihr Erscheinungsbild wird von lauter weißen Flecken gesprenkelt, die perfekte Kreise bilden. Das sind die Satellitenschüsseln auf den Dächern der Häuser von Anzer, und die Kinder der Bergbauern, die zu uns hochgekraxelt kommen, sprechen außer ihrem Berberdialekt auch ein paar Wörter Französisch. „Msjö", sagt der etwa zwölfjährige Junge, der sich Abjellil nennt, „donne-moi un dirham!" Auch die beiden Mädchen, die sich zunächst etwas zögerlicher nähern, fordern bald: „Donne-moi un stylo! Donne-moi un bonbon!" Später tauchen noch mehr Kinder auf, aber da sind uns die Münzen, die Kugelschreiber und Süßigkeiten längst ausgegangen, und wir setzen unseren Weg fort, während Abjellil und die anderen noch dastehen und uns hinterherwinken.

Der Weg nach Tahanaout: manchmal so schmal wie die Gleise einer Achterbahn, mit Abgründen so tief, dass kein Ende abzusehen ist. Im Tal plätschert der eiskalte Nfiss, manchmal kommen Kräne und Bagger ins Bild, die in der Talsohle an einer mehrspurigen Schnellstraße zum Takarkoust-See bauen. „Pour les touristes", erklärt Hamid und lacht, weil die Zukunft im Hohen Atlas ihm noch mehr Kunden und regelmäßige Beschäftigung bescheren wird. Gegen halb elf geht es zügiger voran, immer seltener öffnet das Handschuhfach seine Klappe. Dafür muss Hamid nun wieder häufiger die Hupe bedienen, als der Marktflecken Tahanaout in Sichtweite kommt.

Zweimal wöchentlich, immer dienstags und samstags, haben in Tahanaout die Esel und Mulis Vorfahrt vor den Bussen, den wenigen Privatautos und den hellbeigen, überfüllten Taxen, alten Mercedes-Benz, mit denen Händler und Käufer aus entfernteren Orten angereist kommen. In aller Frühe trotten die Lasttiere schwer beladen heran, liefern am Ortseingang, auf dem schief am Hang liegenden Platz, ihre Waren ab und werden anschließend auf dem nicht weniger schrägen Gelände hinter der letzten Reihe der im Wind flatternden Zelte und Planen an Pflöcke gebunden. „Le parking des ânes!", sagt Hamid, lacht und deutet auf die geduldig ausharrenden Tiere mit dem Strick am Bein, durch die Nase oder um den Hals. Zu Dutzenden, wenn nicht zu Hunderten stehen sie da, mit gesenktem Kopf. Nur gelegentlich kommt ein lang gezogener, mitleiderregender Laut aus einer heiseren Tierkehle. Noch seltener scharrt ein besonders ungeduldiger grauer Geselle drohend mit den Hufen, ohne dass jemand ihn beachtet. Auch um die erbärmlich blökenden Schafe, die auf einem Autodach festgebunden sind, kümmern die feilschenden, palavernden, Minztee trinkenden Männer in ihren braunen Filzumhängen sich nicht.

Für eine Tour durch den Matsch des aufgeweichten Areals benötigen wir etwas mehr als eine halbe Stunde. Von all den ausgelegten Waren, dem Obst und Gemüse, den unterarmdicken Möhren und kinderkopfgroßen Kartoffeln, den lebenden Hühnern und dem toten, bereits gehäuteten Fleisch, von den auf Kunststoffplanen ausgebreiteten Nüssen und Schuhen, den in Plastik eingeschweißten Handys und den längst aus der Originalverpackung gerissenen Elektronikgeräten, von den Secondhand-Kleidern und den von Berberfrauen gewebten Decken und Teppichen, von den Autoersatzstücken und den in dicken Bündeln angebotenen Telefonkarten – von all dem, was die Menschen im abgelegenen Gebirge des Hohen Atlas brauchen oder zumindest brauchen könnten und was auf dem Berbermarkt feilgeboten wird, sehen wir wenig bis gar nichts, höchstens dann und wann einen Zipfel. Zu sehr sind wir damit beschäftigt, auf unsere unsicheren Schritte zu achten und Hamid nicht aus den Augen zu verlieren. Folglich bemerken und spüren wir hauptsächlich den an unseren Schuhsohlen wachsenden Schlamm, die immer klobiger, immer schwerer und unkontrollierbarer werden. Nur gelegentlich noch erhaschen wir einen Blick auf den Hinterkopf von Hamid, der hier einen Bekannten begrüßt, dort über dem Gehen mit jemandem ein paar Worte wechselt, sich ab und zu von links oder von rechts eine Zigarette zustecken lässt.

Gegen zwölf fahren wir weiter. Der Weg nach Ourika, wo die Köche des Restaurants Ramuntcho mit dem Mittagessen warten, schlängelt sich durch ein enges, feuchtes Hochtal. Von den steilen Felswänden stürzt sich Schmelzwasser, das die Farbe von mit Sahne versetztem Blut hat. Auch der Fluss, dessen Ufer wir folgen und bei dieser Gelegenheit, auf Hamids Hinweis, einen der Zweitwohnsitze von Brigitte Bardot bestaunen können, ist von einem eigentümlichen pastellfarbenen Rot. Sogar die Katzen auf der Terrasse des Restaurants, wo wir uns zum Erstaunen des Kellners gegen Martini oder Campari und für ein Kännchen „thé à la menthe" entscheiden, sind wie von einer dünnen, hellen Rostschicht überzogen. Das Essen schmeckt trotzdem. Vor der letzten Etappe rauchen wir mit Hamid noch rasch eine Verdauungszigarette, dann steuern wir die Wasserfälle von Ouzoud an. Dass sie mehr als hundert Meter hoch und eine der bemerkenswertesten Naturerscheinungen des gesamten Atlas-Gebirges sein sollen, erfahren wir später aus einem Buch. Gesehen haben wir sie nicht, denn schon von weitem war Setti Fatma, wo aufdringliche Bergführer warteten, scheußlicher Krimskrams angeboten wurde und selbst ernannte Parkplatzwächter die Hand aufhielten, als Touristenfalle schlimmster Prägung zu erkennen.

Der Rückweg nach Marrakesch: ein Großmutterspiel, wie Skatbrüder sagen würden. Außer dass wir irgendwo auf der Strecke an einer Bude mit dem Schild „Info" anhalten, um uns mit Prospekten und anderem touristischen Material zu versorgen. Solches ist leider nicht vorrätig. Stattdessen könnten wir für vierzig Dirham, umgerechnet vier Euro, die Fotokopie einer Straßenkarte der Gegend um Ourika erstehen, was wir jedoch dankend ablehnen. Wenigstens ist der Beifahrersitz inzwischen wieder einigermaßen trocken.

Sechzehn Uhr, zurück auf dem Ben Salah-Platz in Marrakesch: Zum Dank für den aufschlussreichen Ausflug schenken wir Hamid ein Päckchen Zigaretten, woraufhin er uns irgendwann wiederzusehen wünscht, herzhaft lacht und „Inschallah!" sagt. So Gott will.

(2006)

Ägypten

In der Wüste Sinai

Die Aufforderung klang verlockend und vom gesundheitlichen Standpunkt aus sehr wohl überzeugend: Schreibe mit Wasser, dann wird deine Zeit fließen! Doch was ist in der Wüste von einem solchen Rat zu halten? Und was erst von diesen?
Schaff Schiffe heran, auf dass ein Meer entstehe! Ehr den Minister zur Förderung der Tugend und zur Vermeidung des Lasters! Leck mit gelochter Zunge über eine gebrannte Glatze! Lass den Bakshish fallen, denn er versengt dir die Hand!
Das alles vernahm ich an meinen drei einzigen Tagen in der Wüste Sinai. Seither zieh ich meine Unterhose mit der Öffnung nach hinten an. Seither träume ich die Träume eines Mannes mit Hut. Seither kenne ich das Begehren von Spinnen und Käfern, die es auf halbnackte Frauenbeine abgesehen haben. Seither weiß ich, wer die Namen der Sterne erfand und wem diese Namen gehören. Seither lobe ich, was ich mir vorher immer nur wünschen konnte.
Die Wüste selbst aber ließ ich zurück. Sie dauert an und muss folglich irgendwann seltsam werden, wie alles und jeder, der sich gegen Veränderung sträubt und um keinen Preis vom Fleck kommen möchte.
Das habe ich gelernt im Sand von Sinai, das habe ich mir nicht mit Wasser, sondern mit dem eigenen Blut hinter die Ohren geschrieben. Auch sie sind übrigens von Zeit zu Zeit nach hinten gedreht. Von dort spricht der Wind, der einem den Rücken stärkt. Aber von dort schleichen sich auch die gemeinsten Feinde heran.

(2001)

Ägypten

Kurz in Kairo

Vorbei an Palästen, Bauruinen, der Totenstadt, in der, wie es heißt, auch Lebende wohnen und Feste feiern. Auf einem anderen, dem ehemaligen Mamelukenfriedhof, verirren sich heute die bleichen Touristen. Oder sie halten sich zum Schutz an- und nah beieinander, gehen sozusagen Hand in Hand durch die Gassen des Souks, mit nur vorgetäuschtem Interesse an Blechklopfern, Kästchenschreinern und Silberhändlern, die niemand je wieder von hier vertreiben wird. Den Namen des Ortes bekommen sie erst später heraus, beim nachträglichen Studium des Stadtplans. Der Bazar heißt Khan el-Khalili. Geradezu fiebrig stellen sie fest, was sie dort alles nicht gesehen und folglich verpasst haben. Nach Luft ringend, stottern sie die Namen der angrenzenden Viertel und Gassen zusammen und blicken traurig zurück, als der Bus sich bereits in Bewegung setzt. Weißt du noch ...?

Aus Trotz haben die Händler ihnen, ohne dass sie es merkten, die Hand- und die Hosentaschen im Vorbeigehen vollgestopft, aus übertriebener Gastfreundlichkeit. Kurz vor der Erschöpfung präsentieren die Beschenkten nun einander die zwar unverhofften, aber auch rätselhaften Gaben: ein Karfreitagsei aus ägyptischem Marmor, ein aus Witwenwimpern geflochtenes Säckchen, ein Stück Rinde vom Baum, der nur im Schatten wächst.

Derart beglückt und verunsichert werden die Fremden an den nächsten Ort gebracht, fern von Kairo. Alles geht schnell, mit Obst und Gemüse und süßem Gebäck, viel zu schnell für die müden Leiber, die den hektischen Gedanken hoffnungslos hinterherhinken. Schon leuchtet das neue Ziel auf, diesmal inmitten der Wüste, die man nicht kennt, solang man nicht dort war. Und in die niemand sich freiwillig schicken lässt. Aber warum eigentlich? Dort spielen nämlich die Toten die schönsten Melodien auf ihren hohlen Gebeinen. Wackelige Engel blasen in Posaunen, die niemals verrosten werden. Rhythmisch knirscht der Sand unter den Sohlen unverbesserlicher Romantiker.

In Kairo ist solches Glück jedenfalls nicht zu finden. In Kairo rücken die Toten in ihren Schächten zusammen und machen Platz für die Lebenden. Für solch endgültige Entscheidungen aber schien uns die Zeit noch zu früh. Stattdessen reisten wir weiter, in korrekter Haltung, nur mit diesem leichten Stechen in der Brust, das jede Reise und manchmal, nein, sehr selten, auch die Heimkehr begleitet.

(2001)

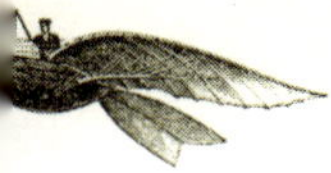

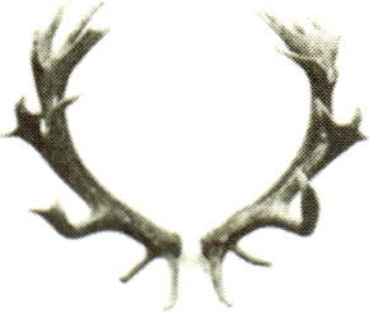

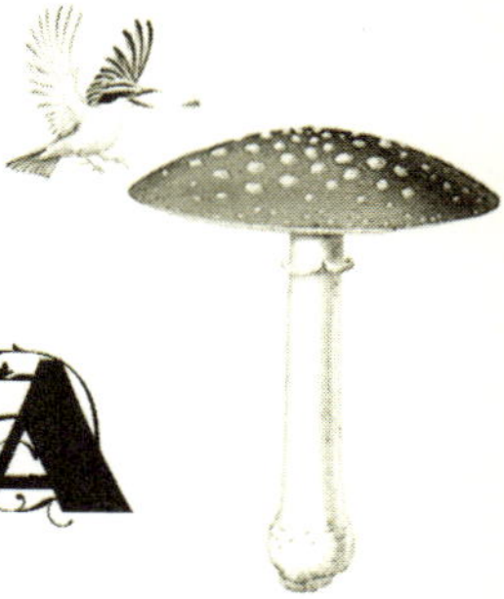

Europa

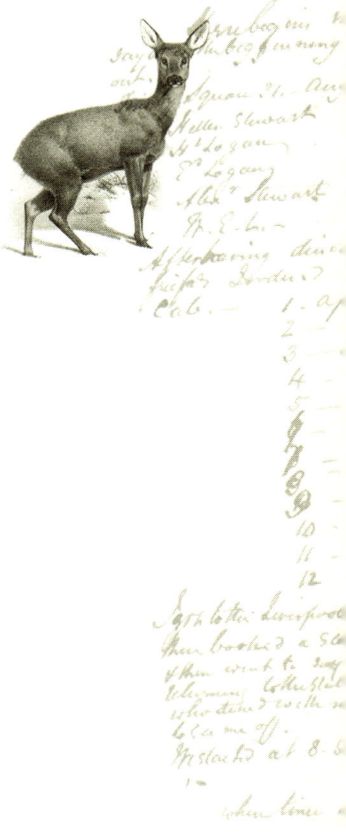

Spanien

Vormittags bei Charo und Kika

Am Abend zuvor hatte alles so leicht ausgesehen. Zunächst waren in dem Lokal im Herzen von Cádiz köstliche Sherry-Weine serviert und viele Portionen leckerer Tapas verdrückt worden. Irgendwann, es ging bereits auf Mitternacht zu, betraten vier junge Leute das hölzerne Podest: eine Tänzerin, ein Tänzer, ein Sänger, ein Gitarrenspieler. Mit ernsten Mienen nahmen sie auf den Bühnenstühlen Platz, dann drehte der Wirt das Licht herunter. Zur Einstimmung zupfte der Gitarrist eine Weile an den Saiten, der Sänger räusperte sich, der Tänzer rieb sich die Handflächen an den Hosenbeinen warm. Plötzlich ein Händeklatschen, und die Vorführung begann. Entschlossen ging die Sängerin in Position, hob trotzig das Kinn und winkelte beide Arme an. Wie ein Grollen schwoll die raue, heisere Stimme des Sängers an, dessen Gesicht sich vor Schmerz zu verzerren schien und der die Augen die meiste Zeit geschlossen hielt. Währenddessen vollführte seine Kollegin mit einer verwirrenden Mischung aus Hochmut und Laszivität die ersten Schritte, lupfte verführerisch ihren Rock und ließ ihre gespreizten Finger kräuselnde Arabesken in die Luft zeichnen. Beim nächsten Lied wirbelte sie die Rüschen und Volants ihres Kleides auf, galoppierte ein paar Meter weit stutenhaft über die Bühne und stampfte schließlich so fest und ungestüm mit den Füßen, dass die Gläser auf dem Tresen zu wackeln begannen.

Das alles wirkte so einfach, wie selbstverständlich. Bald ging ein Raunen durch das Publikum, ein erstes zaghaftes „¡Ay!" war zu hören. Kurz darauf wurde immer lauter, immer begeisterter „¡Olé!" gerufen. Allmählich liefen die Tänzerin und nach ihr der Tänzer und auch der Sänger und der Gitarrist der Gruppe zur Hochform auf, und erst lange nach Mitternacht ging die Show in der Taberna Flamenca

La Cava zu Ende. Es war eine Demonstration überschwänglicher Lebensfreude und unbändigen Glücks gewesen, in die sich freilich immer wieder auch der Ausdruck von Verzweiflung und Trauer, von Wut und Zorn gemischt hatte. Aber dieser vermeintliche Widerspruch der Gefühle macht nun einmal das tiefere Wesen des Flamenco aus. Jener typisch südspanischen Folklore aus Gesang, Tanz und Gitarrenspiel, die neben Sonne, Strand und Stierkampf zu den altgedienten und hartnäckigsten Klischees über Andalusien zählt.

Wer allerdings einen intensiveren Blick hinter dieses Klischee riskiert, kann rasch in eine knifflige Lage geraten. Wie jene Gruppe aus zehn Damen und einem Herrn, die aus nördlicheren Gegenden in die Provinz Cádiz gekommen ist, um durch persönliche Anschauung wenigstens einen Zipfel des Mysteriums Flamenco zu lüften. Am Morgen nach der hinreißenden Vorführung im *tablao*, wie die einstigen *cafés cantantes* heute genannt werden, stehen die Herrschaften am Rande der Altstadt von Cádiz vor dem Tor eines ehemaligen Waffenlagers und müssen sich von Kika, einem spitzzähnigen Hündchen, anknurren lassen. Vor acht Jahren hat Charo Cruz, Kikas Frauchen, in diesem gewölbten Teil der ehemaligen Stadtmauern von Cádiz ihr Tanzstudio Cibayi eröffnet. Der Name stammt aus der Sprache der Zigeuner und bedeutet „wunderbar". Der Hund wacht darüber, dass keine ungebetenen Gäste den mit einem riesenhaften Spiegel, mehreren Ventilatoren, einem abgewetzten Sessel und einer Holzbank eher karg eingerichteten Raum betreten. Und das Verblüffendste: Kika schlägt jedesmal an, wenn anderthalb Übungsstunden vorbei sind und eine kurze Verschnaufpause angesagt ist.

Ein tiefes Durchatmen haben die Flamenco-Neulinge nach ihren ersten tapsigen Tanzversuchen dann auch bald nötig. Denn kaum hat Charo sie aufgefordert, sich in Zweierreihen vor dem großen Spiegel aufzustellen, ist die am Vorabend beim Flamenco-Spektakel so bewunderte Leichtigkeit dahin. „Uno y dos – tatatí-totán", ruft die Lehrerin, doch schon bei den einfachsten Schritten verheddern sich die Füße. Auf einmal verwechselt man unbegreiflicherweise die

Himmelsrichtungen und kann sich – „Y uno, dos y tres, golpe y golpe" – nicht einmal mehr die simpelste Schrittfolge merken.

Mit der Zeit offenbaren sich die wahren Talente und bewegen Beine, Hüften und Schultern schon recht geschickt, während alle anderen nach wie vor über ihre eigenen Füße stolpern und sich fragen, wieso die Übungsleiterin auf Schuhen mit Leder- statt Plastiksohlen bestanden hat, wo doch die 180-Grad-Drehung auf dem blank gescheuerten Parkett sowieso nicht funktioniert. Und überhaupt: Wieso wurden uns eigentlich nicht längst Kastagnetten ausgehändigt? „¿Castañetas?", fragt Charo ungläubig lachend. Bei den Gitanos, sagt sie, den Zigeunern, die als die Erfinder des Flamenco gelten, sei dieses in Souvenirläden massenhaft angebotene Zubehör verpönt. Eine echte *bailaora*, eine wahre Tänzerin, akzeptiere niemals diesen lächerlichen Ersatz für das rhythmische Händeklatschen ihrer Mitspieler, den *toque de palmas*, das sei undenkbar. Also noch so ein Klischee, von dem wir uns in den kommenden Tagen auf unserer Flamenco-Reise durch den äußersten Südwesten Spaniens verabschieden müssen.

Nicht weniger als sieben Routen zum Thema Flamenco wurden in den letzten Jahren von den andalusischen Tourismusverantwortlichen ausgearbeitet. Sie führen von Almería und Granada im Osten über Málaga, Córdoba und Sevilla bis nach Cádiz und in die Provinz Huelva an der portugiesischen Grenze, informieren über die Geschichte des Flamenco, seine herausragenden Persönlichkeiten und wichtigsten Stätten. Vor allem machen sie mit den fast vierzig verschiedenen *palos*, den Gattungen des Gesangs, bekannt, die – wie die Alegría de Córdoba, die Bulería de Cádiz, der Fandango de Almería und die Seguiriya de Jerez – häufig nach den Orten ihrer Herkunft benannt sind. Ein schier unerschöpfliches, von den Spezialisten mit wissenschaftlicher Akribie beackertes Themenfeld demnach, dem sich landauf landab nicht nur unzählige Musikfestivals und Gesangswettbewerbe widmen. Auch regelmäßig abgehaltene Fachseminare und Kongresse sowie eine höchst anspruchsvolle

Buchreihe, die vom andalusischen Kulturrat und dem *Centro Andaluz de Flamenco* herausgegeben wird, befassen sich mit dem Sujet.

Dieses Zentrum ist mit seinen beiden Lehrstühlen für Flamencologie im Palacio de Pemartín, einem ehemaligen Adelshaus, in Jerez de la Frontera, der Stadt der andalusischen Hofreitschule und der renommiertesten Sherry-Produzenten, untergebracht. Und es ist eines der Etappenziele auf der Route Nummer eins, die sich den Ursprüngen der *bajañi*, der Flamenco-Gitarre, widmet. Paco Benavent, ein gebürtiger Katalane, arbeitet seit 17 Jahren in dieser angesehenen Institution. Wer ihm aufmerksam zuhört, ist bald davon überzeugt, dass er die 2.500 Schellack-Platten, die 1.500 Stunden auf Video, sämtliche Fachbücher aus der Institutsbibliothek und alle 90.000 archivierten Flamenco-Lieder einzeln studiert und analysiert hat.

Doch auf die häufig gestellten und bislang nicht eindeutig geklärten Fragen über den Ursprung des Flamenco und die Bedeutung seines Namens weiß auch Señor Benavent keine schlüssige Antwort. Angeblich brachte ein im 15. Jahrhundert aus Indien kommendes Nomadenvolk seine Musik mit nach Spanien, wo diese sich mit andalusischer Volkskunst, islamischen Gesängen und jüdischen Traditionen vermischte. Flamencologen behaupten, sowohl im Tanz als auch im Gesang hinduistische, byzantinische und muslimische, ja sogar keltische Elemente entdeckt zu haben. Die ersten Gitarristen, die Flamenco im engeren Sinn spielten, stammten indes nachweislich aus Andalusien: José Patiño González wurde 1829 in Cádiz geboren, Julián Arcas drei Jahre später in Almería.

Noch geheimnisumwitterter ist die Herkunft des Wortes Flamenco, über die sich die Fachleute seit zweihundert Jahren streiten. Eher kurios mutet die Hypothese an, die besagt, der Name stamme vom Flamingo ab, da die hochgewachsenen Sänger mit ihren kurzen Jäckchen und schmalen Taillen an ebendiesen Vogel erinnerten. Anderen Experten zufolge glaubte man früher, die Gitanos seien aus Flandern eingewandert, weshalb man sie als *flamencos*, Flamen, bezeichnete. Am glaubwürdigsten aber erscheint die Theorie des

Schriftstellers Blas Infante: Er meinte, Flamenco sei von der arabischen Bezeichnung für umherziehende Bauern, *felah-mengus*, abgeleitet worden.

Am nächsten Vormittag, bei Charo und Kika, spielt das unentwirrbare Konglomerat aus Legenden, Erinnerungen, Halbwahrheiten und Erfindungen keine Rolle mehr. Auf dem Programm stehen Sevillanas, die schlichtesten aller andalusischen Tänze. Doch auch sie sind noch kompliziert genug. Denn zu den Schrittfolgen kommen jetzt zusätzlich die Bewegungen der Arme und Hände sowie die Versuche, sämtliche Verdrehungen und Verrenkungen des Körpers irgendwie harmonisch zu koordinieren. „Detrás, al lado, delante y planta y golpe detrás" – rückwärts, seitwärts, vorwärts, flach auftreten und dann mit der Fußspitze am Ende des Spielbeins kräftig aufschlagen. An Ehrgeiz mangelt es unserer Vortänzerin jedenfalls nicht. Offensichtlich will sie uns an drei Halbtagen beibringen, wofür sie sich mit ihren Schülern üblicherweise mehrere Wochen oder gar Monate Zeit nimmt. Während das Hündchen auf dem Sessel kauert und nur darauf zu warten scheint, endlich zur nächsten Pause bellen zu dürfen.

Zu unserem Schnellkursus gehört auch ein Besuch in der Heimatstadt jenes Sängers, der dem Flamenco – zusammen mit dem weltbekannten Gitarristen Paco de Lucía, auch er ein gebürtiger Andalusier – in den 1970- und -80er-Jahren zu seiner ungeahnten Renaissance verhalf: José Monge Cruz, Camarón de la Isla genannt, vielleicht der größte Sänger des Flamenco überhaupt. Er wurde 1950 als sechstes von acht Kindern in einfachsten Verhältnissen in San Fernando geboren, einer Kleinstadt zehn Kilometer östlich von Cádiz. Als der Achtjährige mit seinen frühesten Auftritten die ersten Peseten für die inzwischen vaterlos gewordene Familie zu verdienen begann, befand sich der Flamenco an einem Wendepunkt. Nachdem die Stilrichtungen seit den 1920er-Jahren zunehmend verwässert waren und sich mit den umstrittenen Flamenco-Opern dem zweifelhaften Geschmack des Massenpublikums angepasst hatten, wuchs nun eine neue Generation heran, die sich einerseits auf die Tradition und Authentizität zurückbesann, andererseits aber auch Elemente anderer Musikrichtungen wie Jazz und Rock aufnahm. Sie schuf die Basis für den *nuevo flamenco*, der seither weltweit Erfolge feiert.

Zu Ehren von Camarón de la Isla, der 1992 an Lungenkrebs starb, ist in San Fernando längst eine eigene touristische Route angelegt worden. Sie beginnt in der Gaststätte Venta de Vargas, einem wahren Heiligenschrein, in dem Unmengen von Fotos, Plakaten und anderen Devotionalien ausgestellt sind. In diesem Lokal schloss der Halbwüchsige, der eigentlich Stierkämpfer werden wollte, Freundschaft mit den Größten der Flamenco-Zunft. Hier begann noch zu Lebzeiten sein eigener Aufstieg in den Flamenco-Himmel. Draußen, auf dem Platz vor der Bar, wurde ihm ein überlebensgroßes Denkmal errichtet. Es wird an Opulenz nur von dem bombastisch-kitschigen Mausoleum übertroffen, das den städtischen Friedhof von San Fernando zu einer Pilgerstätte gemacht hat.

Manuel, Camaróns älterer Bruder, scheint dagegen ein wenig die Lust an der seit Jahren betriebenen Verherrlichung des Sängers verloren zu haben. Wortkarg, missmutig fast, empfängt er die Besucher in der kleinen Schmiede und den angrenzenden Wohnräumen eines unscheinbaren Hauses im Callejón del Carmen, wo die vielköpfige Familie einst auf engstem Raum hauste. Im Takt der Hammerschläge und dem Dröhnen der Ambosse soll Camarón sein untrügliches Rhythmusgespür entwickelt haben; im winzigen Innenhof fanden jene Feste statt, auf denen der später als Genie Gefeierte gemeinsam mit seiner Mutter seine ersten *palos* sang. An den niedrigen Wänden hängen Poster von seinen ersten Auftritten mit Paco de Lucía; eine Schuhsammlung ist ebenso zu bestaunen wie das Kinderbett, in dem Camarón noch schlafen musste, als er beinahe schon erwachsen war.

Höchste Bewunderung wird dem *cantaor* aus San Fernando ebenfalls in den Räumlichkeiten der Peña Camarón de la Isla, unweit des Friedhofs, zuteil. Weitere Bilder, noch größere Plakate, feierliche Reden. Zuletzt werden sogar vom Bürgermeister höchstpersönlich unterzeichnete Diplome an die Gäste verteilt, als bleibende Erinnerung und als Auszeichnung dafür, dass sie die „Ruta Camarón de la Isla" tatsächlich bewältigt haben.

Abends steht die nächste Tanzvorstellung an. Diesmal hat man uns ins Restaurante El Chato geladen, das unmittelbar am Atlantik liegt, am Rand der Salinen zwischen San Fernando und Cádiz. Nach dem Dessert treten zwei Tänzerinnen in langen, bunt gemusterten Kleidern auf, ein Tänzer im dunklen Anzug mit Bauchbinde, ein unerhört jugendlich wirkender Sänger und ein Musiker, der sein Instrument auf eine Art behandelt, bei der stoische Gleichgültigkeit jeden Moment in ekstatische Hingabe umschlagen kann. Zwar konnten die Wissbegierigen aus Mitteleuropa sich bislang nur rudimentäre Kenntnisse über die Essenz des Flamenco aneignen, doch schon meinen sie, erste Unterschiede in der Darbietung erkennen zu können. Steppt die Schwarzhaarige nicht noch eine Spur rasanter und ausdrucksvoller als neulich die mädchenhafte Schöne aus Cádiz? Wirken die Gesten des Caballero nicht doch ein bisschen ausgereifter, gekonnter als die seines Kollegen in der Taberna La Cava? Und bewegt die große Blonde ihre Handgelenke nicht ein Quäntchen graziler als ihre Vorgängerinnen?

Lauter Details, die sich bei unserem nächsten Aufenthalt in Charos Studio prompt jeglichem Nachahmungsversuch widersetzen. Denn am dritten Übungstag hat sich die Tanzlehrerin, wie uns scheint, eine besonders perfide Aufgabe für uns ausgedacht. Statt den Rhythmus wie bisher über getragenen Sprechgesang vorzugeben, schaltet sie unvermutet den Kassettenrekorder ein, ganz nah an den Ohren von Kika, der deswegen aber nicht die geringste Miene verzieht. Umso ungehaltener reagiert der einzige Mann aus der Klasse, als die ersten Gitarrenklänge aus den Lautsprechern plätschern. Er hat noch nicht einmal eine ungefähre Skizze der Schrittfolge im Kopf, und nun soll er diese bereits zu Musik und mit erhöhter Geschwindigkeit auf dem Tanzboden umsetzen – unmöglich! Nicht so für die begabtesten seiner Begleiterinnen. Mit erstaunlicher Eleganz und sich von ihrem

Gefühl leiten lassend, kreisen sie umeinander, drehen Hände und Finger und werfen sich zuweilen herausfordernd in die Brust. Genauso, wie Charo es ihnen vormacht. Und ganz so, als hätten sie nachts heimlich an der Perfektionierung ihres Könnens geübt. Während der männliche Kursteilnehmer die Sache von der technischen Seite angehen zu müssen glaubte – und damit schlichtweg gescheitert ist.

Ein wenig betrübt sitzt er folglich im Bus nach Algodonales, einem der weißen Dörfer am Abhang der Sierra de Lijar. Hier lebt Valeriano Bernal, Jahrgang 1938, der vorgibt, ebenfalls nicht besonders gut Flamenco tanzen zu können, aber als Gitarrenbauer weltweites Renommee genießt. Auch er war ein Frühbegabter wie Camarón, mit gerade einmal acht Jahren baute er sein erstes Instrument. Mit 19 Jahren und sozialistischer Gesinnung heuerte er, auf der Flucht vor dem Franco-Regime, auf einem norwegischen Öltanker an und bereiste bis 1962 die Weltmeere, immer mit ein paar Saiten im Gepäck, überall auf der Suche nach Holz, das sich für den Gitarrenbau eignete. Als der Generalísimo 1975 starb, kehrte Valeriano nach Algodonales zurück und eröffnete eine Werkstatt, in der bis heute seine ganze Familie beschäftigt ist. „Alle wollen essen, also müssen auch alle mithelfen", sagt Bernal, die Söhne und die Töchter, die Schwiegersöhne und Neffen.

Zu den Kunden des Hauses zählen die berühmtesten zeitgenössischen Gitarrenspieler, doch Valeriano Bernal ist ein bescheidener Mann geblieben. Für Paco, Manolo, Alejandro und alle anderen habe er gearbeitet, antwortet er auf die Frage nach seinen bekanntesten Auftraggebern, ohne Nachnamen zu nennen. Denn sie sind ihm alle gleich lieb, wichtig und teuer, die Stars wie die Namenlosen. Und wie viele Gitarren sind in all den Jahren unter seinen Händen entstanden? – „Keine Ahnung!", erwidert er mit einem Schulterzucken, aber bestimmt nicht mehr als ein paar Dutzend, denn mit manchen Stücken sei er gut und gerne ein ganzes Jahr lang beschäftigt gewesen. – Und worin liegt das Geheimnis seiner Kunst? Das behält der kleine Mann schön für sich, denn es ist sein Geschäftskapital. Und überhaupt: Statt sich lang und breit über die Beschaffenheit der geeignetsten Hölzer, über Resonanzen, mathematische Berechnungen und das absolute Gehör auszulassen, holt Valeriano Bernal viel lieber das Album mit den Fotos seiner Enkelkinder. Auf die ist er offenbar wirklich stolz. So als stelle der Umstand, einer der letzten privaten Hersteller hochwertiger Flamenco-Gitarren zu sein, nun wirklich nichts Besonderes dar.

Wichtiger nehmen sich da schon die Herren in Sanlúcar de Barrameda und Puerto de Santa María, die sich der Pflege und Förderung der klassischen andalusischen Folklore verschrieben und aus diesem Grund zahlreiche *peñas*, Privatvereine, gegründet haben. Auch in diesen Städten an der Bucht von Cádiz standen Wiegen des Flamenco, dessen Erbe in den verschiedenen Lokalen weiterlebt. Häufig handelt es sich um einfache, von außen völlig unscheinbar wirkende Gaststätten, in denen man sich beköstigen lassen und, mit etwas Glück, Zeuge einer spontanen Flamenco-Aufführung werden kann. Gerade in dieser Umgebung erweist sich der Flamenco am volkstümlichsten, fern jeder Kommerzialisierung und bar des Versuchs, ihn für touristische Erwartungen aufzubereiten. Hier, und nur hier, kann es passieren, dass der blinde junge Mann, der eben noch auf der Straße mit gellender Stimme Lotterielose feilbot, plötzlich das Lokal betritt, sich hinter der Theke hervor die Gitarre reichen lässt und ein improvisiertes Konzert darbietet, das die zufällig Anwesenden augenblicklich zum Verstummen bringt.

Charo hingegen, unsere gestrenge Lehrerin, wird zum Abschied regelrecht gesprächig. Am letzten Vormittag erzählt sie erstmals von sich und ihrer „unerschütterlichen Liebe" zum Flamenco und nennt die Eigenschaften, die eine gute Flamenco-Tänzerin, einen echten *bailaor* ausmachen: ein Gespür für Rhythmus, eine gewisse Körperharmonie und vor allem die Fähigkeit, „Gefühle zu zeigen und die Aggressionen, die in jedem von uns wohnen, freizulassen". Spätestens in diesem Moment wissen wir, dass auch Kastagnetten uns nichts genützt hätten.

(2004)

Spanien

Kein Platz für Königsmörder

Aus Murcia zu stammen, war lange Zeit nicht wirklich ein Privileg. Einst hatte König Karl III. unmissverständlich erklärt, er wolle in seinen Diensten „weder Zigeuner noch Murcianer noch sonstige Leute von schlechtem Lebenswandel sehen". Ein weiterer, sprichwörtlich gewordener Satz unterstellte den Bewohnern der kleinen Region im spanischen Südosten sogar eine gewisse Verschlagenheit. In ihren Reihen, so behauptete man, würde nicht einmal der Mörder des Staatsoberhaupts sonderlich auffallen. „Mata al rey y vete a Murcia", hieß es: Schlag den König tot und geh nach Murcia.

Solch zweifelhafter Ruf führte dazu, dass bei der Bildung der autonomen Regionen um 1980 keiner der Nachbarn Murcia zugeordnet werden wollte und die gesamte Region folglich nur aus einer einzigen Provinz besteht: eben der Provinz Murcia. Dabei ist dies keineswegs eine verachtenswürdige Gegend, im Gegenteil. Königsmördern begegnet man heutzutage zwar eher selten, dafür gilt der murcianische Boden immer noch als einer der fruchtbarsten Europas. In den *huertas*, den Gärten entlang der Flüsse, Bäche und Kanäle, wachsen Palmen und gedeihen Zitronen, Artischocken, Paprika, Tomaten, Melonen und Mandeln so vortrefflich, dass jährlich mehrere Ernten eingefahren werden und Exporte in die ganze Welt möglich sind.

Zu verdanken ist dieses üppige Wachstum hauptsächlich den Arabern. In den Jahrhunderten ihrer Herrschaft über Südspanien machten sie sich mit ausgeklügelten Bewässerungssystemen nachhaltig um die lokale Landwirtschaft verdient. Eine Leistung freilich, die bei den Anforderungen einer neuzeitlichen Branche wie dem Tourismussektor kaum ins Gewicht fällt. Prestigeträchtiger sind da schon die Relikte aus nicht nur muslimischer Vergangenheit.

Zwar verfügt die von der Sonne verwöhnte Region Murcia mit der 250 Kilometer langen Costa Cálida über einen direkten Zugang zum Mittelmeer, doch ihr Hinterland abseits von Mazarrón und La Manga ist den Urlaubern weitgehend unbekannt. Lorca, Cartagena, die Hauptstadt Murcia – noch vor wenigen Jahren galten diese Städte als wenig prickelnde Reiseziele. Inzwischen jedoch kann man gerade hier der Zukunft bei der Arbeit zusehen. Ein neuer internationaler Flughafen soll unabhängig machen von den Landebahnen im achtzig Kilometer weiter nördlich gelegenen Alicante. Ein um *agroturismo*, Wellness-Ferien, Sprach-, Städte- und Kulturreisen erweitertes touristisches Qualitätsangebot wurde ausgearbeitet. Das alles und noch einiges mehr wird die Region Murcia nach Ansicht der Fremdenverkehrsmanager in den nächsten Jahren zu einer ernsthaften Alternative zu den hinlänglich bekannten Konkurrenten im eigenen Land machen.

An nicht wenigen Orten hat das offensive Buhlen um Kundschaft längst begonnen. Gerade dort, wo Strand und Meer als Attraktion fehlen, hat man sich auf die Vergangenheit besonnen und wuchert mit den Pfunden einer ungemein abwechslungsreichen Geschichte, in deren Verlauf Römer, Phönizier, Byzantiner und Karthager um das Territorium stritten und auch spätere Eroberer vielfältige Spuren hinterlassen haben. Über Land wimmelt es geradezu von Tempeln, Schlössern, Burgen, Kirchen und Palästen, in denen in diesen Tagen so viel Aufbruch herrscht wie nie zuvor.

Dabei wissen die Verantwortlichen genau, dass heutige Besucher sich nicht mehr mit dem Betrachten antiken bis mittelalterlichen Mauerwerks, mit dem Bestaunen bröckelnder Fassaden und eingefallener Glockentürme begnügen. Derartige Schätze wollen zeitgemäß in Szene gesetzt werden, am liebsten multimedial und interaktiv. Genau das geschieht. Mit dem Resultat, dass in den größeren wie den kleineren Orten der Region, die ehemals die Grenze zum maurischen Königreich Granada bildete, eifrigst gebaggert, gehämmert und genagelt wird. Fast monatlich eröffnen derzeit Interpretations-

und Besucherzentren wie beispielsweise das im Kloster La Merced in Lorca. Regelmäßig werden neue Museen ihrer Bestimmung übergeben, aufwändig renovierte Monumente eingeweiht.

Wer keine aufpäppelbaren Sehenswürdigkeiten zu bieten hat, erfindet sich seine Folklore einfach neu. So geschehen in Cartagena, wo das teilweise schon verschütt gegangene Erbe einer der wichtigsten Städte der *Hispania Romana* wiederbelebt und inzwischen alljährlich mit der für Spanien typischen Mischung aus Geschichtsbewusstsein und Unterhaltungstrieb zelebriert wird: mit der Nachstellung jenes Kampfes, den die Karthager um 200 v. Chr. den einfallenden Römern lieferten.

Vor rund zwanzig Jahren waren das ehemalige Cartago Nova und sein Umland eine proletarisch-düstere Industrielandschaft, in der Ölraffinerien, Düngemittelerzeuger und zahlreiche andere chemische Fabriken für rekordverdächtige Luftverschmutzung sorgten. 1985, als die seit Römerzeiten aktiven Blei- und Silberminen endgültig dichtgemacht hatten, lag die Arbeitslosenquote in Cartagena bei schwindelerregenden fünfzig Prozent. Auch die Werften gerieten in die Krise, der wichtigste Militärhafen Spaniens verlor an Bedeutung, das Selbstwertgefühl der Menschen geriet gehörig ins Trudeln. Bis 1989 jemand sich der Vorfahren entsann, die mehr als zweitausend Jahre zuvor hier gegeneinander gefochten hatten. Seit 1990, jeweils in der zweiten Septemberhälfte, ziehen zehn Tage lang rund fünftausend kostümierte Bürger durch ihre Stadt. Auf der einen Seite karthagische Krieger in Lederwesten und Tierfellen, mit Bronzehelmen und breiten Gürteln; auf der anderen stolze Soldaten, tanzende Jungfrauen und elegante Priesterinnen aus Rom – ein Massenspektakel, das Anspruch auf historische Authentizität erhebt und regelmäßig mit herzzerreißenden Verbrüderungsszenen an unzähligen Biertheken endet.

Wer mit der Fiesta größere Andacht verbinden möchte, sollte sich in den Norden der Region Murcia begeben, Richtung Vera Cruz. Dorthin, wo die Menschen sich früher am Sonntagnachmittag aus purer Langeweile erhängten, wie der dorther stammende Schriftsteller

Castillo Puche einmal böse behauptete. Ein Fragment vom „wahren Kreuz", an das Jesus von Nazareth angeblich genagelt wurde, wird seit dem 13. Jahrhundert in dem Städtchen Caravaca verehrt. Seit 1998 zählt der Ort, dessen Name „Kuhgesicht" bedeutet, mit Rom, Jerusalem, Santiago de Compostela und Santo Toribio de Liébana in Kastilien zu den fünf heiligen Städten der Christenheit. Seit 2003 darf es *in perpetuum*, also bis in alle Ewigkeit, jedes siebte Jahr sein Jubeljahr feiern und an bestimmten Tagen den Pilgern den „vollkommenen Ablass" gewähren. Rauschende Feste, pompöse Umzüge und gastronomische Wettbewerbe gehören zu den religiösen Feierlichkeiten so selbstverständlich dazu wie die Wundertaten des doppelarmigen Kreuzes, mit dessen Hilfe sich sogar Wein in Wasser zurückverwandeln lässt.

Großstädtischer geht es derweil in Murcia zu. Knapp 400.000 Einwohner zählt die Metropole; seit 1995 verfügt sie zudem über ein modernes Kongresszentrum und einige andere Bauten, für die zeitgenössische Stararchitekten wie Rafael Moneo und Santiago Calatrava engagiert wurden. Mit Stolz verweisen die Einheimischen auf diese Errungenschaften, deren Nutzen sie gerne mit Gästen teilen. Nicht zu vergessen all die hübschen bis spektakulären Barock- und Renaissancegebäude in Murcia, die jüngst herausgeputzt und für die touristische Zukunft der Region hergerichtet wurden. Diese wird so sehnlich herbeigewünscht, dass die am Stadtrand im Eiltempo aus dem Boden gestampften neuen Wohnviertel und die innerhalb eines Jahres um 21 Prozent gestiegenen Immobilienpreise darüber glatt vergessen werden.

Nicht jeder indes teilt den unerschütterlichen Fortschrittsglauben. Ein Spaziergang durch die engen, schattigen Gassen der Altstadt erinnert daran, dass die Fülle der voller Optimismus angegangenen Projekte, all die Bau- und Expansionspläne und das damit einhergehende knapper werdende Land im vermeintlichen „Paradiesgarten" auch Probleme aufwerfen. Ein kritischer Zeitgenosse hat mit blutroter Farbe vier Wörter auf eine Hauswand gepinselt: „La huerta se muere" – der Garten stirbt. Sie lassen ahnen, dass nicht alle Murcianos von der Aufwertung ihrer Heimat durch den Tourismus profitieren werden. Doch einstweilen hat niemand die Mahnung weggewischt.

(2003)

Spanien

Wie aus der Zeit gefallen

Kurz hinter Tavascan endet die asphaltierte Straße. Noch ein paar enge, holprige Kurven, dann steht man vor einem Gatter. Von da an geht es nur noch steil bergauf, über Geröll und durch Bäche, in denen das letzte Schmelzwasser von den umliegenden Pyrenäengipfeln zu Tal gurgelt. Ein einsames Hinweisschild, mit der Hand auf ein Stück Holz gemalt und an einen Baum genagelt: *Noarre*. Doch irgendwann schafft auch der robusteste Geländewagen den Aufstieg zu dem entlegenen Bergdorf nicht mehr. Hinter einer Barriere aus ungehobelten Stämmen beginnt ein schmaler Pfad durch Wald und Gebüsch. Man stolpert über kopfgroße Kieselsteine und freiliegendes Wurzelwerk. Feuchtes Moos und saftige Grasmatten schmatzen unter den Sohlen. Am Ende des Fußwegs, im Schatten einer windschiefen Mauer, hockt Salvador Sarrado und saugt an einem Zigarrenstumpen. Zu seinen Füßen Pita, der Hund. Auf einer Wiese am Hang eine kleine Ziegenherde, die beim Näherkommen der Fremden meckernd die Flucht ergreift.

Jaques jedoch, wie der Siebzigjährige mit dem hier noch gebräuchlichen Hausnamen heißt, freut sich über die unverhofften Besucher. Sie bringen ein wenig Abwechslung in den Alltag des Schäfers, dem gewöhnlich nur seine Tiere Gesellschaft leisten. Denn Noarre ist, wie so viele Orte im Norden der katalanischen Provinz Lleida, die meiste Zeit ein Geisterdorf. Verwinkeltes und Verwackeltes, Bilder, wie aus der Zeit gefallen. Ein Dutzend Häuser zwar, aus Granitstein stabil gebaut und mit Schiefer gedeckt, doch die einstigen Bewohner sind längst fortgezogen. Höchstens im Sommer kommen die neuen Besitzer für ein paar Wochen aus Barcelona, Valencia oder Madrid hierher, genießen die Abgeschiedenheit und den Blick auf die spektakulären Kaskaden, werkeln an ihren renovierungsbedürftigen Feriendomizilen und ziehen alsbald wieder ab. Zurück bleibt Jaques, der seit einem halben Jahrhundert in dieser pastoralen Landschaft, zwischen dramatischen Felspyramiden Schafe und Ziegen hütet. Ein eigenes Haus gehört ihm nicht in Noarre. Nur eine kleine Steinbaracke, die ihm Unterschlupf gewährt, vor dem Regen und vor allem vor Kälte und Unmengen Schnee im Winter, der auf gut 1.300 Metern Höhe ganz schön hart sein kann. Neuerdings übernachtet Señor Sarrado unten in Tavascan, was ihm zweimal täglich einen zweistündigen Fußmarsch abverlangt. „Doch keine Sorge", sagt Xavi Solé, unser Führer, „Jaques ist auch mit Siebzig noch in bester körperlicher Verfassung. Und sorgt zusammen mit den investitionsfreudigen Hauskäufern aus den Großstädten dafür, dass Noarre nicht völlig ausstirbt."

So wie Xavi Solé selbst mit dafür verantwortlich ist, dass die rund fünfzig verbliebenen Einwohner von Tavascan sich nicht vorkommen, als lebten sie vergessen irgendwo an einem gebirgigen Ende der Welt. Seit ein paar Jahren engagiert sich der aus Terrassa bei Barcelona stammende Mann für die touristische Promotion seiner Wahlheimat. Im Winter verwaltet er die Skihütte auf der Hochgebirgsstation Pleta del Prat; im Frühjahr und Sommer dirigiert der Wegweiser, der über ein Paar stramme Bergsteigerwaden und eine gute Portion Ehrgeiz verfügt, die Wanderer zu den Naturschönheiten und sonstigen Sehenswürdigkeiten von Tavascan und Umgebung.

Hier kommt tatsächlich niemand an dem Vierzigjährigen vorbei. Ob man die riesigen Kavernen der hydroelektrischen Zentrale am Ausgang des Dörfchens besichtigen, einen Blick in die Bartomeu-Kirche werfen oder sich in der Infohütte am Flussufer mit Prospektmaterial eindecken will – ohne Xavi bleiben alle Türen zu. Denn Xavi, und nur Xavi, hat Zugriff auf die Schlüssel zu sämtlichen Schlössern, die sich für Besucher aufsperren lassen.

Auch als Taxichauffeur ist der umtriebige Mann pausenlos im Einsatz. Bislang sind es erst knapp zehn Prozent ausländische Touristen, die er beispielsweise ins zwanzig Kilometer entfernte Llavorsí bringt. Doch das könnte sich bald ändern. Nachdem die spanische Seite der Pyrenäen sich allmählich bis zu den Franzosen, Deutschen und Niederländern als lohnendes Wintersportgebiet herumzusprechen begonnen hat, soll der äußerste Nordwesten Kataloniens verstärkt auch als Sommerdestination etabliert werden. Etwa als Ziel für so genannte Aktivtouristen, die auf dem Noguera Pallaresa-Fluss bei Llavorsí ideale Voraussetzungen für Wassersportarten wie Rafting, Hydrospeed, Canyoning und Kajak vorfinden.

Anderthalb Autostunden weiter westlich, an der Nordflanke des Pyrenäenkamms, liegt das 620 Quadratkilometer große Val d'Arán. Der lang gestreckte Talkessel, seit jeher von Frankreich aus leichter zu erreichen als aus dem katalanischen Süden, war vom 14. Jahrhundert bis 1835 eine kleine, eigenständige Republik zwischen Königreichen und Herzogtümern und genoss zahlreiche Privilegien. 1991 wurde der Conselh Generau d'Arán vom katalanischen Parlament von neuem eingerichtet und mit der Wahrung der historischen und linguistischen Autonomierechte des Tals beauftragt. Das Aranés, die zu den okzitanischen, auch noch in Südfrankreich und in einigen Hochtälern des Piemont üblichen Dialekten gehörende Sprache der Region, erfreut sich bei den rund siebentausend Bewohnern des Tals bis heute regen Gebrauchs. Gleich neben der Garona, die mitten durch Vielha, den Hauptort von Arán, rauscht und bei Bordeaux als Garonne in den Atlantik mündet, ist die lokale Geschichte dokumentiert. 1984 wurde in dem dreistöckigen General Martinhon-Haus aus dem 17. Jahrhundert das Museu dera Val d'Arán eingerichtet. Dessen reichhaltige Sammlungen zu Archäologie, Kunst und Ethnografie erzählen auch von den Launen der Geografie. Aber vor allem illustrieren sie die schwierigen Lebensbedingungen in diesem einst völlig abgeschotteten Landstrich, der sich bis heute viele seiner Eigenheiten bewahrt hat.

Die Isolation vom spanischen Mutterland wurde erst mit der Öffnung des Túnel de Vielha im Jahre 1948 beendet. Mit dem nach

1970 einsetzenden Fremdenverkehr wurde der Weg frei für jene Gäste, die die Skistation Baqueirà-Beret zum inzwischen grössten und mondänsten Wintersportzentrum des ganzen Landes gemacht haben. Mittlerweile verbringt die spanische Königsfamilie hier ebenso ihre Schneeferien wie der ehemalige Ministerpräsident José María Aznar und Montserrat Caballé. Aber kann man sich die rundliche Operndiva auf Skiern vorstellen? Oder eher auf einem Mountainbike?

Spätestens Mitte Mai, wenn die hartnäckigsten Eisklumpen aufgetaut sind, sieht man die Radfahrertrupps über umfunktionierte Langlaufloipen und holprige Waldwege rumpeln. Auch sie steuern zuweilen verlassene Dörfer an. Von dem seit 1956 menschenleeren Weiler Montgarri zum Beispiel sind nur noch ein paar fotogene Ruinen sowie eine kleine Kapelle übrig geblieben. Und, nicht zu vergessen, der bescheidene Bauernhof, wo die Amics de Montgarri einen urigen Hotel- und Restaurantbetrieb eingerichtet haben. Dort führt Kim Calbeto, ein schweigsamer Naturbursche, das Regiment. Zwei klobige Holztische in einem Esszimmer mit offenem Kaminfeuer, vergilbte Plakate und Fotos an den Wänden. Es gibt weder Heizung noch Klimaanlage. Dafür ist die Bedienung äusserst effizient und die hausgemachte Verpflegung ausgesprochen köstlich. Nach dem traditionellen, frisch gerösteten *pan con tomate* zum Einstieg werden immer neue Gemüse- und Wurstplatten herangeschafft. Berge von Fleisch türmen sich zwischen den Karaffen mit *vino tinto*. Weil sich auch die Dessertauswahl äusserst üppig präsentiert, geht die Weiterfahrt auf den Zweirädern nach dem Mittagsmahl, das kurz nach 17 Uhr endet, gehörig an die Substanz.

Etwaige Muskelkater lassen sich am nächsten Tag in strapazenfreiem Gelände gemütlich wegmarschieren. Jenseits des Vielha-Tunnels beginnt der Landkreis Alta Ribagorça, der Kataloniens einziges Naturschutzgebiet beherbergt – das ideale Terrain zur Erholung der schmerzenden Gelenke. Der 14.119 Hektar grosse, bereits seit 1955 als Naturreservat ausgewiesene Parc Nacional d'Aigüestortes i Estany Sant Maurici erstreckt sich auf einer Höhe zwischen 1.600 und 3.000 Metern und zählt rund zweihundert Gebirgsseen. Sieben leichte bis mittelschwere Wanderrouten führen in dem „Park des gewundenen Wassers", wie er in der Übersetzung heißt, an Bächen und Wasserfällen vorbei, durch Sumpfgebiete, die über Bohlenstege zugänglich gemacht wurden, und über federnde, teppichweiche Grasflächen.

In den ruhigen Wäldern lassen sich Auerhahn, Raufußkauz und Schwarzspecht, der größte Specht Europas, beobachten – oder zumindest hören –, während Murmeltier, Hermelin und Alpenschneehuhn sich eher in Gipfelnähe aufhalten. Leichter aufzustöbern ist die Vielfalt der Gebirgsflora. Auf Almen in höheren Lagen blühen Enzian und Pyrenäenlilien; an feuchten Stellen, an Quellen und Flüssen, wachsen Orchideen, Rhododendron und das Fleisch fressende Fettkraut, das mit seinen klebrigen Blättern Insekten fängt.

Am westlichen Ausgang des Parks erstreckt sich das Vall de Boí, zusammen mit dem Dörfchen Taüll das am höchsten gelegene Skigebiet in den katalanischen Pyrenäen. Es war General Franco persönlich, der in den 1950er-Jahren eine Straße von Huesca, einer Stadt in der benachbarten autonomen Region Aragón, hierher verlegen ließ. So konnte der Caudillo auf schnellstem Wege zu den Wassern gelangen, in denen er Forellen zu angeln beliebte. Gefischt wird zwar immer noch, doch heutige Besucher kommen, wenn nicht der familienfreundlichen Wintersportbedingungen wegen, so hauptsächlich aus Interesse an den außergewöhnlichen kulturellen Schätzen dieses Landstrichs. Deren auffälligste Merkmale sind schon von weitem zu erkennen: in Form von Glockentürmen, die sich am Rande von nicht weniger als acht Bergnestern erheben.

Im 11. und 12. Jahrhundert ließen die Grafen der Region als Zeichen ihres Glaubens und ihres Widerstands gegen die aus Südspanien vordringenden maurischen Invasoren von Baumeistern aus der Lombardei Kirchen errichten. Da sie nicht arm waren, konnten sie diese mit Skulpturen und Wandmalereien schmücken und mit bis zu sechs Stockwerke hohen Türmen versehen lassen. Von den schlanken Campanilen aus wurden die Straßen und Pässe des Tals überwacht und bei Gefahr Sturmgeläut angestimmt. Seit dem Jahr 2000 stehen diese wichtigen Monumente romanischer Kunst in Europa auf der Unesco-Liste des Weltkulturerbes, ihre eindrucksvollsten Bestandteile aber können Besucher vor Ort nur noch als Repliken bewundern. Bereits um 1925 wurden die Fresken nämlich entfernt und ins Museu Nacional d'Art de Catalunya nach Barcelona gebracht.

Die Kopien in der Kirche Sant Joan von Boí vermitteln zumindest einen Eindruck von der ehemaligen Pracht der ocker-, grau- und granatfarbenen Ausmalungen. Aber wie müssen die Menschen im Mittelalter geschaudert haben beim Anblick all der furchterregenden Fabeltiere und apokalyptischen Szenen, die sie auf den Pfad der Tugend leiten sollten! Und wie erleichtert werden sie das Gotteshaus Sant Climent in Taüll verlassen haben angesichts der überlebensgroßen Christusfigur, die ein Buch mit dem Versprechen „Ego sum lux mundi" – ich bin das Licht der Welt – in der linken Hand hält und die rechte zum Segen erhebt!

Ein letztes, unscheinbares Kirchlein ist verrammelt und duckt sich diskret an eine Felskante. Kein Geläut, kein Wanderer, kein Kunstinteressierter weit und breit. Die Ermita Sant Quirc steht am Rande des Boí Taüll-Resort, einer weitläufigen, auf Familienbedürfnisse zugeschnittenen Hotelanlage, die zwar ganzjährig geöffnet ist, aber jetzt, wenige Wochen nach dem Ende der Wintersaison, nur eine Hand voll Gäste zählt. Noch sind die Kinderschaukeln und Klettergerüste nicht aufmontiert, noch fehlt im Schwimmbecken das Wasser. Und minutenlang ist nichts anderes zu hören als das leise Gebimmel der Glocken, die den am Steilhang jenseits des Tals grasenden Pferden vom Hals baumeln. Von ihrem Hirten fehlt jede Spur.

(2003)

Spanien

Das Testspiel

In Santander ist alles grün, an manchen Tagen sogar das Meer, das mit Einheimischen in grünen Badehosen und grünen Bikinis vollgestopft ist. Abends pilgern ein paar tausend ins Stadion. Auch dort nur Grünes, sogar der Lidschatten der gesprächigen Serviererin in der Cafeteria gleich am Haupteingang. Grün die Kasse, grün der Tellerrand, das Brillengestell des Bierzapfers, die grüne Haarspange derselben Serviererin, die dem Gast, als es so weit ist, ein Foto ihrer Zwillingstöchter zeigt, in grasgrünen Röckchen. Wenigstens tragen die berittenen Polizisten dunkelgraue Knüppel am Gürtel und bleiben draußen. Doch wie behelfen sich die Sicherheitskräfte, wenn es einmal ernst wird? Dies ist bloß ein Testspiel, mitten im August, als tagelang ein regenbogenfarbener Sonnenölfilm auf den Wellen schaukelt. Ein einziger Zuschauer schwenkt eine – natürlich – grüne Fahne, zu essen gibt es belegte Brote, in Zellophan gewickelt. Hunger verspürt der zufällige Besucher in seinem marineblauen Pullover keinen. Vor lauter Aufregung und trotz des Pullovers ansonsten nur die Nachtkühle, die vom nahen Strand herüberweht.

Zwei Tore werden erzielt, vom Schiedsrichter, in Gelbschwarz, jedoch nicht anerkannt, wegen angeblichem Abseits. Der Ausländer kennt diese unglückliche Position am äußersten linken Ende der Pressetribüne. Ein Kollege aus Bilbao fragt nach dem ersten richtigen Gegner der Santanderinos: Heimspiel oder Reise nach auswärts? Der Fremde aber schüttelt nur stumm den Kopf und denkt an die Serviererin, die nach Spielende mit dem Bus nach Hause fahren wird. Innenstadtgasse. Wäscheleine vor dem Balkon. Daran grüne Socken, ein grüner Schal, die Röcke der Töchter. Ihr Mann sei Ruderer, hatte sie gesagt, ab Steuerbord dritte Reihe links.

Im Scheinwerferlicht leuchtet der Rasen noch bedrohlicher. Der Gast fühlt sich schmal wie eine Oblate. Ob er nicht lieber schon vor dem Abpfiff zurück ins Hotel gehen sollte?

(2001)

Spanien

Pintxos, Txokos und Putxeras

Eigentlich, so gestanden die Sieger nach der Preisverleihung, war die Sache mit dem Apfelmost bloß ein spontaner, zunächst ein bisschen verrückt erscheinender Einfall gewesen. Doch am Ende lohnte sich die kulinarische Schnapsidee. Nachdem die Jury den Inhalt von 136 Töpfen berochen, gekostet und bewertet hatte, stand ihr Urteil eindeutig fest: Die Erfinder der mit ungegorenem Fruchtsaft von Äpfeln versetzten Bohnensuppe dürfen sich ein Jahr lang als Weltmeister im Eintopfkochen bezeichnen. Bis zum nächsten Mal, wenn das Städtchen Balmaseda den heiligen Severino feiert, die kommende Ausgabe seines internationalen Putxera-Wettbewerbs ausrichten und erneut seinem wie überall im País Vasco stark entwickelten Patriotismus frönen wird.

Balmaseda liegt dreißig Kilometer westlich von Bilbao, dort, wo das Baskenland gebirgig an die Provinz Burgos grenzt. Der Ort zählt rund siebentausend Einwohner; am Tag des Stadtpatrons, dem 23. Oktober, bevölkern obendrein ein paar tausend Gäste den mittelalterlichen Stadtkern. Ab der ersten Morgenstunde zieht man durch die engen Gassen und über die kleinen Plätze und schnuppert den Duft köchelnder Gemüsesuppen, die mit allerlei Wurstsorten, Olivenöl, Kräutern und gelegentlich auch einem Schuss Alkohol verfeinert werden. Der zeitige Spaziergang ist wie ein Flanieren durch eine riesige Freilichtküche, in der Jung und Alt, Frauen und Männer, Profis und Hobbyköche nach Kräften putzen, schaben, schnippeln, rühren und würzen. An jeder Straßenecke, vor jedem zweiten Hauseingang brodelt und dampft das, wie die Einheimischen stolz behaupten, auf der ganzen Welt einzigartige Küchenutensil, dem der seit 34 Jahren veranstaltete Wettstreit seinen Namen verdankt. „Putxera" heißt nämlich der zylindrische Metallbehälter, der von unten durch eine Art Schublade voller glühender Kohlen befeuert wird. Die Geschichte dieses einmaligen Kochgeräts geht zurück auf die Eisenbahnarbeiter, die in der zweiten Hälfte des 19. Jahrhunderts in dieser Gegend die Schienen der Strecke „La Robla" nach León verlegten. Sie nutzten die Glut der Lokomotiven, um in primitiven Kesseln ihre Mahlzeiten, gewöhnlich ein schlichter Brei aus Bohnen und Kartoffeln, zu garen. Mit der Zeit sind sowohl das Kochgeschirr selbst als auch die Speisen anspruchsvoller geworden. Die Töpfe haben sich brenntechnisch und vor allem ästhetisch weiterentwickelt. Manche glänzen mit ihren kupfernen Ziselierungen und kunstvollen Beschlägen so golden und vornehm, als wären sie für königliche Tafeln bestimmt; andere stehen auf so filigranen, so elegant geschwungenen Füßen, dass man auf dem groben Pflaster in der Altstadt von Balmaseda ernsthaft um ihr Gleichgewicht bangen muss. Der Inhalt zahlreicher Putxeras indes bietet einen ersten Vorgeschmack auf das, was den Reiz auch der gehobenen baskischen Küche von heute ausmacht. Einer Küche, die seit einiger Zeit Weltruf genießt, weil sie sich wie keine zweite auf die sublime Verbindung von handfester kulinarischer Tradition und zeitgenössischer Kreativität versteht, scheinbar vertrauten Genüssen immer wieder zu neuem Wohlgeschmack zu verhelfen weiß.

Die Stimmung am Tag des heiligen Severino ist heiter, ausgelassen und volkstümlich wie eh und je. Kein Wunder, denn bei Gelegenheiten wie dieser finden jene drei Komponenten zusammen, die einen wesentlichen Aspekt der baskischen Lebensart ausmachen: die Lust am Feiern, die Passion für gutes Essen und Trinken und nicht zuletzt das ausgesprochene Faible für Wettbewerbe jeder Art. Wer sich, wie die Nordspanier, für Meisterschaften im Steineheben und Baumstammhacken, für Gehorsamkeitsprüfungen für Hirtenhunde und Turniere für Granitquader schleppende Ochsengespanne begeistern kann und einen guten Bissen nicht verabscheut, der findet auch an kulinarischen Kräftemessen leicht Gefallen.

Das wissen auch die *cofradías*, die sich in den letzten Jahren überall im Baskenland um bestimmte Lebensmittel gebildet haben. Diese zunftähnlichen Vereinigungen schützen und fördern einerseits die traditionelle Bedeutung etwa der Kartoffeln aus Álava, des Lachses aus dem Bidasoa, der Blutwurst aus Llodio, der Bohnen aus Tolosa oder eben des Eintopfes aus Balmaseda, indem sie historisches Material sammeln und es wie Gastrohistoriker auswerten. Andererseits veranstalten sie, wie gesehen, regelmäßig Wettbewerbe und sonstige Events, die bestenfalls auch touristisch zu Buche schlagen.

Felix Jauregi Errazkin und seine Gattin Karmela konnten ebenfalls schon so manchen Wettkampf für sich entscheiden. Auf den Regalen ihrer umgebauten Scheune steht nicht nur altes, akkurat herausgeputztes landwirtschaftliches Handwerksgerät, sondern auch gut ein Dutzend blitzblanker Pokale, in deren Sockel beider Namen eingraviert sind. An den Wänden hängen Diplome hinter Glas, bestickte Baskenmützen und eine wahre Girlande aus Gold-, Silber- und Bronzemedaillen, eine davon in Form eines gespaltenen Teufelsfußes. Der Tisch vor dieser beeindruckenden Trophäensammlung ist bei unserer Ankunft – natürlich – längst reichlich gedeckt. Darauf zu finden sind drei Stangen Brot, eine Schüssel mit Walnüssen und eine mit hausgemachter Quittenmarmelade, zwei Flaschen Rotwein und baskischer Weißwein, Txakolí genannt, sowie als Höhepunkt der vormittäglichen Zwischenmahlzeit: ein schwerer, kreisrunder, honiggelb leuchtender Käselaib, der geduldig seines Verzehrs harrt.

Eigentlich, sagt der fünfundfünfzigjährige Baske mit der weißen Schürze, habe er laut Produktionsplan heute seinen freien Tag. Doch wenn Gäste da sind, öffnet er schon mal außerplanmäßig die Tür zur Käseküche und schreitet resolut zur Vorführung. Die Jauregis besitzen einen von 150 baskischen Privatbetrieben, in denen der Käse noch nach althergebrachter Methode, also in aufwändiger Handarbeit hergestellt wird. Doch nur hier, rund fünfzig Kilometer südlich von San Sebastián, am östlichen Rand der baskischen Provinz Guipúzkoa, grasen die langhaarigen Latxa-Schafe, aus deren Milch jene lukullische Köstlichkeit gewonnen wird, die nach einem der Nachbarorte von Segura benannt ist: der Idiazabal-Käse. „Ein kremiger Käse mit einem unverwechselbaren Geschmack nach Mandeln, Nüssen und natürlicher Milch von Tieren, die im Sommer auf den kühlen Höhen und im Winter in den geschützten Lagen des Goierri-Tals weiden", erklärt Felix. Währenddessen rührt er stoisch im Stahlbottich und wartet, dass die weiße Masse gerinnt, bevor sie mit einem Spezialmesser in handliche Stücke geschnitten, anschließend portionsweise in Tücher gewickelt, in Plastikbehälter gefüllt, mit einem Deckel versehen und am Ende in eine Apparatur geschoben wird, deren Hebelvorrichtung auch noch den letzten Rest Flüssigkeit aus den Käseklumpen presst. Zum Trocknen kommen die Laiber in den Nebenraum, wo sie entweder tage-, wochen- oder gar monatelang lagern, je nachdem, ob sie mit mild-sanftem oder würzig-kräftigem Geschmack an die Kunden geliefert werden sollen.

Bis vor zehn Jahren hat Felix als Metzger gearbeitet. Dann besann er sich auf die Geschichte seiner Vorfahren, die vier Generationen lang als Schafhirten ein Einkommen fanden. Doch von ihren 130 Tieren und dem Käsemachen allein kann die Familie heute nicht mehr leben. Deshalb betreibt Karmela im Ort zudem einen kleinen Laden, in dem sie die Produkte ihres Mannes – jährlich um die 1.600, jeweils ein Kilo schwere Käseräder – in Eigenregie vermarktet und verkauft. Obendrein haben die Jauregis ihren Hof kostspielig restauriert und sechs kommode Zimmer für Feriengäste eingerichtet. Im Gemeinschaftsraum unter dem Dach hängen noch mehr Diplome und weitere Auszeichnungen. Neben historischen Aufnahmen sind etliche Fotos zu bestaunen, auf denen Felix stolz Käse ins Bild hält, die bei einem der zahlreichen Wettkämpfe erste Preise gewannen. Bis zu dreitausend Euro kann ein solch köstlicher Batzen wert sein, während das Renommee, das er seinem Hersteller beschert, gleichsam unbezahlbar ist.

Eigentlich, so müssen wir zugeben, haben wir hier nichts zu suchen. Und wir hätten den unscheinbaren Raum in einem Untergeschoss irgendwo in Intxaurrondo, einem Außenbezirk von San Sebastián, ohne die freundliche Einladung und die exakte Wegbeschreibung der Hausherren auch niemals von alleine gefunden. Gut, von außen erinnert das Lokal tatsächlich an ein Restaurant, doch nirgendwo entdeckt man ein entsprechendes Schild, einen Aushang mit Speisekarte, Angaben zu etwaigen Öffnungszeiten. Obwohl über der Eingangstür der Schriftzug „Artzak-Ortzeok" – die baskische Übersetzung von „Nimm es, es ist da!" – offenbar großmütig zum Eintritt bittet, ist Zurückhaltung geboten. Denn dies ist das Revier einer geschlossenen Gesellschaft, einer so genannten *sociedad gastronómica*.

Die ersten *txokos*, so der baskische Name der Männerclubs, wurden um 1870 in San Sebastián gegründet, als weltliche Entsprechungen der religiösen Bruderschaften der Schutzheiligen, die in der antiken baskischen Gesellschaft sehr verbreitet waren. Ihre Mitglieder trafen sich zum Diskutieren und Kartenspielen außerhalb der häuslichen Umgebung. Vor allem aber wurde das gemeinsame Kochen, Essen und Trinken gepflegt. Anfangs trieb man sogar zusammen Sport, wie die Pokale, Statuen und Diplome in den Vitrinen der 1921 gegründeten Sociedad Artzak-Ortzeok bezeugen. Damals waren die *txokos* berüchtigt für ihre strengen Regeln: Frauen und Fremde hatten keinen Zutritt, Politik war als Gesprächsthema tabu. Berühmtheit und Ansehen erlangten sie als fervente Verfechter der während Jahrhunderten überlieferten baskischen Kochkunst.

Heute gibt es allein in der Kurstadt am Golf von Biskaya 130 gastronomische Gesellschaften mit etwa zwölftausend Mitgliedern. Zu den *socios* zählen auch weltweit geschätzte baskische Spitzenköche wie Juan María Arzak und Pedro Subijana, mit deren Gourmetküchen manche *txoko*-Lokale durchaus wetteifern möchten. Beispielsweise Martxel, Jesús und Txiki, die an diesem Abend in der rustikalen Essstube in Intxaurrondo am Profiherd aus rostfreiem Stahl stehen. Lauter fröhliche Kerle, die nichtsdestotrotz mit dem nötigen Ernst in Töpfen rühren und Pfannen schwenken. Der heutige Speiseplan verzeichnet „croquetas de bacalao" (Stockfischkroketten), „merluza en salsa verde" (Seehecht in grüner Sauce) und „tartaletas de rabo de toro" (Stierschwanztörtchen). Als bestens eingespieltes Team gehen die Männer einander wortlos zur Hand, keiner ist sich für das Gemüseputzen oder Zwiebelschneiden zu schade. In der *txoko*-Küche sind alle gleich, egal ob Lastwagenfahrer, Volksschullehrer oder Steuerbeamter. Endgültig vorbei sind die Zeiten, als die Männerzirkel ausschließlich handwerks- oder berufsgenossenschaftlichen Charakter hatten. Nur den Abwasch, den überlässt man der Putzfrau, die am nächsten Tag kommen und für Ordnung sorgen wird. Sie ist, bei aller Fortschrittlichkeit in der Vorschriftenauslegung, nach wie vor die einzige Frau, die die Küche betreten darf. Alle anderen Damen, ebenso wie etwaige Gäste, müssen auf Einladung einen Platz an einem der langen Esstische einnehmen und sich von Männern bedienen lassen, von denen die allermeisten zu Hause niemals einen Finger krumm machen würden. Dafür haben sie schließlich ihre Gattinnen.

Diese und alle weiteren Regeln für die korrekte Benutzung des Lokals sind gleich am Eingang schwarz auf weiß nachzulesen. Peinlichste Sauberkeit ist oberstes Gebot. Ferner hängen dort eine Namensliste mit den Daten der Tisch- und Küchenreservierungen und die Preisliste der Getränke, bei deren Bezahlung man von der Ehrlichkeit der Gäste ausgeht. „Dies ist unser kleiner Fluchtort", sagt Txiki, „da sollte schon Disziplin herrschen."

Auch die Betreiber der Pintxo-Bars in der Altstadt von San Sebastián, Hochburg der Sterne-Gastronomie und letzte Station unseres kulinarischen Marathons durch das Baskenland, verlassen sich auf die Aufrichtigkeit ihrer Kundschaft. Wie sonst sollen sie die Übersicht behalten bei den Unmengen an kleinen Leckereien, die tagein tagaus über ihre Theken gehen?

Pintxos sind eine ebensolche baskische Besonderheit wie die Clubs der kochenden Männer. Sie müssen im Stehen und mit höchstens zwei Bissen genossen werden. Überall sonst in Spanien werden diese Imbisse Tapas genannt, was sich mit dem deutschen Ausdruck „Häppchen" nur unzulänglich übersetzen lässt. Denn Tapas wie Pintxos sind mehr als nur im Vorbeigehen eingenommene Zwischenmahlzeiten; Tapas und Pintxos sind Ausdruck einer Lebenseinstellung, bei der sich Geselligkeit mit Leidenschaft für anspruchsvolle Kulinarik verbindet.

Vor allem in San Sebastián und hier vornehmlich im altstädtischen Quadrat zwischen dem Hafen und der Basílica de Santa María bis hinüber zum Paseo de Salamanca, wo der Fluss Urumea in den Atlantik mündet, hat sich in den letzten zehn, fünfzehn Jahren eine regelrechte Pintxo-Kultur entwickelt, die ganz bewusst mit den Innovationen der baskischen Haute-Cuisine konkurriert. Die ausgeklügelten kulinarischen Arrangements, unter denen sich die Tresen rundum die Plaza de la Constitución, in der Calle Mayor und der Calle Fermín Calbetón biegen, erinnern schlagartig daran, dass es beim Essen nicht nur ums Sattwerden geht. Womöglich hängt die Lust auf raffinierte, originelle und qualitativ hochwertige Kanapees auch mit den neueren globalen Esstrends zusammen. Intensiver Geschmack, Textur, Stückgröße und Aroma wirken schließlich auch beim Pintxo-Liebhaber auf die Sinnesreize und lösen umfassendes Wohlbefinden aus.

„Es war ein weiter Weg von den fetttriefenden Tortillas und den unter Mayonnaise begrabenen Bratfischstückchen bis hin zu den heutigen lukullischen Geniestreichen", erklärt der Wirt der Ganbara-Bar, die sich auf Pilzgerichte spezialisiert hat. Selbstverständlich nehmen auch die meisten Pintxo-Köche regelmäßig an Wettbewerben teil, weil Konzept, Aussehen und Geschmack sich nach wie vor in ständiger Evolution befinden und der Spaß an Konkurrenzkämpfen den Basken nun einmal im Blut liegt. Seit neuem sind auch etliche Bücher auf dem Markt, die ausschließlich den jüngsten Pintxo-Variationen gewidmet sind. Darin finden sich, höchst appetitlich ins Bild gesetzt, so verwegene Kreationen wie der mit Forelleneiern und Cognac gefüllte Seeigel, die in Brickteig frittierte Languste an Porreesauce und das mit Kiwi, Mango, Erdbeere, Krabbe und Seeteufel gespickte Spießchen. Von diesem Holzstäbchen hat der Pintxo übrigens seinen kriegerischen Namen.

In keiner Publikation aber fehlt „Gilda", der Ur-Pintxo schlechthin. Er besteht aus einer grünen Olive, einer geräucherten Sardelle und drei bis vier scharfen, in Essig eingelegten Chilischoten. Seine Bezeichnung verdankt er angeblich der überwältigenden Verführungskraft der amerikanischen Schauspielerin Rita Hayworth in dem gleichnamigen Film aus dem Jahre 1946.

(2004)

Spanien

Baskischer Sommer

Trommeln und Trompeten. Kanonen und Gewehre. Rote Mützen, rote Halstücher, roter Wein. Hartes Brot und zwischen den Zähnen ein Esslöffel Sand – das war Irún am ersten Tag. Was unweigerlich folgte, war die Gier nach Wasser und Wahrheit und einem Fleckchen Schatten am Muschelstrand. Menschen im baskischen Ausnahmezustand. Regen- zu Sonnenschirmen. Doch das Glück hielt nicht lange. Wie überall kam auch hier nach der Ebene der Gipfel. Er stach in Nebel, zeigte sich von seiner ungemütlichsten, seiner kühlen Seite und ließ Tropfen fallen wie enttäuschte Geliebte ihre salzigen Tränen.

Nachts summten am Horizont dicke Fische; es war ein bedrohliches Klagen, sogar die Hunde stellten sich taub und blind und die Katzen des Hofs suchten Zuflucht unter misslaunigen Glucken.

Das Ballern und Musizieren dauerte drei Tage und drei Nächte. Am vierten Tag rutschte das Pferd des stolzesten Kommandanten auf einem Stapel feministischer Flugblätter aus. Man schrie, Säbel und alte Zahnfüllungen blitzten auf. Wie Staub sank Konfetti auf Hüte, Speiseeis und Frankfurter Würstchen, die in Wirklichkeit Wiener waren. Hektisch wühlte die Begleiterin nach Schwimmärmchen und der mitgeführten Wasserbombe – unsere letzte Rettung aus Schaumgummi und Stoff. Die kam, als das Kind sich beim Weglaufen sämtliche Glieder ausrenkte. Es musste in heiße Tücher gewickelt und in den darauf folgenden Stunden hauptsächlich mit roten Gummibärchen gefüttert werden.

Am nächsten Muschelstrand war das alles längst wieder vergessen. Das Meer kam und ging, brachte vereinzelte Ölklumpen an Land und nahm die ältesten Knochen gleich mit auf seinem Rückzug.

Zeit für *kirolak*. Bald darauf für *bye-bye eta augur*. Wir kehrten dem nassesten Kapitel dieser Geschichte den Rücken. Ein paar Lügen schwimmen dort immer noch frei herum.

(2003)

Spanien

Die Hexen von Zugarramurdi

Azkarate, Uztegi, Gaintza, Lecumberri: Ich bekenne, dass es einzig und allein der Klang der Ortsnamen war, der mich in diese Gegend lockte. Die Provinz Navarra passt denkbar schlecht zu den gängigen Spanien-Klischees, in den allermeisten Reiseführern wird sie – von den weltberühmten *Sanfermines* in der Hauptstadt Pamplona einmal abgesehen – eher stiefmütterlich behandelt. Zumal das nördliche Navarra, das außer einem Stückchen des illustren Jakobsweges kaum touristische Attraktionen bietet. Das ideale Terrain also, um sich einfach treiben zu lassen, zwei, drei Tage lang zufällige Ziele anzusteuern und sich auf Überraschungen gefasst zu machen.

In Lecumberri, einem 800-Einwohner-Ort im Tal des Flusses Larraun, scheint man nicht mit Fremden gerechnet zu haben. In dem einzigen Gästehaus des Städtchens ist man gerade dabei, die Türen und Fensterrahmen mit Benzin zu reinigen. Ein Gestank wie in einer heruntergekommenen Autowerkstatt mit angeschlossener Tankstelle. Zum Glück weist uns die wenig gesprächige Angestellte ein Zimmer im ersten Stock zu, wo es weniger aufdringlich nach Staub und Kälte mieft. Lange, düstere Flure, Ritzen im Holz der Zimmertüren, ein wackeliger Wandschrank, der sich nur mit erheblichem Kraftaufwand öffnen lässt ...

Die Glanzzeit des Hostal Ayestarán liegt bald ein halbes Jahrhundert zurück. Spuren von damals – eine Bar so geräumig wie ein Tanzsaal, ein Swimmingpool mit grünlich schimmernden Kacheln, eine verwitterte Tischtennisplatte, sogar ein Tennisplatz im Garten nebenan – sind sehr wohl vorhanden, doch sie verraten, dass derzeit höchstens Bruchteile der 110 vorhandenen Zimmer Gäste beherbergen, wenn überhaupt. Weit und breit keine Menschenseele, nirgendwo ein Geräusch. Nur dieser Geruch, an den man sich nur schwerlich gewöhnt. Und der Regen, der gegen die Fensterscheiben prasselt, die innen allmählich beschlagen und die Luft noch kühler machen. Zeit für einen Spaziergang durch das Dorf. Es besteht aus einem Kilometer Hauptstraße, einigen schmalen Nebengassen, einem etwas abseits gelegenen Neubauviertel, in das ein gelbes Schild mit der Aufschrift *Información turística* den Besucher dirigiert. Wie fast schon zu erwarten, ist das Fremdenverkehrsbüro geschlossen. Doch im nächsten Moment ertönt von der gegenüberliegenden Straßenseite eine Männerstimme, die an das angrenzende Gemeindehaus verweist. Dort brennt tatsächlich eine Schreibtischlampe, und die junge Dame, die die Fremden mit erstaunlicher Selbstverständlichkeit begrüßt, erweist sich als bestens informiert und ausgesprochen hilfsbereit. Sie arbeitet für das *Consorcio Plazaola*, eine Interessengemeinschaft regionaler Verwaltungen, Vereinigungen und Betriebe zur Förderung des Fremdenverkehrs. Sie weiß alles über den Alltag der Menschen aus Lecumberri und Umgebung, über die geschichtlichen Besonderheiten und touristischen Sehenswürdigkeiten dieser Gegend. Von geheimnisvollen Höhlen ist die Rede, von mysteriösen Einhörnern, Hexen, Teufeln und den seltenen Ausländern, die jemals in diese entlegene, nur wenig bekannte Ecke Spaniens finden. Lauter Neuigkeiten, die unsere Neugier wecken, unsere Pläne für die nächsten Tage maßgeblich beeinflussen.

Mit eher ungutem Gefühl betreten wir gegen neun Uhr abends den Speisesaal unserer Herberge – und werden diesmal angenehm überrascht. Mehrere Tische sind bereits besetzt, sogar leise Musik erklingt, der Benzingestank wurde von den Küchendüften fast gänzlich verscheucht. Dennoch, es bleibt die wehmütig stimmende Atmosphäre einer längst verwelkten Pracht, die für den, der dies mag, durchaus ihren Reiz besitzen mag. Genauso wie die liebenswürdige Unbeholfenheit der beiden Mädchen aus dem Dorf, die Serviererinnen spielen. Sie tragen eine Art Uniform, dunkelblaue Blusen, schwarze Röcke und weiße Socken, die in wenig eleganten Pantoffeln stecken.

Während wir Forelle mit Räucherschinken essen – eine der zahlreichen gastronomischen Spezialitäten aus Navarra –, stehen die Mädchen scheu in ihrer Ecke, beobachten jeden unserer Handgriffe und wagen nicht einmal zu tuscheln.

Welcher Andrang, welche Geschäftigkeit muss hier geherrscht haben, als Lecumberri noch an der *vía verde* lag. So hieß die Strecke, auf der zwischen 1914 und 1954 die Plazaola-Schmalspurbahn verkehrte, mit der die Bewohner von San Sebastián und Pamplona ihre Ausflüge ins Grün-Gebirgige unternahmen. Mit Musik, Tanz und Verpflegungsständen wurden diese meist wohlhabenden Gäste an den Wochenenden am Bahnhof empfangen, viele von ihnen verbrachten hier den Sommer. Lecumberri galt als Handels- und Freizeitzentrum einer ganzen Region. Heute macht die vor ihrem Bau sehr umstrittene Nordautobahn einen großen Bogen um den Ort, der für Fremde bloß noch als Durchgangsstation auf dem Weg in die Sierra de Aralar gilt.

Wanderer, Sportkletterer, Höhlenforscher und im Winter Skifahrer zieht es in dieses bis zu tausend Meter hohe Gebirge. Sie passieren winzige Orte, in denen man sich leicht einsam und verloren vorkommt. In Madotz etwa, wo ein paar felsgraue Häuschen sich fast ehrfurchtsvoll an die Hänge ducken und ein Rudel herrenloser Hunde mitten auf der Fahrbahn döst. Oder Oderitz, wo eine überdimensionale Baskenfahne an der unvermeidlichen Pelota-Wand sowie Spruchbänder mit „Independentzia!"-Forderungen für die einzigen Farbtupfer in der umgebenden Kargheit sorgen. Ausgedehnte Steinwiesen, gedrungene Gebäude auch um und in Astitz und Alli. Außer grasenden Ziegen, Schafen und den Zeigern der Kirchturmuhr scheint sich minutenlang nichts zu bewegen.

Reisende auf den Spuren navarrischer Mythologie steuern die nordwestlichen Ausläufer der Sierra de Aralar an. Hier, in einem gewaltigen Talkessel unweit von Betelu, soll das einzige Einhorn gelebt haben, das jemals in Spanien gesichtet wurde. Der Legende nach musste Sancho, einer der navarrischen Könige, aus dem Horn jenes

Fabelwesens das von einem Einsiedler gemischte Gebräu trinken, das ihn die Trauer und Verzweiflung, die nach dem Tod seiner Gemahlin über ihn gekommen waren, überwinden ließ. Gesicherter sind da schon die Erkenntnisse über die Fälle von Hexenverfolgung, zu denen es im 16. Jahrhundert im benachbarten Araitz-Tal kam. Damals wurden elf Einwohner aus Inza der gotteslästerlichen Magie beschuldigt und in Pamplona eingekerkert. Nach monatelanger Folter starben acht der neun angeklagten Frauen, die beiden Männer kamen auf den Scheiterhaufen, in einem einzigen Fall kam es zum Freispruch.

Nicht weniger grausam schlugen die Inquisitoren im äußersten Norden Navarras zu, unmittelbar an der Grenze zu Frankreich. Die Fahrt dorthin geht durch das fruchtbare, in satten Grüntönen schimmernde Baztan-Tal, über landschaftlich reizvolle und ausgesprochen verkehrsarme Landstraßen. Nach ausländischen Autokennzeichen hält man meist vergeblich Ausschau, nur die auf den Asphalt gepinselten Namen der bekanntesten Tour de France-Fahrer verraten, dass sich im letzten Sommer Spektakuläres zutrug. Aber wie sagte die Angestellte der Plazaola-Vereinigung: „Unsere Provinz ist außerhalb Spaniens so gut wie unbekannt, nicht einmal die Spanier selbst kommen auf den Gedanken, hier ihre Ferien zu verbringen."

Folglich sind wir an diesem verregneten Vormittag zunächst die einzigen Besucher, die vor der Ikaburu-Tropfsteinhöhle, unweit des Städtchens Urdax, auf den Beginn der nächsten Führung warten. Mit einem dampfenden Milchkaffee und einem Stückchen Gebäck vertreiben wir uns die Zeit und die ungemütliche Kälte aus den Gliedern. Dann endlich haben sich die fünf Interessenten eingefunden, die zur Öffnung der Grotte erforderlich sind. Ob die Hexen der Region auch in diesen kühlen, gespenstischen Unterkünften hausten, weiß unser jugendlicher Führer nicht zu sagen. Seine Pflicht besteht ausschließlich darin, hin und wieder die Taschenlampe einzuschalten und damit einen besonders prachtvollen Stalagmiten oder eine die Gesteinsdecke durchbohrende Baumwurzel anzuleuchten. Der Kommentar zu den verblüffenden Formen, welche die Erosion aus dem

Fels geschliffen hat, kommt vom Band. So erfahren wir, dass die etwa 30.000 Jahre alte Höhle von Urdax während 6.000 bis 7.000 Jahren bewohnt war, dass Höhlenforscher prähistorisches Handwerkszeug, Essensreste und Hinweise auf Menschengräber darin fanden. Entdeckt wurden die verschlungenen Pfade und Kavernen von einem Hirten um 1810, als die Menschen Zuflucht vor den Schrecken des Unabhängigkeitskrieges suchten. An der bizarren Ornamentik der mineralischen Strukturen hat sich angeblich auch der katalanische Architekt Antonio Gaudí inspiriert. Am Ende aus unsichtbaren Lautsprechern die Gewissheit: Im 16. Jahrhundert versammelten sich hier tatsächlich die lokalen Hexen, um am Ufer des Río Urtxuma, der quer durch die Höhle plätschert, ihre makabren Feste zu zelebrieren. Jüngeren Datums sind die Erzählungen über Schmuggler und Banditen, die Anfang des 20. Jahrhunderts in diesen Eingeweiden der Erde Unterschlupf fanden.

In Zugarramurdi lassen sich die Hexen sogar auf Fotos bestaunen. Diese hängen in einem Schaukasten an der Tür einer Scheune am Rand des kleinen Dorfplatzes. Jeden Samstag und Sonntag treten die Besenreiterinnen zu festen Zeiten auf. *Sorginak* – frei aus dem Baskischen übersetzt: Hexentanz – nennt sich das Schauspiel, mit dem allwöchentlich an die Legenden, Mythen und Prozesse aus dem 17. Jahrhundert erinnert wird.

Die grausige Geschichte geht auf 1609 zurück, als die Gegend an den Südhängen der Pyrenäen wieder einmal von einer für die Baskenregion typischen Hexenwelle überrollt wurde. Damals kam Don Juan del Valle Alvarado, der als Inquisitor am Tribunal von Logroño tätig war, nach Zugarramurdi, um das Treiben von 280 der Hexerei beschuldigten Erwachsenen und zahlreichen, ebenfalls verdächtigten Kindern unter die Lupe zu nehmen. Nach drei Monaten strenger Prüfung wurden schließlich 31 Mitglieder der angeblich gut organisierten Sekte vor Gericht gezerrt. Vorgeworfen wurden ihnen Nekrophilie, sexueller Missbrauch und Vampirismus. Sogar Menschenopfer sollen sie anlässlich ihrer schwarzen Messen dargebracht haben. Schlimmer noch: Nicht einmal die armen Bauern und Tagelöhner aus der Gegend verschonten sie mit ihrem verdammungswürdigen Gebaren. In Gestalt von Ziegenböcken, Zwergen, janusköpfigen Monstren, sogar in arm- und beinlose Baumstämme verwandelt, zogen die teuflischen Gesellen durch die Dörfer, erschreckten die Bewohner, zerstörten deren Gärten und Felder. Selbst für die lebensbedrohenden Stürme an der nur 14 Kilometer entfernten kantabrischen Küste machte man sie verantwortlich.

Jeweils montags, mittwochs und freitags sowie an hohen christlichen Feiertagen begingen, den Mythensammlungen zufolge, die Diener des Satans ihren *akelarre* genannten Hexensabbat. Schauplatz war die nur wenige hundert Meter vom Dorfkern entfernte *Akelarrenlezea*, jene Höhle, die noch heute als „Kathedrale des Teufels" bezeichnet wird und besichtigt werden kann – unter ganz und gar zivilisierten Umständen, versteht sich. Am Eingang werden allerlei hexenspezifische Souvenirs angeboten, der Besucher bekommt einen präzisen Plan des Rundgangs in die Hand gedrückt, jede Kurve, jede halbwegs aufschlussreiche Stelle im buckeligen Gelände ist säuberlich ausgeschildert. Noch zehn Schritte, dann liegt sie vor uns: die Grotte der Hexen von Zugarramurdi, ein riesiger, vom Wasser seit urzeitlichen Epochen aus dem Fels gehöhlter Schlauch. 120 Meter lang, bis zu 26 Meter breit und durchschnittlich zehn Meter hoch ist das Gewölbe, das ein schmaler Bach durchfließt: der *infernuk erreka*, der Höllenfluss. Bei aller Faszination für das satanische Treiben von einst bedarf es schon einiger Phantasie, sich diesen Flecken als Bühne verbrecherischer Aktivitäten vorzustellen. Zu beschaulich, märchenhaft-idyllisch fast, wirkt die Umgebung mit ihrem stummen Stein und dem friedlichen Flüstern des Windes.

Tatsache bleibt jedoch, dass in Logroño im Dezember 1619 vor 30.000 Zuschauern elf Verurteilte verbrannt wurden, fünf von ihnen *in effigie*, da sie zuvor bereits im Gefängnis verstorben waren. Weitere 13 waren, nach offizieller Darstellung, in den Kerkern diversen Epidemien erlegen, die restlichen Angeklagten sprach man frei.

Vierzig Minuten zu Fuß von Zugarramurdi liegt Sare – schon auf französischem Boden. Der Ort, als eines der schönsten Dörfer klassiert, versteht sich als „Bindestrich" zwischen den beiden Ländern und als ebenbürtiger Bewahrer der „puren baskischen Tradition", wie eine Informationstafel an der Friedhofsmauer verkündet. Tatsächlich bestehen über das unübersehbare Pelota-Feld und die Eta-Graffiti hinaus etliche Gemeinsamkeiten. Auch in Sare schlug die Inquisition im 17. Jahrhundert mit aller Härte zu, und auch hier soll einst ein Einhorn zu Hause gewesen sein. Es bewohnte die Lezea-Grotte, die einzige von allen, die dem Publikum zugänglich ist. Ein Unterschied allerdings muss hervorgehoben werden. Während die Navarresen behaupten, die Hexen mit Salz und Senfkörnern definitiv aus Zugarramurdi vertrieben zu haben, beharren ihre französischen Brüder weiterhin stolz auf deren Anwesenheit. Wenn der rosafarbene Sandstein der Grotten von Sare zu schwitzen beginnt und feucht in der Sonne schimmert, behaupten die Einheimischen nämlich, die Hexen hätten dort ihre Wäsche zum Trocknen ausgebreitet. Für die Spanier indes bedeutet dieses Zeichen, dass es bald zu regnen beginnt.

(1997)

Frankreich

Die schönen Zufälle des Meeres

Es geschah im Jahre 1868. Im Golf von Gascogne tobte mal wieder ein Sturm, der sämtliche Schiffe zwang, sich schleunigst in der Mündung der Gironde in Sicherheit zu bringen. So auch die „Morlaisien", die eine Ladung Austern von Lissabon nach England beförderte. Während das anhaltende Unwetter eine Weiterfahrt verhinderte, begannen die Austern unter unerträglichem Gestank zu verderben, woraufhin Kapitän Patoiseau die Ladung vor Bordeaux über Bord werfen ließ. Der Zufall wollte es, dass einige der Tiere noch lebten, und so kam es, dass die länglich und tief geformte *Crassostrea angulata*, auch „portugiesische Auster" genannte Muschelart an der französischen Atlantikküste heimisch wurde. Zu jener Zeit war dort ausschließlich die flache *Ostrea edulis* bekannt, die zwar bis heute wegen ihres nussigen Geschmacks geschätzt wird, aber krankheitsanfälliger ist und mehrmals schon vor der völligen Ausrottung stand. Um die Aufzucht und Vermarktung dieser beiden Sorten und zusätzlich der in den 1960er-Jahren aus Japan eingeführten *Crassostrea giga* kümmern sich heute mehrere tausend *ostréiculteurs* an den Küsten des Departements Charente-Maritime sowie auf den beiden Ferieninseln Oléron und Ré.

Zwar zieht an diesem Morgen kein Sturm auf, doch als wir zur Expeditionsfahrt durch das Austernbassin von Marennes-Oléron über glitschige Planken an Bord des Ausflugsschiffes steigen, vermischt sich eine kühle Atlantikbrise mit ungemütlichem Nieselregen. Über dem diesigen Ufer schwebt ein Hauch jener „untröstlichen Trauer und Einsamkeit", die der im benachbarten Rochefort geborene Reiseschriftsteller Pierre Loti in seiner 1890 erschienenen Autobiographie als wesentlichen Teil des „unverstandenen Charmes" seiner

Heimat besang. Gleichwohl strotzt Jean-Claude, unser Steuermann, geradezu vor guter Laune. Zum Glück ist wenigstens Ebbe, tröstet er seine wenigen Passagiere, bei Flut gäbe es überhaupt nichts zu sehen, sämtliche Austernbänke wären unter der Wasseroberfläche verschwunden.

Dennoch: Gerade bei Ebbe, zumal wenn die Sonne hinter tief hängenden Wolkenteppichen verborgen bleibt, zeigen sich die Reviere der „Diva der Meere", wie die Auster mit respektvoller Bewunderung genannt wird, von ihrer am wenigsten fotogenen Seite: Ein Labyrinth aus schief und krumm im Schlamm steckenden Ästen, mit denen die Grenzen der jeweiligen Austernfelder abgesteckt sind; buckeliges, mit Algen und Moos behangenes Gestänge, wo die in graue Nylonsäcke abgefüllten Austern auf Reserve liegen; dazwischen geriffelte Plastikrohre und kunterbunt durcheinander liegende Schieferplatten, an welche die Larven sich heften, bevor ihr Wachstum beginnt.

Mit sicherer Hand lenkt Jean-Claude das Boot durch die weitläufigen Parks, wo die „Meeresbauern" ihre Arbeit erledigen. In kniehohen Gummistiefeln waten sie durch die Untiefen der Sandbänke, gebückt hantieren sie am Uferstreifen an den schmalen Gestellen, mit großer Ausdauer wühlen sie im Schlamm. Allmählich begreift auch der Laie, dass die Konchylikultur, so die technische Bezeichnung für die Muschelzucht, eine körperlich extrem anstrengende Tätigkeit ist, „eine Kombination von Fischerei und Landwirtschaft", wie der Kapitän seinen Fahrgästen erläutert.

Rund vier Jahre dauert es, bis eine Auster zur optimalen Reife herangewachsen ist. In dieser Zeit nimmt der Züchter jede einzelne Muschel etliche Dutzend Male in die Hand, dreht und wendet die künstlichen Kollektoren, an denen die Larven festkleben und sich ernähren, indem sie das Meerwasser filtern. Acht bis zwölf Monate später werden die als Saataustern bezeichneten Jungtiere von der Unterlage abgepflückt und in Zuchtparks ausgelegt, wo sie vor Fischen, Seesternen, Möwen und anderen natürlichen Feinden geschützt sind. Hier verbleiben sie erneut ein bis zwei Jahre, bevor die schönsten

Exemplare in so genannte „Taschen" abgefüllt und diese auf niedrige Eisengerüste platziert werden, wo sie schließlich, im Gleichmaß der Gezeiten, zur Marktreife gelangen. Jacques Cochard begegnen wir bei einem Abstecher auf die Ile de Ré – ein Fleckchen Erde, das dem Romancier Philippe Sollers einst vorkam wie ein „zufällig im Meer gelandeter fliegender Teppich, ein Ort purer Meditation". In dem Dörfchen Rivedoux reichen die Austernanlagen bis unmittelbar an die Hauptstraße heran. Die in den Bassins und zwischen den Metallaufbauten Beschäftigten haben sich Wollpullover übergestreift. Nur wenige Traktoren und Lieferwagen kurven durch das schlammige Watt, während Monsieur Cochard auf seiner Parzelle einige besonders schöne Austern auswählt: „Ein Geschenk für Freunde aus Toulouse, wo die Ware in dieser Frische natürlich nicht zu haben ist." Nachdem er die Muscheln in einen Netzkorb gelegt und in einem kleinen Wasserbecken gesäubert hat, bettet er sie in eine dekorativ mit Algen ausgekleidete Kiste.

Lauter routinierte Handgriffe, schließlich übt Jacques Cochard seinen Beruf seit mehr als dreißig Jahren aus, wie er erzählt. Zunächst war er Bäcker, wie sein Vater, doch hinter den Öfen, beim Umgang mit Teigrollen und Kuchenformen, fehlte dem gebürtigen Insulaner der Kontakt zum Meer. „Seit 1965 ist die Auster mein tägliches Brot", aber demnächst wird Schluss sein mit der Plackerei, mit dem nach der Gezeitentabelle ausgerichteten Lebens- und Arbeitsrhythmus. Täglich mindestens sechs Stunden am und im Wasser, das zehre an der Substanz, besonders im Winter. Nächstes Jahr geht Monsieur Cochard in Rente. Dann wird er die paar Quadratmeter Austernfelder nur noch als Hobby betreuen.

Wieder ein Austernzüchter weniger! Immer schneller sinkt deren Zahl. Viele Familienbetriebe machen dicht, weil der Nachwuchs fehlt oder in anderen Berufen bessere Verdienstmöglichkeiten sieht. Andere Unternehmen schließen, da die Einnahmen die Ausgaben nicht mehr decken. Schon seit Jahren stagnieren die Preise – je nach Qualität sind für ein Dutzend Austern zwischen einem und vier

Euro zu zahlen –, während die Kosten für das Arbeitsgerät sowie die Abgaben an die Kranken- und Pensionskassen steigen. Zudem traten unlängst neue Hygiene- und Sicherheitsvorschriften in Kraft, die zu erfüllen für manchen Austernzüchter unbezahlbar ist.

Im größten Austernbassin Europas rundum die alte Protestantenstadt La Rochelle werden jährlich etwa sechzigtausend Tonnen der begehrten Schalentiere herangezogen. Gut die Hälfte davon konsumieren die Franzosen selbst, mit Vorliebe die *fines de claires*, eine weltweit renommierte Spezialität aus der Charente. Ihr Fleisch nimmt seinen charakteristischen grünen Schimmer an, wenn die Austern am Ende ihres Reifungsprozesses bis zu zwei Monate lang in den sehr flachen Becken der Mastparks (*claires*) ruhen und die Pigmente der blauen Diatomee-Alge aufsaugen. Den typischen Geschmack der Region verleiht ihnen die Melange aus salzhaltigen Meeresfluten und dem Süßwasser der hier mündenden Flüsse Charente und Seudre.

Lange vorbei sind die Zeiten, als Austern als billige Volksnahrung galten und die Menschen sie bei Ebbe einfach von den Felsen klaubten. Schon vor mehr als zweitausend Jahren konnten die natürlichen Vorkommen die Nachfrage bei weitem nicht befriedigen. Folglich unternahmen die Griechen, die Austern am liebsten in Honig kochten, bereits im 4. Jahrhundert v. Chr. erste zaghafte Zuchtversuche mit Tonscherben; die Römer züchteten sie an Zweigen, die sie von Rahmen ins Wasser hängen ließen – in verbesserter Ausführung haben beide Methoden bis heute überlebt.

In Frankreich setzte die große Austernbegeisterung im 16. Jahrhundert ein. Der Schriftsteller Michel de Montaigne (1533-1592) beispielsweise berichtete von einem anonymen Zeitgenossen, der dreißig bis vierzig Dutzend auf einmal zu verzehren pflegte. Ungleich bekannter ist das Schicksal des berühmten Küchenchefs Vatel, der 1671 Selbstmord beging, als bei einem Besuch Ludwigs XIV. die Austernlieferung nicht rechtzeitig eintraf. Ludwig XVIII. soll nach jedem Essen zusätzlich hundert Austern verdrückt haben, während sich Giacomo Casanova mit fünfzig Stück täglich zu begnügen schien. Sicherlich hatte der potente Galan es auf die Phosphate dieses „Fleisches für wollüstige Menschen", wie die Auster in einer Chronik aus jener Epoche definiert wird, abgesehen: Sie verleihen ihr angeblich aphrodisierende Eigenschaften.

Heute weiß man, dass die lukullische Extravaganz durchaus ein gesundes Nahrungsmittel ist, das Proteine, Mineralien und sämtliche Vitamine, besonders Vitamin A und C, enthält. Kein Wunder demnach, dass die Auster in der regionalen Gastronomie allgegenwärtig ist. Am liebsten wird sie roh gegessen und mit Zitronensaft oder Schalottenessig serviert; häufig gibt es dazu Würste vom Rost oder Koteletts mit Bauernbrot und gesalzener Butter.

Der Legende nach ist auch die Pfahlmuschelzucht in der nördlich von La Rochelle gelegenen Baie de l'Aiguillon einer überaus glücklichen Schicksalsfügung zu verdanken. 1235 schaukelte ein irischer Landwirt namens Patrick Walton mit einer Ladung Schafe durch diese Bucht, als plötzlich heftige Böen aufkamen und sein Boot kentern ließen. In seiner Verzweiflung spannte der Schiffbrüchige Netze zwischen die Pfähle, die er ins Meer gerammt hatte. Auf diese Weise wollte Mister Walton Vögel fangen, doch schon bald stellte er fest, dass die Pflöcke sich mit Muscheln bedeckten, die prächtig gediehen und obendrein vorzüglich schmeckten. Was lag also näher, als zusätzliche Pfosten in den schlammigen Meeresboden zu treiben und noch mehr Seile anzubringen?

Die unfreiwillige Erfindung des Iren leistet den *mytiliculteurs*, wie die Pfahlmuschelzüchter im Fachjargon heißen, bis heute ausgezeichnete Dienste. Insgesamt dreihundert Kilometer lang sind die Muschelzäune im Süden der Sèvre-Mündung, die vom Ufer aus bloß als dunkle Striche inmitten der Fluten erkennbar sind. Wer Genaueres erfahren möchte, sollte sich in die „Maison de la Mytiliculture" nach Esnandes begeben. Der Weg dorthin führt durch Dörfchen und Weiler mit lebendiger Fischereigeschichte, Orte, die nur auf ganz exakten Karten verzeichnet sind: Lagord, L'Houmeau, Lauzières, Marsilly, Nieul-sur-Mer. Nur Leser der Romane von

Georges Simenon horchen bei der Nennung dieser Namen auf. Gegen Ende des Zweiten Weltkriegs lebte der belgische Krimiautor eine Zeit lang in dieser Gegend, seinen Kommissar Maigret schickte er mehrfach dorthin in Urlaub, und in dem Roman „Le testament Donadieu" wird die Leiche eines wohlhabenden Reeders stilgemäß aus dem Schlick im Hafen von La Rochelle gefischt.

Der Schlick und das Wasser: Elemente, mit denen die hiesigen Seeleute sich seit jener Zeit intensiv auseinandersetzen, da sie feststellten, dass gezüchtete Muscheln größer und schmackhafter sind als ihre „wilden" Artgenossen. In dem kleinen Museum in Esnandes lassen sich Entwicklung, Techniken und Perspektiven dieses Berufs studieren. Letztere scheinen derzeit nicht gerade Anlass zu großem Optimismus zu geben. Umweltspezialisten haben errechnet, dass die Bucht in hundert Jahren völlig im Schlamm versunken sein wird. Die Hauptschuld an diesen düsteren Aussichten trägt die 1986 zwischen La Rochelle und der Insel Ré gebaute Brücke, deren Pfeiler das Evakuieren des Schlamms verhindern. Irgendwann werden die Zuchtgebiete brachliegen.

Davon möchte Monsieur Dominique, Pfahlmuschelzüchter in der fünften Generation, lieber nichts hören. Wie jeden Morgen ist der junge Mann in den kleinen Hafen von Le Pavé gekommen, hat sein flaches Aluminiumboot startklar gemacht und ist auf das Meer hinausgefahren. Heute mit einer Ladung neuer Pfähle, welche die alten ersetzen werden. Fünf bis sechs Jahre beträgt die Lebensdauer dieser je nach Meerestiefe bis zu sieben Meter langen Eichenpflöcke, die einst aus Kastanienholz waren. Auch wenn sich die Waltonschen Zuchtmethoden im Prinzip weitgehend erhalten haben, erfuhren die täglichen Arbeitsvorgänge in den letzten Jahrzehnten doch manchen Wandel. Während früher der Wind die Segel der schmalen hölzernen Nachen blähte oder die Fischer sich mit langen Stöcken in der Art venezianischer Gondolieri vorwärts schoben, verzichtet seit den 1930er-Jahren kaum noch ein Fischer auf den Motor. Statt per Hand werden die Pfosten neuerdings mit Hilfe von Kränen in den glibbrigen Untergrund gestampft. Maschinelle Vorrichtungen erleichtern ebenfalls das „Pflücken" der Muscheln. „Die Boote sind zu kleinen Fabriken geworden", erläutert Monsieur Dominique: Die zunehmende Mechanisierung ermöglicht es, sämtliche Arbeiten, vom Aufbau der Muschelzäune bis hin zum verkaufsfertigen Eintüten der Schalentiere, an Bord durchzuführen. Muskelkraft wird nur noch gebraucht, um die Hanfseile, an denen die Larven sich festheften, horizontal zwischen den Pfosten zu befestigen sowie zu einem späteren Zeitpunkt die üppig mit Muscheln gespickten Taue um die Pfosten zu wickeln. Weil die Schalenbewohner zu keinem Zeitpunkt Bodenkontakt haben, ist dem Gourmet sand- und schlammfreier Genuss garantiert.

Nahezu hunderttausend Tonnen Pfahlmuscheln lassen sich die Franzosen jährlich schmecken, etwa die Hälfte davon muss importiert werden. Das seit Mitte des 19. Jahrhunderts bewirtschaftete Bassin Ré-Centre Ouest, wo Monsieur Dominique tätig ist, liefert durchschnittlich zwölftausend Tonnen pro Jahr und rangiert unter Frankreichs Muschelproduzenten damit an erster Stelle. Die Frage lautet nur, wie lange noch.

Jetzt ist erst einmal Zeit für ein kräftigendes Mittagessen. Zielbewusst dirigiert uns unser Führer in ein Restaurant, wo als Entrée Austern mit Schalottenessig, eine typische *mouclade* (Muscheln in Currysauce) und als Hauptmenü Fischspieße auf der Tageskarte stehen. Zum Dessert wird ein Gläschen Pineau gereicht, ein aus Cognac und Traubenmost zubereiteter Likörwein – noch eine kulinarische Besonderheit der Region Charente! Aber das ist ein ganz anderes Kapitel.

(1996)

Frankreich

Enttäuschte Sadologen

High Noon in Lacoste. Auf dem Dorfplatz werden gerade die Marktbuden abgebaut. Im Schatten uralter Platanen spielen ein paar ältere Männer Pétanque. An der Hauptstraße entlang ist eine Wäscheleine gespannt, an der weiße Unterhosen im Wind flattern. Und über allem die Ruine jenes Schlosses, in dem zwischen 1763 und 1778 Donatien Alphonse François de Sade lebte. Wenn er nicht gerade, seiner unsittlichen Schriften und Taten wegen, im Gefängnis saß. Nach Lacoste kommt man nie oder mit Absicht. Das Dörfchen liegt im Département Vaucluse, am Nordhang des Lubéron-Gebirges, abseits der Routen, auf denen Touristen gewöhnlich Südfrankreich erkunden. Es heißt, in Lacoste würde der beste Pastis der Provence erzeugt. Davon erfährt man höchstens durch Zufall. Allgegenwärtig ist hingegen der libertine Marquis, dessen zweifelhafter Ruf dem Ort keineswegs geschadet hat. Im Gegenteil.

Le Loofoc nennt sich ein Restaurant nach dem lüsternen Grafen. Möblierte Zimmer werden als „Studios de Justine" offeriert. Obst und Gemüse gibt es im „Potager du Marquis" zu kaufen. Das Café de Sade verfügt über ein schlichtes Plumpsklo, über dem dicke Spinnen ihre Netze weben. Auf der Caféterrasse allerdings, unter einem kühlenden Blätterdach, da sitzt es sich gut. Und über allem thronen die steinernen Reste jener Burg, die Vorbild für das imaginäre Schloss Silling aus den „120 Tagen von Sodom" gewesen sein soll.

Viel ist nicht mehr vom Lieblingswohnsitz de Sades vorhanden. Gähnende Fensternischen, durch die der Mistral fegt. Baufällige Mauerstümpfe, die mit Ziegeln notdürftig repariert wurden. Eingänge, von schweren Eisentüren versperrt, eingestürzte Wehrtürme, wucherndes Unkraut, geschändete Gewölbe – nichts als pittoresker

Verfall, der die Phantasie der ehrfürchtig umherflanierenden Sadianer umso heftiger erregt. Das ist auf Reisen nicht eben selten der Fall. Oft entpuppen sich gerade die Nebensächlichkeiten als die eigentliche Sensation. In Lacoste ist das Beiläufige tatsächlich am aufregendsten. Hier stehen die geblümten Klappstühle, auf denen sich die Messieurs von den Strapazen des Metallkugelwerfens erholen. Dort döst ein ermatteter Hund auf unebenem Pflaster. An der nächsten Ecke haben junge Holländer eine Galerie eröffnet, in der überteuerte Kitschbilder angeboten werden. Die mächtige Reliquie des letzten Seigneurs von Lacoste ist auf keinem davon zu sehen. Zu wenig elegant ist der vermeintliche Schauplatz wüster Orgien, zu finster für Reisende, die mit Kindern unterwegs sind.

Nach Lacoste zieht es vielmehr die internationale Schar der Eingeweihten. Erwarten die Sadologen sich allerdings wohlfeilen, zum raschen Genuss aufbereiteten Sinnenkitzel, so werden sie schwer enttäuscht. Die drastische Eindeutigkeit, mit der der schweinigelnde Adlige seine Sexvisionen zu Papier brachte, ist den Verwahrern seines Andenkens fremd. Zu mehr als billigen Andeutungen reicht ihr Mütchen nicht.

Und das ist gut so. Andernfalls hätte der Abstecher nach Lacoste den Blick verstellt für die gelassenen, leckeren Pastis schlürfenden Pétanque-Spieler und die aparte Unterwäsche, die vieldeutig an der Nylonleine tanzte.

(1996)

Frankreich

Im Mekka der gallischen Lebensfreude

Als Vorspeise dampft Eselsfleisch auf Salat. Es folgt ein gegrilltes Steak mit einer gehörigen Portion Bratkartoffeln und gratinierten, heftig nach Knoblauch duftenden Tomaten. Dazu wird, in einer etikettenlosen Flasche, offener, eisgekühlter Rotwein aus der Region und ein Körbchen mit knusprig frischem Baguette serviert. Als der Hunger längst gestillt ist, bringt Yvonne, die Tochter des Hauses, ein mit allerlei Grünzeug, Kräutern und Silberzwiebeln dekoriertes Holzbrett an den Tisch. Darauf drei Käsesorten, jedes Stück so groß, dass es einer mehrköpfigen Familie zum Abendbrot reichen würde. Ob sie tatsächlich keinen Appetit mehr verspürten, fragt Yvonne die Gäste, als diese statt eines Desserts nur noch einen *café express* wünschen. Der abschließende Verdauungstropfen wird aus einer Pulle mit dem Misstrauen erweckenden Schriftzug „Poison Danger" eingeschenkt, von der ein Totenkopf teuflisch grinst.

Nein, dies ist kein Auszug aus jenem lebenssprühenden, lustbetonten Romanzyklus, der François Rabelais seit bald einem halben Jahrtausend literarischen Ruhm beschert. Doch mit dem Erfinder der nimmersatten Giganten Gargantua und Pantagruel hat der Ort des üppigen Mittagsmahls durchaus zu tun. Das Dörfchen La Roche-Clermault, wo der geschilderte Schmaus aufgetischt wurde, liegt nur wenige Kilometer südwestlich von Chinon, unweit des Zusammenflusses von Vienne, Indre und Loire. Zwei dieser Wasserläufe geben der ehemaligen französischen Provinz Touraine ihren aktuellen Namen: Indre-et-Loire.

Literaturkennern ist die unmittelbare Umgebung von Chinon als Rabelaisie bekannt. Eine Bezeichnung, die man im Atlas oder auf Straßenkarten vergeblich sucht, denn die Rabelaisie ist eine Erfindung pfiffiger Tourismusmanager. Sie erinnert – zweifellos fremdenverkehrsfördernd – daran, dass der Schriftsteller Rabelais, laut Hermann Hesse ein „schlimmer Zotenreißer, gottloser Spötter und grotesker Dreck-Apotheker", zwischen 1483 und 1494 in dieser Region zur Welt kam. Das genaue Datum wird für alle Zeit ein Geheimnis bleiben, da Personenstandsregister damals noch nicht geführt wurden.

Als wir den äußerst nahrhaften *plat du jour* bezahlt und uns aus dem Restaurant *Le Trianon* verabschiedet haben, kommen wir an einer Kirche vorbei, wo gerade eine Hochzeitsgesellschaft im Freien, längs der Friedhofsmauer, Platz genommen hat. Meterlange Tische mit schlichten Papierdecken, einfache Holzbänke; schon von weitem leuchten die Karaffen, Töpfe und Schüsseln in der Sonne. Von zufällig vorbeispazierenden Passanten lassen sich die fröhlichen Esser jedenfalls nicht stören. Gesunder Appetit und mannhafter Durst haben, wie gesagt, in der Rabelaisie jahrhundertealte Tradition.

La Devinière, Rabelais' Geburtshaus, kann besichtigt werden. Der Name stammt ab von den *devins*, den Wahrsagern, die hier mit Hilfe von wilden Gänsen die Zukunft vorauszusehen pflegten. Für den zeitgenössischen französischen Romancier Jean-Marie Laclavetine, einen ausgewiesenen Kenner nicht nur des Rabelais'schen Werkes, sondern auch der gallischen Önologie, befindet sich hier „das Zentrum des pantagruelischen Kosmos, das Mekka der berühmten Trinker und sehr vornehmen Syphilitiker", die seinerzeit in den gelehrten Kreisen für reichlich Aufruhr sorgten. Vor allem gewisse klerikale Kreise straften den Verfechter des sinnenprallen Optimismus, der gleichzeitig als einer der Begründer des Humanismus gilt, mit Ächtung und Verfolgung. Zumal der vielseitig begabte Rabelais, in seiner Funktion als Mediziner und entgegen kirchlichem Verbot, Sektionen an den Leichen Gehängter vorzunehmen wagte.

Einst galt das kleine Anwesen aus dem 15. Jahrhundert als Schloss; heute, nach vorbildlicher Restaurierung, begnügt es sich mit dem Status eines ehemaligen Landhauses, das dem Advokaten Antoine Rabelais, dem Vater des Dichters, gehörte und in dem seit 1993 ein

Museum untergebracht ist. Es liegt auf einer lang gedehnten Koppe, inmitten von Feldern. Im Spätsommer, wenn Hafer und Gerste kurz vor der Ernte stehen, duckt es sich fast bescheiden hinter die mannshohen Getreidehalme. Unweit der Durchgangsstraße wurde ein Besucherparkplatz angelegt, eine Tafel mit den nötigsten Erklärungen für einen Streifzug durch die Rabelaisie aufgestellt.

Das Museum, früher ein eingeschossiges Haus mit Taubenturm und Pferdestall, teilt sich die Erinnerung an Rabelais mit instand gesetzten Räumen von Bäckern, Böttchern, Winzern, Wäscherinnen, Keller- und Küchenmeistern. Ihre Arbeitszimmer, in denen allerlei Gerätschaften ausgestellt sind, nehmen den vorderen Teil des Gebäudekomplexes ein.

Über eine Steintreppe betritt man den Wohntrakt der Familie Rabelais, kühle, düstere Räume, in denen die gängigen Devotionalien den Besucher empfangen: jede Menge Drucke, Erstausgaben, Romanübersetzungen, Originalillustrationen, Zeitdokumente, in einer Fensternische sogar Graffitis, die der Legende nach vom kleinen François höchstpersönlich stammen. Und an den rauen Wänden immer wieder fett gedruckte Zitate, die mitten hinein in die Rabelais'sche Philosophie führen: „Oh Göttliche Flasche voller Geheimnisse! Prostet einander zu ... Trinket!" Oder, frei nach Aristoteles: „Zu weinen nicht, zu lachen macht euch Mut, denn Lachen ist des Menschen höchstes Gut."

Trotz der Mahnung „Wenn Sie diese Schwelle überschreiten, ist schlechte Laune verboten!", die über dem Eingang prangt, herrscht in den kargen, ehrwürdig anmutenden Gemächern eine geradezu andächtige Atmosphäre. Fern fühlt man sich jener heiter-derben, als typisch französisch empfundenen *art de vivre*, die dem Leser aus Rabelais' Berichten über das „höchst erstaunliche Leben des großen Gargantua" sowie über die „schrecklichen Vollbringungen und Heldentaten" von dessen Sohn Pantagruel im Gedächtnis geblieben ist. Endgültig verklungen scheint in La Devinière, das im Werk die Rolle des Schlosses von Gargantuas Vater Grandgousier spielt, das gewaltige, dämonisch-geniale Lachen des Verfassers, über das Victor Hugo in zwei berühmten Versen behauptete: „... Und sein Gelächter bis an die Sterne / erfüllt den Abgrund unseres Geistes."

Als das erste Buch von Pantagruel, dem „König der Durstigen", 1532 unter dem wenig rätselhaften Anagramm-Pseudonym Alcofribas Nasier erschien, hatte Rabelais die Mönchskutte längst an den Nagel gehängt. Weil er sich nie mit dem bildungsfeindlichen Klosterleben begnügen wollte, war er als Weltgeistlicher durch Frankreich gewandert und hatte in Paris und Montpellier Medizin studiert. Zu jener Zeit praktizierte er in Lyon, sofern er nicht gerade als Leibarzt von Kardinälen in Italien unterwegs war.

Auf Grund mangelnder Disziplin und unorthodoxer Lebensauffassungen war Rabelais bereits 1523 aus dem Franziskanerorden ausgeschlossen worden. Nur seine häufigen Auslandsaufenthalte erlaubten ihm, sich den weniger strengen Regeln der Benediktiner zu unterwerfen, denen er sich 1524 angeschlossen hatte. Auf diesen Reisen machte Rabelais, wie die Literaturforscher herausgefunden haben wollen, jene Beobachtungen und Erfahrungen, die er in seinem fünfbändigen Opus zu einer originellen Mischung aus Entwicklungsroman, Satire, Fabel, Essay und Traktat verschmelzen ließ.

Wenige Kilometer westlich von La Devinière liegt die Abtei von Seuilly, wo der junge François seine klösterlichen Studien begann. Auch sie diente ihm als literarische Kulisse. In einem Straßengraben Richtung Seuilly, beispielsweise, wurde nach elfmonatiger Schwangerschaft und erstaunlicherweise „zum linken Ohr seiner Mutter heraus" das Riesenbaby Gargantua geboren, dessen erste Worte lauteten: „Trinken, trinken, trinken!" Die umliegenden Felder und Wiesen gelten als Vorbild für die Schlachtfelder des Pikrocholischen Krieges, in dem die braven Schäfer von Grandgousier und die Ritter von König Pikrochol ihre grausam-grotesken Kämpfe austrugen. Umso friedlicher döst der von Sonnenblumen und Maisfeldern umgebene Ort heute in der trägen Stille der sommerlichen Provinz. Zerklüftete Bruchsteinwände spenden nur wenig Schatten, an den Häuserfassaden schlängeln sich Efeu und wilder Wein entlang, hie und da summen und surren Bienenstöcke in gepflegten Gärten. An Rabelais-Zeiten erinnern eigentlich nur noch einige Höhlen im Fels jenseits der Dorfstraße. Darin könnte Pikrochols Fußvolk gehaust haben, bevor es von Gargantuas Truppen übertölpelt wurde.

Im ehemaligen Kloster von Seuilly werden bei unserer Ankunft mal wieder die Tische gedeckt — eine, wie sich immer wieder bestätigt, äußerst beliebte Tätigkeit in dieser Region. Hier lebten vom 11. Jahrhundert bis zur Französischen Revolution jene Mönche, von denen Rabelais seine ersten Unterrichtsstunden erhielt und die er in der Figur des gewitzten Bruders Hans Hackepeter als volkstümliche Helden verewigte. Seit 1981 ist in den erhaltenen Gebäuden ein Umweltschutzzentrum für Schüler und Studenten untergebracht. Das Lehrprogramm umfasst neben Kursen über den geografischen, historischen und soziologischen Kontext der Renaissance auch Entdeckungsfahrten in die umliegende Region, mit Rabelais-Werken im Gepäck.

Nicht weniger als 68 Orte zwischen Loire und Vienne nennt der Schriftsteller namentlich in seinen Büchern. Dazu zählt das Dorf Lerné, wo König Pikrochol residierte und die Bäcker beheimatet waren, die sich eines Tages mit Grandgousiers Schäfern in die Haare gerieten, weil sie diesen ihre „frischen Fladen mit Weintrauben" nicht verkaufen wollten. Es kam zu schweren Handgreiflichkeiten, und „sobald die Fladenbäcker in Lerné angekommen waren und ehe sie noch etwas gegessen und getrunken hatten, begaben sie sich schnurstracks auf das Kapitol und brachten daselbst ihre Klage vor ihren König Pikrochol. Sie zeigten ihm ihre zerbrochenen Körbe, ihre zerknitterten Mützen, ihre zerfetzten Kleider, ihre zerquetschten Fladen, vor allem aber ihren schwer verwundeten Marquet und bezeugten, dass all das von den Schäfern und Pächtern Grandgousiers jenseits Seuillys beim großen Kreuzweg verübt worden sei."

Zur Rabelais-Topografie zählt ferner das Städtchen Chinon, wo wir am nächsten Tag, auf der Suche nach einem Parkplatz, erneut

Zeugen einer Hochzeit werden. Just in dem Moment, als das frisch vermählte Paar auf die Kirchentreppe tritt, fahren wir mit heruntergekurbelten Seitenfenstern vorbei. Selbstverständlich lässt die fröhliche Gesellschaft es sich nicht nehmen, mit vollen Händen Reiskörner ins Wageninnere zu werfen und uns ungefragt am alten Brauch teilhaben zu lassen.

Die Suche nach Rabelais gestaltet sich in Chinon schwieriger. Doch, doch, es gibt noch einige Spuren, erklärt die Dame im Tourismusbüro, die Bronzestatue am Vienne-Ufer sei ja wohl nicht zu übersehen ... Aber war da nicht noch etwas? Eine Kollegin eilt zu Hilfe, erwähnt das Haus Nr. 15 in der Rue de la Lamproie, wo sich angeblich die Stadtresidenz von Rabelais' Vater befand. An der angegebenen Adresse erwartet uns eine schmucke Pizzeria mit Terrasse und verlockender Tageskarte; doch keine Erinnerungstafel am Eingang, kein Gedenkstein, kein Kellner oder Passant, der über das Rabelais-Domizil Auskunft geben kann. Stattdessen schauen wir noch einmal in die Prospekte. Nach intensivem Blättern ist zu lesen, dass das gesuchte Gebäude längst abgerissen wurde.

Ebenso wenig Glück ist uns mit dem Musée Gargantua beschert, das gleich neben dem Schloss von Chinon eingerichtet wurde und dessen Besuch die Auskunftsdamen uns wärmstens empfohlen haben. Ein, wie sie stolz verkündeten, hoch über den alten Bürgerhäusern entlang des majestätischen Flusses gelegenes Freiluftgelände mit Alltagsgegenständen, deren Dimensionen dem Wesen seines Namensgebers entsprechen. Endlich oben auf dem mächtigen, felsigen Festungswall angekommen, stehen wir vor einem abgesperrten Eisengitter mit dem Schild: „Wegen Renovierungsarbeiten geschlossen." Wir nehmen's so, wie's der Rabelais'schen Denkungsart wohl am ehesten entspricht: Mit heiterer Gelassenheit, trockener Kehle und knurrendem Magen halten wir Ausschau nach einem herzhaften Mittagsmenü.

(1996)

Frankreich

Die Küste bei Charleville

Von hier stammt Rimbaud, der frühreife Lackel, der später in Äthiopien mit Waffen handelte und sich auf dem Weg dorthin im Schatten einer ägyptischen Pyramide niederließ. Aber gibt es überhaupt Pyramiden, die nicht ägyptisch sind? Rimbaud jedenfalls wuchs ohne Vater auf, dafür mit seiner Mutter und drei Geschwistern. Vom Vater weiß man nur, dass er irgendwann das Weite suchte und es an den Ufern der Seen in der nordöstlichsten Ecke Frankreichs nicht fand.

Noch nicht einmal volljährig, frohlockte sein später berühmter Sohn über jedes Unglück, das ihm widerfuhr. Von Verlaine, seinem älteren Dichterkollegen und Liebhaber, ließ er sich sogar in die rechte Hand schießen. Eine Erfahrung, die ihn sicherlich ermutigte, später, wie gesagt, kirchenmausarmen Afrikanern Gewehre und Pistolen anzudrehen.

Heute sitzen an der Küste bei Charleville junge Frauen, die das Plastikzeug ihrer Kinder vor Sonnenuntergang in ihre alten Unterhosen wickeln. Das fällt nicht weiter auf, das machen hier alle. Und die modernen Väter? Sie konzentrieren sich auf existenzielle Extreme: Sonnenmilch und Bier. Nicht zu vergessen: die sommerlichen Rituale wie Zeitungen aufschlagen und zu lustigen Hütchen und Schiffchen falten, die, wie zu Rimbauds Zeiten, trunken auf den schlammigen Wellen hüpfen.

Bloß Männersex in aller Öffentlichkeit – das wagt heute niemand mehr, trotz schmutziger, ausgeleierter Damenunterwäsche. Rimbaud haben sie übrigens ein hübsches Museum in einer alten Mühle am Fluss eingerichtet, obwohl er seine Mitbürger vor der Reise über Ägypten nach Äthiopien noch rasch als „Karlsärsche" beschimpfte.

(2002)

Liechtenstein
Könige im Fürstentümchen

Liechtenstein gibt es wirklich. Das ist auch in Luxemburg bittere Gewissheit, seitdem die großherzoglichen Kickerzwerge sich in den letzten Jahren mehrmals nach Kräften gegen die liechtensteinische Fußballnationalmannschaft blamierten. Die Spiele endeten 3:3 und 0:4, wenn ich mich recht erinnere. Und diese Resultate führten schnurstracks zu der Erkenntnis, dass eine kurz behoste Auswahl aus 450.000 Menschen in neunzig Minuten nicht zwangsläufig mehr Tore schießt als eine aus 34.000. Was für eine Ernüchterung!

Die längste Zeit hielt ich Liechtenstein für ein Gerücht. So wie mancher Ausländer Luxemburg bis heute ausschließlich für den Namen eines Radiosenders hält. Oder für die Bezeichnung einer ungemein praktischen Maschine, die zum Zwecke wundersamer Geldvermehrung erfunden wurde. Welch ein Irrtum! Und was für ein seltsames Gefühl, ein Land zu betreten, dessen Name nicht einmal in der geistigen Geografie konkrete Bilder ausgelöst hat.

Es ist meine erste Reise nach Liechtenstein, meine erste Reise – mit Kind – in den Schnee. Ich habe freilich nicht vor, mir deswegen zum ersten Mal ein Paar Ski unterzuschnallen. Stattdessen gehen mir die blamablen Ergebnisse nicht mehr aus dem Kopf. Ganz gleich, wo wir hinfahren, überall halte ich Ausschau nach liechtensteinischen Fußballfeldern, nach einem Bau, der irgendwie an ein Stadion erinnert. Vergeblich. Weder unten in den grünen Niederungen, wo der Rhein in der Sonne schimmert, noch oben, an den Flanken der Berge, auf einer Alm unter fleckenlos blauem Himmel – nirgendwo entdecke ich ein rechteckiges Grünareal mit Kreidelinien, das von Eckfahnen und Toren begrenzt wird, wo sauber gespannte Netze den Beweis fußballerischer Aktivitäten liefern. Kein Elfmeterpunkt, nirgends.

Dafür sprenkeln in Grenzflussnähe Fabrikgebäude und Lagerhallen die Parzellen. Die Straßen ersticken in Verkehrsstaus. Auf den wenigen freien Flächen Land zwischen Balzers, dem Hauptort Vaduz und Schaanwald an der Grenze zu Österreich wird Gemüse gezogen, Ackerbau und Viehzucht betrieben. Und weiter oben, auf schiefen Ebenen und steilen Hängen, liegt ... Schnee. Von Ende September bis weit in den April hinein. Keine Spur von Volleyaufnahmen und Seitfallziehern. Keine Gelegenheit zu Glanzparaden und Abstaubertoren.

Hier oben, im Schnee, kommt man ohnehin schnell auf andere Gedanken. Unter den Füßen knirscht das Eis, gelegentlich tritt man in eine Pfütze Schmelzwasser, die höchsten Gipfelspitzen kratzen so malerisch am Firmament, dass zwangsläufig die Frage aufkommt, wieso eigentlich in dieser Gegend so viele Berge rumstehen. Das habe mit den Schweizern zu tun, heißt es. Die hätten nämlich irgendwann so viel Land geklaut gehabt, dass sie nicht mehr wussten, wohin damit. Also begannen sie das Diebesgut kurzerhand zu stapeln. Doch Verzeihung! Im Grunde gehört diese Geschichte gar nicht hierher.

Denn dies ist Liechtenstein, mit hundertsechzig Quadratkilometern der viertkleinste Staat Europas. Ein „Fürstentümchen", wie Walter Benjamin das Land einmal nonchalant nannte. An dessen Spitze steht ein Fürst mit repräsentativen Pflichten und politischen Vollmachten, die er nur im Einvernehmen mit der gewählten Volksvertretung ausübt. 16 Banken, erst seit 1984 existiert das Wahlrecht für Frauen, es gibt sechzig Polizisten, aber seit 1868 keine Armee mehr. Elf Gemeinden, ein Parlament aus 25 Abgeordneten und eine fünfköpfige Regierung für, wie gesagt, rund 34.000 Einwohner, deren Fußballteam, wie gesagt, der Nationalmannschaft aus Luxemburg – aus liechtensteinischer Sicht gewissermaßen eine fußballerische Großmacht – unlängst gehörig das Bein stellte. Über die Liechtensteiner ist ferner zu sagen, dass ein anderer Schriftsteller, nämlich Friedrich Dürrenmatt, einst meinte, sie seien an der gegenwärtigen Weltlage relativ schuldlos, abgesehen davon, dass sie zu viele Briefmarken druckten. Doch wer sammelt heute noch Briefmarken?

Liechtensteins wichtigster Wintersportort heißt Malbun. In einem vulkankraterähnlichen Talkessel stehen etwa vierzig Chalets und sechs Hotels. Es gibt einige Restaurants und Kneipen, ein paar Läden und eine rotweiß gestreifte Schranke am Ortseingang, denn das Zentrum von Malbun ist eine verkehrsberuhigte Zone. Auch auf den insgesamt zwanzig Kilometer langen, sorgfältig präparierten Skipisten, von denen etliche direkt in die Hotellobbys führen, herrscht kaum Gedränge. Die meisten Hänge eignen sich ebenfalls für Fußgänger, selbst wenn sie Kinder an der Hand führen.

An letzteren, den wahren Königen im Fürstentümchen, herrscht kein Mangel. Denn Malbun ist, wie die bunten Werbeprospekte beispielsweise des Gorfion-Hotels verheißen, ein „Geheimtipp für erlebnisreiche Familien-Winterferien auf gesunden 1.600 m ü. M." Im Klartext: Zum Hotelservice zählen selbstverständlich auch Funk-Babyphon, Knirpsendisco, ganztägige Kinderbetreuung, Anfängerkurse im Schnee und im Hallenbad sowie, nicht ganz unwichtig, das stets reichhaltig, vornehmlich mit Kohlenhydraten in diversen Nudelformen bestückte Kinderbuffet.

Dementsprechend belebt geht es an Urlaubstagen zu. Kinder hocken in Spielecken und Buddelkästen, wälzen sich durch Krabbeltunnels, amüsieren sich auf Schaukeln und Rutschen. Niemand, nicht einmal die üblicherweise rasch genervten Kellner, stört sich daran, wenn während der Mahlzeiten ein Trinkglas zu Bruch geht oder eine Portion Ketchup auf dem Fußboden landet. Kein Gast rümpft pikiert die Nase, wenn zum Aperitif ein Neugeborenes brüllt und noch vor dem Dessert die ungeduldigsten Bälger zwischen Tisch- und Stuhlbeinen Slalom kriechen.

Die Eltern indessen, die wahren Nutznießer all der nachwuchsgerechten Einrichtungen, dürfen in ihrer kinderfreien Zeit Ski fahren, sich faul im Massagesalon lümmeln oder in der Sauna, im Dampfbad, Whirlpool oder Solarium sorglos Erholung suchen. Es sei denn, sie sind auch noch anderweitig interessiert und fahren die paar Kilometer hinunter nach Vaduz, besuchen dort das neue Kunst- oder das Skimuseum. In der Hofkellerei des Fürsten wird überdies ein exzellenter Pinot Noir, auch „Vaduzer Beerli" genannt, aus dem Weinberg unterhalb des Fürstenschlosses kredenzt.

Dieses Schloss auf einem Felssporn oberhalb der Hauptstadt wurde 1322 erstmals urkundlich erwähnt und gilt heute als das bedeutendste Bauwerk des Landes. Es beherbergt, angeblich, eine weltberühmte Kunstsammlung, doch überprüfen lässt sich diese Behauptung nicht. Hinter den dicken Mauern wohnt nämlich der Monarch, Hans-Adam II., mit seiner Familie, eine Besichtigung der Räumlichkeiten und ihrer Schätze ist folglich nicht möglich. Entsprechend betrübt stehen die hauptsächlich amerikanischen und japanischen Touristen vor den zahllosen Schildern, die den Zugang verbieten.

Als Alternative bietet sich eine Fahrt quer durch den Kleinstaat an. Sie dauert immerhin eine geschlagene halbe Stunde, vorausgesetzt, die Dichte des Verkehrsaufkommens hält sich in Grenzen. Unterwegs lauern ein paar Sehenswürdigkeiten, zum Beispiel die Ruinen der Burg Schellenberg aus dem 13. Jahrhundert sowie Überreste einer römischen Villa, die bei Ausgrabungen in Nendeln freigelegt wurden. Nur die Neugier von Sportsfreunden bleibt weiterhin ungestillt. Nirgendwo ein Ball, der vor dem Horizont der grandiosen Bergwelt seine Flugbahn zieht, kein Indiz für Stollen, die sich bei einem unerbittlichen Zweikampf in den Rasen gepflügt haben.

Tourismus ist in Liechtenstein, so erklärt der oberste Fremdenverkehrsmanager im Ländle, eine relativ rezente Erscheinung. Vor nicht allzu langer Zeit residierten im Winter im Talkessel von Malbun, zwischen Sareiserjoch, Augstenberg und Silberhorn, ausschließlich die „bösen Geister". Erst wieder im Sommer wagten die einheimischen Bauern diese Gegend zu betreten und ihr Vieh auf die Alp zu treiben. Inzwischen aber sind die liechtensteinischen Bauern im Aussterben begriffen, das Tourismusgesetz vom 15. Juni 2000 regelt das Geschäft mit den Fremden. Artikel 15 besagt, dass der Fremdenverkehr „neben einer Ausschöpfung der direkten und indirekten Wertschöpfung aus dem Tourismus auch im Sinne einer Stärkung des Lebens- und Wirtschaftsraumes Liechtenstein eine Verbesserung der Freizeitqualität für die Bevölkerung und der

Aufenthaltsqualität für die Geschäftsbesucher" erreichen soll. Das klingt komplizierter, als es in Wahrheit ist.

Einfach gesagt, so der Tourismusbeamte, waren die Liechtensteiner sich noch bis vor kurzem mit ihrem „Dörfli-Denken" selbst genug. Der Lebensstandard lag so hoch, dass sie es nicht nötig hatten, Zimmer oder Ferienwohnungen zu vermieten. Noch heute sorgt die liechtensteinische Wirtschaft, die auf Finanzaktionen und den kapital- und forschungsintensiven Bereich der Metallindustrie und der Zulieferung für die Fahrzeugproduktion spezialisiert ist, für bloß 1,1 Prozent Arbeitslosigkeit. Bislang jedoch kommen nur vier Prozent der Einnahmen des Alpenlandes aus der Tourismusbranche. Aufgabe der Fremdenverkehrsspezialisten ist es, den aus der politischen Konstellation der Donaumonarchie entstandenen Zwergstaat im Ausland als lohnendes Reiseziel zu verkaufen und gleichzeitig das Tourismusbewusstsein ihrer Landsleute zu schärfen.

Letzteres dürfte nicht so leicht sein, da viele alteingesessene Liechtensteiner eine gewisse Furcht vor Überfremdung hegen. Kein Wunder angesichts eines Ausländeranteils von rund 35 Prozent an der Gesamtbevölkerung.

Am letzten Tag dann der endgültige Beweis in Wort und Bild, dass im Ländle tatsächlich Fußball gespielt wird – und dass die Clubs, wie in Luxemburg, nicht ohne Unterstützung von jenseits der Grenzen auskommen. Im „Vaterland" und im „Volksblatt", den beiden lokalen Tageszeitungen, stehen ausführliche Berichte über den FC Vaduz, der sein jüngstes Auswärtsspiel ausnahmsweise gewonnen hat. Allerdings tritt der Verein in der Schweizer Nationalliga B an, und auch Spieler namens Silva, Brugnoli, Perez, Polverino und Gonzalez konnten bislang nicht verhindern, dass die Liechtensteiner weiterhin tief im Abstiegsstrudel stecken.

(2002)

Deutschland

Eine Bergwanderung

Eigentlich gibt es in Berlin nicht einen Prenzlauer Berg, sondern mindestens zwei, wenn nicht sogar vier oder fünf. Der Aufstieg zu jedem ist eher langwierig als steil, obwohl er durchaus in die Beine geht und Automotoren aufheulen lässt. Oben angekommen, zeigt sich ein breiter, flacher Gipfel, der sich mühelos bewandern lässt. Günstige Voraussetzungen, um sich auf Beobachtungen zu konzentrieren. Und am ersten Berg einem Hündchen zu begegnen, dem ein blinkendes Rotlicht auf den niedrigen Rücken geschnallt wurde. Herrchen haut derweil mit einem Holzstock gegen die unebene Bürgersteigkante, worauf der kleine Feuerwehrwagen auf vier Pfoten ängstlich zusammenzuckt.

Am zweiten Berg kreuzen Fußgänger in Wildlederjacken Radfahrerinnen, die Eskimomützen mit seitlichen Schnüren und an den Schnüren golfballdicke Bommeln tragen. Mit höflicher Eleganz weicht man einander aus, ein unauffälliges Lächeln auf den Lippen.

Der nächste Berg leidet unter den neuen Zeiten. Er ist mit Alten bevölkert, die sich an grobem Gardinenstoff Stirn und Nasenspitze wund reiben und seit Monaten keinen Fuß mehr vor die Tür zu setzen wagten. Würde man diese Türen anständig schließen und die Zimmer dahinter mit Wasser füllen, so ließe sich dort trefflich schwimmen.

Am vierten Berg ist sportliche Betätigung, egal in welcher Form, völlig undenkbar. Dafür sorgen wachsame Polizisten, die jede auffällige Körperbewegung für verdächtig halten. Sie sind mit Maschinenpistolen und scharfen Hunden bewaffnet. Manche blicken dich an, als hätten sie noch unter Honecker gedient.

Drum verziehen wir uns lieber auf den letzten Berg — oder ist es der vorletzte? Hier stochern Herrschaften, die nach der neuesten Zauselmode frisiert sind, kennerisch in winzigen Skulpturen aus rohem Fisch und indischen Currys, die so scharf und lebensgefährlich wie asiatische Küchenbeile sind. Oder sie picken, weil sie sich dazu im Recht fühlen, Mandeln und Rosinen aus arabischen Eintöpfen. Hunger hat im Grunde niemand, allein, weil alle ständig am Essen sind. Der Gesundheit zuliebe kann man immer noch eine Runde schwimmen gehen. Oder am nächsten Tag eine weitere Wanderung auf einen, zwei oder drei Prenzlauer Berge planen.

(2001)

Dänemark

Das Fräulein, der Nebel und ein fliegender Stuhl

Außer Bjarne Riis kenne ich nur wenige Dänen. Aber keine Dänin kenne ich besser als Smilla Jaspersen. Dabei ist Fräulein Smilla gar keine Dänin, sondern eine Grönländerin. Bevor ich der resoluten Dame aus dem hohen Norden in Peter Høegs Roman „Fräulein Smillas Gespür für Schnee" begegnete, dachte ich über Dänemark und die Dänen grundsätzlich nur Gutes. Ich stellte sie mir als glückliche Leute in einem sauberen, höchstens ein wenig langweiligen Land vor. Als ich in Høegs Buch jedoch erfuhr, welche Atmosphäre von Misstrauen, Herablassung und Rassismus Smilla umgibt, als sie in Kopenhagen den mysteriösen Tod eines grönländischen Jungen aufklären will, begann ich skeptisch zu werden. Höchste Zeit also, einmal selbst nach Dänemark zu fahren. Da kam die Einladung zu einem Kurztrip nach Kopenhagen und Umgebung gerade recht.

Prompt warnte mich ein Bekannter. Er war vor Jahren einmal in der dänischen Hauptstadt gewesen, hatte von Kopenhagen jedoch nichts zu sehen bekommen. Wegen des Nebels. Im Nebel war Kopenhagen unsichtbar geworden. Egal: Nebel hat mit Wasser zu tun, ich liebe das Meer, und obendrein las ich kürzlich, dass diese Stadt das Wasser braucht wie die Luft zum Atmen.

Die neun Männer und Frauen, die um die Mittagszeit zum Flug SK2852 antreten, erwartet aufgelockerte Bewölkung über der dänischen Metropole und jede Menge Wasser, das gelegentlich auch von oben kommt. Nach der Landung wird ihnen zunächst eine Führung durch den Kopenhagener Flughafen zuteil. Ein schöner, erstaunlich großer, sauberer Flughafen, der, wie eine freundliche Dame erklärt, derzeit ausgebaut, das heißt, noch schöner, noch größer gemacht wird. Die Raucher unter uns wundern sich, dass überall riesige Aschenbecher herumstehen. Wir sind hier in Dänemark und nicht in den USA, sagt die freundliche Dame. Ein wenig nervös wird sie, als keine fünf Minuten später die beiden jungen Frauen aus unserer Gruppe verloren gegangen sind. Wir suchen in den schönen, großen Duty-free-Geschäften nach ihnen und finden sie an der Gepäckausgabe wieder. Dann bringen schweigsame Taxichauffeure uns in die Stadt. Sie sprechen gebrochen Englisch, mit indischem oder türkischem Akzent.

Unser Hotel liegt genau im Zentrum, gegenüber dem berühmten Tivoli-Park, der vom Mai bis zum 15. September geöffnet, bei unserem Besuch aber geschlossen ist. Es wurde in den 1960er-Jahren von einem berühmten dänischen Architekten gebaut, der auch als Designer tätig war. Das alles sieht man dem hoch aufgeschossenen Gebäude auf den ersten Blick an. Am nächsten Tag steht eine Führung durch den 21-stöckigen gläsernen Kasten auf dem Programm. Die breiten Betten wirken sehr einladend, aber für ein Schläfchen bleibt keine Zeit. Zunächst schickt uns unsere Reisebegleiterin für ein Stündchen in die Fußgängerzone von Kopenhagen. Das ist eine von Wasser umgebene und durchzogene, saubere Stadt voller hübscher Häuser und nicht weniger ansehnlicher junger Menschen. Und eine ziemlich teure dazu. Nur zögernd überwinde ich mich zum Kauf von zwei Bananen.

Den Abend verbringen wir in der Gruppe. Es wird früh dunkel, und noch immer kommt kein Nebel auf. Bei Kerzenschein wird knackiger Salat und gegrillter Lachs serviert. Die Rotweinflaschen sind mit Strichen und Zahlen gekennzeichnet: Bezahlt wird nur das Quantum, das der Gast tatsächlich getrunken hat. Auch der Schokoladenkuchen schmeckt köstlich. Das urgemütliche Restaurant liegt am Nyhavn, der so neu nicht mehr ist, sondern aus dem 17. Jahrhundert stammt. Nur Holzsegelboote dürfen dort vor Anker gehen. Das Wasser zwischen den schmucken, alten Handelshäusern ist angeblich so sauber, dass man gefahrlos darin baden kann. Einst gab es hier Seemannskneipen und Tätowierbuden, Zuckerbäcker und Goldschmiede.

Ziemlich betagt sind ebenfalls das gegenüberliegende Königliche Theater, die Musik und die Textvorlage, zu denen an diesem Abend Ballett getanzt wird, sowie, im Durchschnitt, das vielzählig anwesende Publikum. Man klatscht auf eine Art und Weise, die von Besuchern aus südlicheren Gegenden wohl als Gipfel nordischer Begeisterungsfähigkeit gedeutet werden muss. Doch die Vorstellung von „Romeo & Julie" war tatsächlich sehr eindrucksvoll.

Unsere Reiseführerin am nächsten Tag heißt Hanne. Eine kleine, alerte Dame jenseits der Sechzig. Hanne spricht ausgezeichnet Französisch, hat zahlreiche Freunde und Bekannte in Paris und braucht während ihren Erläuterungen fast nie in das Büchlein zu schauen, das sie sicherheitshalber stets bei sich führt. Ihr zur Seite steht Kurt Nielsen, der PR-Verantwortliche des dänischen Fremdenverkehrsamtes. Kurt Nielsens Lieblingssatz lautet: „L'humour danois est très spécial." Zur Illustration der landestypischen Kauzigkeit hat er für die nun elfköpfige Gruppe zwei Regenschirme mitgebracht.

Hannes erste Lektion über Dänemark ist diese: „Il y a toujours une histoire derrière les choses." Die Dinge, die sie uns zeigt, haben durchweg etwas Idyllisches, Puppenhaushaftes an sich: Plätze, Festungsüberreste, Kirchen, Kapellen, Villen, Parks, Gärten, Kanäle, Seen ... „Behagelig" heißt das betreffende dänische Wort. Die Geschichten hinter diesen Dingen erzählt Hanne, während wir den gefürchteten touristischen Schweinsgalopp antreten und unser Bus von einer Sehenswürdigkeit zur nächsten kurvt. Dazu zählen nicht nur die wunderlichsten Bauwerke Kopenhagens wie etwa die Warenbörse mit ihrem Turm aus vier gekringelten Drachenschwänzen und die größte protestantisch-lutheranische Barockkirche ganz Skandinaviens, sondern auch die Fahrradständer, an denen 1.700 städtische Räder nach dem Einkaufswagenprinzip ausgeliehen werden können. Prompt führt der joviale PR-Mann uns vor, wie diese dänischen Leihvelos funktionieren. Nämlich nicht anders als nichtdänische Normalräder.

Nicht zu vergessen Andersens unvermeidliche Kleine Meerjungfrau. Wir sollten nicht traurig sein, sagt Hanne, aber vermutlich hätten wir uns die Sagengestalt größer vorgestellt, als sie tatsächlich ist. Das stimmt. Aber mit den Japanern, die bei unserer Ankunft schon fleißig am Knipsen sind, haben wir durchaus gerechnet. Sie wirken ein wenig bedrückt. Weil es soeben erneut zu regnen begonnen hat? Oder eine von Hannes Kolleginnen auch ihnen vom bedauerlichen Schicksal der Statue erzählt hat? Nun, einmal wurde ihr der Kopf, einmal ein Arm abgeschnitten, ein weiterer Amputationsversuch vor wenigen Jahren schlug – glücklicherweise, sagt Hanne – fehl.

Und weiter geht die Rundfahrt. Neun Köpfe wenden sich mal nach rechts, mal nach links. Ausgestiegen wird am achteckigen Platz der Amalienborg, dem Wohnpalast der Königsfamilie. Hanne ist in ihrem Element. Denn die dänische Geschichte, das heißt die Geschichte der verschiedenen dänischen Königs-, Fürsten- und Adelshäuser, liegt unserer Führerin ganz besonders am Herzen. Sie kann ihre Sätze seit langem auswendig. Schön, dass die Palastwache gerade ihren Schichtwechsel zelebriert. Die Leibgardisten Ihrer Majestät sind mit der gebotenen Ernsthaftigkeit bei der Sache. Selbst als eine Japanerin mit einem gewaltigen Fotoapparat vor dem Gesicht ihnen in die Quere kommt und beinahe einen Zusammenprall provoziert. Schön, dass nicht immer alles klappt wie geplant, und dass wir das seltene, eher zufällige Privileg haben, eine der königlichen Limousinen vorbeifahren zu sehen. Schön, dass es bald wieder aufhört zu regnen.

In nordwestlicher Richtung steuert unser Fahrer aus der Stadt. Als wir die monotonen Hochhäuser mit ihren von Satellitenschüsseln beanspruchten Balkonen, die rauchenden Schlote der Industrieanlagen und düstere Autobahntunnels passieren, schweigen die Buslautsprecher. Kopenhagen ist mehr als nur die unwirkliche Märchenstadt, als die sie sich so viele Ausländer vorstellen. Erst beim Anblick der ersten strohgedeckten Häuschen und niedlichen Seen greift Hanne erneut zum Mikrofon. Die Kluft zwischen der Urbanität der Metropole und den urigen Dorfidyllen erstreckt sich bloß über wenige Kilometer. Dänemark ist ein flaches Land ohne Flüsse, auf zahlreichen Koppen thronen kleine und weniger kleine Schlösser, piekfeine Gutshäuser, doch bei etlichen Gruppenmitgliedern zeigen sich erste Ermüdungserscheinungen. Mit einem einzigen Handgriff lassen sich die Bussitze in bequeme Schräglage bringen.

Frederiksborg, eines der größten und bedeutendsten Schlösser Dänemarks, liegt am Rand des Städtchens Hillerød und dient als Nationales Geschichtsmuseum. Etliche Japaner, auch einige einheimische Besucher sind schon da. Kurt Nielsen lässt uns eine gute Stunde mit Hanne allein, auch er kennt ihre Sätze vermutlich schon auswendig. Erstaunlich, wie viele dänische Könige in all den Jahrhunderten Friedrich oder Christian hießen. Wie viele dieser Friedrichs und Christians unverbesserliche Schürzenjäger waren. Wie viel Zeit sie auf ihre Lieblingsbeschäftigung verwandten und welche Energie sie bei dieser Tätigkeit zuweilen entwickelten. Einer von ihnen gilt gar als Erfinder des ersten dänischen Aufzugs, der nicht unpoetisch „fliegender Stuhl" genannt wird, bis heute funktioniert und es seinem Benutzer ermöglichte, sich zu einem heimlichen Rendezvous in die barocken Lustgärten seines Anwesens zu begeben, ohne dass der ganze Hofstaat gleich Wind davon bekam. Ja, Hanne weiß sämtliche Details über das Treiben und Wirken ihrer blaublütigen Landsleute und gibt sie gerne preis.

Zum Mittagessen in Fredensborg – auch in diesem Städtchen unterhält die königliche Familie eine prachtvolle Residenz – wird geräuchertes, hauchfein geschnittenes Putenfleisch und anschließend gebratene Ente kredenzt. Unser Begleiter aus der PR-Abteilung fragt seine Gäste nach einschlägigen Dänemark-Kenntnissen. Jemand erwähnt den Schöpfer der Legosteine, es fallen die Namen von zwei, drei Filmregisseuren, der Schriftsteller Peter Høeg wird genannt, einer kommt auf die liberalen dänischen Pornografiegesetze zu sprechen, woraufhin Herrn Nielsen ein nicht ganz stubenreiner Witz einfällt. Doch das macht nichts! Inzwischen sind sämtliche Teller abgeräumt, wir sitzen gemütlich beim Kaffee, und Dänemark ist eh als fortschrittliches, tolerantes Land bekannt. Die Kellner sind sehr freundlich. Draußen scheint sogar ein bisschen die Sonne. Doch wir müssen uns beeilen. In Helsingør biegen wir nach Süden ab. Im Vorbeifahren ein rascher Blick auf Schloss Kronborg, dem Shakespeare mit seinem Hamlet-Drama zu Weltruhm verhalf; ein schnelles Schielen über die Ostsee zum nur vier Kilometer entfernten Schweden: dampfende Fabrikschlote, Hafenkräne, gemächlich dahinziehende Frachtschiffe, Passagierfähren. Die Zeit drängt, wie gesagt, das Meer schwappt träge gegen die schmalen Ufer der dänischen Côte d'Azur, wie dieser Küstenabschnitt gerne bezeichnet wird, in den kleinen Fischerdörfern ragt vor jedem Haus eine mindestens fünf Meter hohe Fahnenstange in den plötzlich dramatisch verdunkelten Himmel. Es gebe kaum ein anderes Volk, sagt Hanne, das so stolz auf seine Flagge sei wie die Dänen. Und Kurt Nielsen sagt: „Für den Besuch des berühmten Louisiana-Museums in Humlebaek bleiben uns höchstens fünfzig Minuten." Schade, denn man zeigt derzeit Bilder, Zeichnungen und Gemälde von Picasso, deren Thema das Mittelmeer ist. Mir gefällt dieses Meer. Mir gefallen alle Meere, und ebenso die Werke der Cobra-Gruppe, die im Louisiana hängen, überhaupt die zeitgenössische Kunst, und ... Schon sind die fünfzig Minuten um! Wenigstens haben sich unsere beiden Damen nicht in dem schönen Museumspark verlaufen.

Sehr schön erscheinen auch die Villen in Rungsted, wo 1885 Karen Dinesen geboren wurde, die in Kenia ihren schwedischen Cousin Blixen heiratete und deren Bücher sehr erfolgreich verfilmt wurden: „Out of Africa", „Babette's Fiest". Ausgesprochen apart, aber auch sehr teuer sind die Mietshäuser in Skodsborg. Sehr gepflegt wirken die großen öffentlichen Parks mit den frei lebenden Wildtieren in der Umgebung von Naerum, sehr exquisit die Strände und der Hafen des königlichen Yachtclubs. Genau so haben wir uns Dänemark vorgestellt, vielleicht ein wenig unaufgeräumter, spannender. Dazu passt, dass wir in einem der Kopenhagener Vororte an der ehemaligen

Tuborg-Brauerei vorbeikommen, die neuerdings als Bürogebäude und Museum genutzt wird. Eine überdimensionale Bierflasche schmückt den Hof. Auch über den dänischen Gerstensaft weiß Hanne bestens Bescheid, während Herr Nielsen ein paar Souvenirs austeilt und Vertrauliches über dänische Politiker verrät. Ja ja, der spezielle dänische Humor ... Das Lachen vergeht unserer Reisebegleiterin, als zum Abendessen im mittelalterlichen St. Gertruds Kloster erneut geräucherter Lachs und gebratene Pute auf den Tisch kommen. Das ist nicht ihre Schuld, nein, aber es berührt sie unangenehm, auch wenn das Essen vorzüglich mundet, vor allem das Zimtspeiseeis zum Dessert. Zum Trost prosten wir unserer Begleiterin mit Aquavit zu und lästern ein wenig über die zahlreichen Friedrichs und Christians, die auch nicht frei von kleinen Schwächen waren.

(1996)

Russland

Nette russische Girls

An den Namen des Hotels kann ich mich genau erinnern, es hieß Oktiabrskaya. Ebenso an die Fahrt dorthin. Wir kamen mit dem Zug aus Tallinn, fuhren gegen Mittag bei Narva über die Grenze und erreichten St. Petersburg nach ziemlich genau zwölf Stunden. Über den Bahnhofsvorplatz humpelten lahme Hunde, während Männer mit Mützen auf dem Kopf der schon abgefahrenen Straßenbahn hinterherhetzten. Vor einer orientalischen Imbissbude hielt ein Kwas-Wagen mit silbernem Tank, an dem Frauen mit Plastikkanistern Schlange standen.

In St. Petersburg waren die öffentlichen Briefkästen blau. Darauf die altbekannten sowjetischen Symbole: die Sichel und der Ährenkranz. Eine Passantin zeigte mir im Vorbeigehen ihre Zungenspitze und lächelte.

Das Oktiabrskaya also. Wie dieses Hotel könnten Ungläubige sich den Himmel vorstellen: riesig, labyrinthisch, langweilig. Dabei gab es auf jeder Etage eine Bar. Doch die sah auf jedem Stockwerk gleich aus: staubig, verlottert, mit Personal, das hier eine langjährige Gefängnisstrafe zu verbüßen schien.

Mein Zimmer im Oktiabrskaya hatte die Nummer 746. Das Bett war äußerst unbequem. Auf einem hölzernen Lattenrost lag eine kaum drei Zentimeter dicke Matratze. Neben dem Bett stand ein Kühlschrank, der wie ein Panzerschrank aussah und so unangenehme Geräusche von sich gab, dass ich unverzüglich den Stecker aus der Wand zog.

In Zimmer 746 sah ich mir das Fußballspiel Frankreich gegen Italien an. Ich glaube, es war das Europameisterschaftsendspiel. Die Franzosen gewannen zwei zu eins. Kaum hatte der Schiedsrichter abgepfiffen, klingelte auf dem Nachttisch das Telefon. Die Etagenfrau fragte auf Englisch, ob ich ein nettes russisches Girl kennen lernen wolle.

Am nächsten Morgen suchte ich eine halbe Stunde lang nach dem Frühstücksraum des Hotels. Für jeden Gast gab es eine Scheibe Schwarzbrot, eine Scheibe Wurst, ein Stückchen Käse, ein sandig schmeckendes Croissant und eine Tasse Kaffee. Für eine zweite Tasse Kaffee musste man extra bezahlen.

Zwei Tage später fuhren wir weiter, Richtung Moskau. Den letzten Nachmittag in St. Petersburg verbrachte ich mit Richard, dem ausgebürgerten Rumäniendeutschen, in einem Café am Nevsky Prospekt. Wir saßen unter Sandsäcken, Fallschirmspringern und kleinen Fesselballons, die an der Decke befestigt waren und jedes Mal, wenn die Eingangstür aufging, gefährlich zu schwanken begannen. Auf einen der Barhocker hatte man eine Puppe gesetzt, die einen Matrosen darstellen sollte. Jemand hatte ihr die Nase rot gefärbt und einen fünfzackigen Stern auf die Stirn gemalt.

Kurz bevor wir aufbrechen mussten, kamen wir mit einer jungen Frau ins Gespräch, die dicke Zigarren rauchte. Sie ärgerte sich über den Verrat an den osteuropäischen Intellektuellen. Wer ihrer Meinung nach die Verräter waren, sagte sie nicht. Wir erfuhren nur noch, dass Ludmilla, so hieß sie, nachmittags ab fünf in einer Pizzeria am Nevsky Prospekt arbeitete. Und zwar am Telefon. Um die Tischreservierungen entgegenzunehmen. Bevor wir tatsächlich gingen, steckte Ludmilla uns das Visitenkärtchen ihres Lokals zu. Es nannte sich „La Strada"; seine Spezialität waren „Talliatelli tricolori arrabiati".

(2006)

Niederlande

Der Sumpfläufer ist kein Kampfläufer

Zur Begrüßung gibt es Suppe. Kaum ist sie ausgelöffelt, beginnen die Exkursionisten, drei Dutzend gesetzterer Herrschaften zwischen Ende Fünfzig und Anfang Siebzig, unruhig auf ihren Stühlen hin und her zu rutschen. Schließlich sind sie nicht wegen des Essens auf die niederländische Insel Texel gekommen, sondern wegen eines Naturerlebnisses, das in dieser Güte und Einmaligkeit nur an wenigen Orten der Welt genossen werden kann. Doch vorerst müssen sich die Ausflügler noch etwas gedulden. Es gilt, vorab ein paar organisatorische Dinge zu klären, Gruppeneinteilung, Zeitplan, Treffpunkte und nicht zu vergessen die akribisch erstellte Liste aller jemals auf Texel gesichteten Vögel, die vor dem Aufbruch in die Natur an alle verteilt wird.

Das ist ein wichtiges Detail, wenn „Birder", wie die Vogelbeobachter auf Neudeutsch heißen, unterwegs sind. Die Übersicht umfasst nicht weniger als 323 Namen, von denen etliche wie Alpenstrandläufer, Basstölpel und Mittelsäger für den Laien eher rätselhaft klingen. Von anderen, dem Skua, dem Orpheusspötter und dem Zilpzalp etwa, hat er noch nie gehört. Das Gros der Birdingtour-Teilnehmer freilich zählt zur Kategorie der ambitionierten Amateure und erfahrenen Hobby-Ornithologen, die den Sumpfläufer bestimmt auf den ersten Blick vom Kampfläufer und die Lachmöwe allein am Gekreisch von der Mantelmöwe unterscheiden können.

Dass der Ahnungslose es nicht mit seinesgleichen zu tun hat, wird spätestens beim Rendezvous auf dem Parkplatz des Hotel-Restaurants in dem Inseldörfchen De Waal ersichtlich. Ob pensionierter Orchestermusiker, diplomierter Krankenpfleger, Insolvenzberater oder technische Zeichnerin – kaum einer der Studienfahrer ist nicht mit den neuesten technischen Gerätschaften des Vogelbeobachtungswesens ausgerüstet. All die Ferngläser, Spektive, Stative, Objektive und Kameras, die herangeschleppt werden, sehen wirklich imposant aus, und selbst die unentbehrlichen Gummistiefel, Windjacken, Schutzhosen und Regenüberwürfe sind ausnahmslos brandneu. Den „Kosmos Vogelführer", die Bibel der „Birder", unter Eingeweihten schlicht „der Svensson" genannt, hat jeder Zweite unter dem Arm. Dann kann die Pirsch endlich losgehen.

Schon nach wenigen Autominuten erreicht die Gruppe den ersten Beobachtungsposten im Norden von Texel, der westlichsten und mit 184 Quadratkilometern Fläche größten der Friesischen Inseln, die so übersichtlich und flach ist wie der hier gerne aufgetischte Pfannkuchen. Der Konvoi hält an, die Vogelkundler bringen sich und ihr Material in Position, gleich darauf erklingen die ersten Jubelrufe: „Da, eine Zwergmöwe mit auffälliger rosa Bauchfärbung! Und dort oben, eine Kornweihe!" Der Laie allerdings erkennt zunächst nur eine kleine Schafherde, die friedlich auf der Deichkante grast, ohne sich vom anrückenden Menschentrupp stören zu lassen. Mit bloßem Auge sind die Objekte der Vogelsucherpassion einstweilen überhaupt nicht auszumachen. Lediglich helle und weniger helle Tupfen sprenkeln den Flutsaum des Meeres, das sich weit zurückgezogen hat. Das sollen Vögel sein?

Die eingefleischten Vogelbeobachter stört es wenig, dass Ebbe herrscht. Andächtig, feierlich fast und ungeachtet der aus allen Himmelsrichtungen pfeifenden Dauerbrise drücken sie das Auge auf ihre optische Tüte, seufzen zwischendurch genüsslich und geben sich ansonsten stumm ihrer Lieblingsbeschäftigung hin. Allein der Leiter der Gruppe macht gelegentlich und gegen die Böen ankämpfend ein paar fachmännische Kommentare. Bei Zweifeln blättert er hektisch in seiner Vogelfibel, die ihm beispielsweise bestätigt, dass ein kleiner Schnabelhöcker das Männchen vom Weibchen einer bestimmten Art unterscheidet. Und mit ein wenig Aufmerksamkeit lernt auch der ornithologische Neuling nach und nach ein wenig hinzu

– zumindest in der Theorie. Bald weiß er, dass mit dem Ausdruck Limikolen Watvögel gemeint sind, dass man Jungtiere an der Farbe des Gefieders von ihren erwachsenen Artgenossen unterscheiden kann und dass unbedingt zwischen dem winterlichen Schlichtkleid, dem Übergangsgefieder, dem Brut- und dem Prachtkleid zu differenzieren ist. Mit Genugtuung nimmt er überdies zur Kenntnis, dass die unterschiedlichen Stadien von Zwischenkleidern sogar dem versierten „Birder" die genaue Erkennung und Bestimmung der diversen Exemplare erschweren. In der Praxis jedoch begreift der Anfänger die Welt der Aviatiker vor allem als ein grandioses Flattern. Und allmählich wird ihm klar, dass die Fauna auf Texel ein weitgehend sorgloses Dasein genießt. Seitdem die niederländische Forstverwaltung große Teile der Insel, zahlreiche Salzwiesen und Sümpfe, vor allem Dünen- und Wattgebiete, als streng geschützte Naturreservate ausgewiesen hat, ist dieser Erdenfleck in der Nordsee zu einem Anziehungspunkt für Vogelbeobachter aus ganz Europa geworden. In Jahrmillionen ließ die Dynamik des ständigen Gezeitenwechsels hier eines der bedeutendsten Feuchtgebiete der Erde entstehen. Nicht weniger als achtzig Vogelarten brüten in den texel'schen Dünen. Zu Zehntausenden kommen die Zugvögel vorbei, um sich auszuruhen und nach Nahrung zu suchen. Im Frühjahr legen die einen sich Fettdepots für den mehrere tausend Kilometer langen Flug in ihre skandinavischen und arktischen Brut- und Sommerreviere an; im Herbst holen sie sich hier die Kraft für die Weiterreise zu den Winterquartieren in Südfrankreich, Spanien und Nordafrika. Das ist nur deshalb möglich, weil der Mensch ihnen auf Texel genügend Raum und Zeit zum Fressen lässt.

Vor ein paar Jahrhunderten allerdings dürfte es keine rechte Freude gewesen sein, sich als Tier auf Texel aufzuhalten. Damals, im 17. und 18. Jahrhundert, herrschte vor der Küste großer Andrang. Unzählige Schiffe der 1602 gegründeten Vereinigten Ostindischen Kompagnie, aber auch Walfänger und Kriegsboote, lagen auf der Reede von Texel vor Anker. Es waren Flotten, die auf günstige Winde warteten, um in

Richtung Osten auslaufen zu können; und es waren mit Gewürzen, Baumwolle, Seide und Porzellan aus Asien beladene Heimkehrer, die darauf harrten, zur Löschung ihrer Fracht in den Hafen gelotst zu werden. Da eine Reise nach Fernost rund neun Monate dauerte, musste für die durchschnittlich zweihundertfünfzigköpfige Besatzung reichlich Proviant an Bord gebracht werden. Neben Fässern mit hunderttausend Litern Trinkwasser zählten dazu auch Schafe und Schweine, vorzugsweise trächtige Tiere, damit den Matrosen unterwegs hin und wieder ein Lämmchen oder ein Spanferkel serviert werden konnte. Die auf Texel geladenen Enten wurden auf hoher See geräuchert und gesalzen, was dem modernen Vogelfreund sicherlich als Barbarei ersten Ranges erscheinen muss.

Zu ihrem Glück sind die Zeiten, da die Niederländer als Handels- und Kolonialmacht die Weltmeere beherrschten, längst vorbei. Schon 1799 wurde die VOC offiziell aufgelöst. Nach Texel verkehren heute bloß noch Fährschiffe mit friedlich gesinnten Gästen an Bord. Bis zu fünfzigtausend Menschen, das Vierfache der Einwohnerzahl von Texel, bevölkern an manchen Sommertagen die Strände, Straßen, Radwege und die Hand voll Dörfer des Eilands. Aber nur ein Bruchteil von ihnen widmet sich der Vogelbeobachtung. Nur eine Minderheit stellt der einheimischen Tierwelt mit allerlei Fernsichtgeräten nach, wie dem jüngsten Jahresbericht der niederländischen Fremdenverkehrsbehörde VVV zu entnehmen ist. Noch werden die Vogelbeobachter darin nicht als eigene Spezies aufgeführt, im Gegensatz zu den Radlern, Wanderern und ausschließlich Erholung Suchenden.

Das kann sich bald ändern, denn Birdingtouren gelten als touristische Nische mit erheblichem Wachstumspotenzial. Das liegt vor allem an der Kundschaft selbst, unkomplizierte Klienten mit präzisen, leicht zu erfüllenden Wünschen und Vorstellungen. Zudem sind die Gruppen, die sich vornehmlich aus Akademikern und Absolventen höherer Schulen mit überdurchschnittlicher Finanzkraft zusammensetzen, in der Regel von festen Ferienterminen unabhängig und in hohem Maß flexibel. Auch ist innerhalb dieser Reisegruppen normalerweise nicht mit Schwierigkeiten oder gar Konflikten zu rechnen. Sämtliche Teilnehmer bekennen sich zu einer gemeinsamen Leidenschaft, es gibt keine Annäherungs- oder Verständigungsprobleme. Man schätzt sich als umweltbewusste Naturfreunde und kennt sich häufig bereits von früheren Expeditionen.

Bei so viel Harmonie geht auch das Abendessen reibungslos vonstatten. Erwartungsgemäß beschränkt sich die Tischkonversation auf ein einziges Thema: Vögel. Voller Eifer tauscht man die neuesten Erkenntnisse aus, hin und wieder jongliert jemand mit einer besonders exotisch anmutenden Vogelbezeichnung, und selten stört ein „Twitcher" die Eintracht. So werden jene Vogeljäger genannt, denen es nicht auf das ausgiebige, selbstgenügsame Betrachten und das umfassende Studium von Aussehen und Verhalten der Vögel ankommt, sondern einzig und allein auf die Zahl der erspähten und abgehakten Arten. Kein Wunder, dass die „Birder" die „Twitcher" eigentlich nicht mögen, weil diese das Vogelbeobachten als sportliche Disziplin mit Rekordanspruch betreiben.

Als Dessert hält einer der mitgereisten Experten, ein wahrhaftiger Vogelprofessor, einen Diavortrag zum Thema Ringelgans. Fachkundig und mit einer starken Prise Selbstironie erzählt er, wie er und seine Studenten sowohl der dunkelbäuchigen wie auch der schwarzbäuchigen Ringelgans in der sibirischen Tundra auflauerten und alle zehn Sekunden notierten, was die Tiere trieben, ob sie fraßen, aufflogen, sich putzten oder verdauten. Letzteres pflegt die Gattung mit ziemlicher Genauigkeit alle vier Minuten zu tun und eine Kotwurst hinter sich fallen zu lassen. Als der Gelehrte alles Wissenswerte über Populationsdynamik, Ortstreue und Migrationsverhalten verraten und sich längst zur Nachtruhe begeben hat, sitzen die hartnäckigsten „Birder" immer noch fachsimpelnd beim Bier – was sie nicht daran hindert, am nächsten Morgen um sechs Uhr früh wieder in die Natur aufzubrechen.

Auf dem Programm steht eine Vogelstimmen-Exkursion, die zu Fuß quer durch das Dorf und ein paar Kilometer hinaus auf die umliegenden Felder führt. Noch eine neue Erfahrung. Denn um diese Zeit warten auf Texel andere akustische Eindrücke als tagsüber an den Meeresufern, wo inmitten eines hundertstimmigen Krächzens, Zwitscherns und Piepsens das optische Element überwiegt. Nach dem Frühstück fährt die Gruppe südwärts, an die Wattenmeerbucht von Mokbaai, wo Pfuhlschnepfen, Brachvögel und Knutts sich gegenseitig auf die bekrallten Zehen treten und die Uferschnepfe für den Spezialisten angeblich kinderleicht an ihren „Grittagritta"-Rufen zu erkennen ist. Da Flut herrscht, halten die Vögel sich ganz nah am asphaltierten Feldweg auf und können vorzüglich inspiziert werden: Graugänse mit Nachwuchs, Lachmöwen bei der Kopulation, Austernfischer, die mit ihrem charakteristischen signalroten Schnabel im Schlick nach Gewürm, kleinen Muscheln, Krabben und anderen Kleinlebewesen bohren: ein echtes Birderparadies.

Um in den gegenüberliegenden Dünengewässern die wie im Lehrbuch ausgebreitete Artenvielfalt zu studieren, bedarf es nur eines kurzen Schwenks des Objektivs. In den Dünen putzen sich Kormorane das Federkleid, Braun- und Schwarzkehlchen picken im Sand Essbares auf, Bartmeisen flitzen durch das Schilf, über das elegant eine Rohrweihe streicht. Hier halten es die Kenner problemlos drei Stunden lang auf wenigen Quadratmetern Fläche aus, ohne einen Gedanken an Hunger oder Durst, Kälte oder Müdigkeit zu verschwenden.

Den durchgefrorenen Laien aber, der allmählich einsieht, dass er vielleicht doch nicht für die Naturwissenschaft geboren wurde, zieht es fort – hin zu Menschen ohne Fernglas vor dem Gesicht, hin zu Sehenswürdigkeiten, denen die Vogelfanatiker nur ausnahmsweise ein bisschen Aufmerksamkeit schenken. Zwar hat die Insel Texel weder großartige Ausgrabungsstätten noch außergewöhnliche Kirchtürme oder kunsthistorische Sammlungen zu bieten, dafür aber riesige Tulpenfelder und nicht weniger als sechs Museen in sieben Ortschaften. Lohnenswert ist ohne Zweifel ein Abstecher ins Ecomare bei De Koog. In diesem Zentrum für Wattenmeer und Nordsee ist die Entwicklung Texels von der letzten Eiszeit bis heute dokumentiert. In offenen Aquarien werden die unterschiedlichen maritimen Lebensräume vorgestellt. Ferner befindet sich hier das erste Seehundrettungslager der Niederlande, wo man zweimal täglich der Fütterung der Tiere beiwohnen kann.

Geradezu spektakulär für texel'sche Verhältnisse ist das Museum für Seefahrt und Strandräuberei in dem kleinen Ort Oudeschild. Um eine renovierte Windmühle ducken sich mehrere Häuschen und Seegrasschuppen, in denen die Entwicklung des Dorfes sowie die Geschichte seines Hafens, der Fischerei, des Rettungs- und Lotsenwesens auf Texel anschaulich gemacht werden. Einen willkommenen Kontrast zur adretten, aber etwas sterilen Sauberkeit in allen anderen Ecken der Insel bietet das Gebäude, in dem die *jutterij* untergebracht ist. *Jutters* heißen die immer noch aktiven Strandräuber, die eine verbotene, gleichwohl weit verbreitete Tätigkeit ausüben.

Bis zum Zweiten Weltkrieg sicherte die Strandräuberei vielen Texelern das Überleben. Da es auf der Insel wenig Arbeit gab, suchten die Einheimischen das Meeresufer regelmäßig nach brauchbaren Gegenständen ab. Besonders begehrt war das Holz gestrandeter Schiffe, das im heimischen Ofen verbrannt oder als Baumaterial genutzt werden konnte. Manche Räuber gingen gar so weit, falsche Leuchtfeuer vor der Küste zu entzünden, um die Kapitäne in die Irre zu führen. Anschließend wurden die auf Grund gelaufenen Schiffe brutal ausgeplündert. Die heutigen Gesetzeshüter lassen die Strandräuber meist gewähren, sofern sie ihre illegale Beute freiwillig im örtlichen Museum abliefern. Da die Texeler gesetzestreu sind, ist der Schuppen bis unter das Dach gefüllt. Bojen, Fahnen und Rettungsringe baumeln an langen Seilen von den Balken, meterhoch sind die Regale, die sich unter Tausenden von Flaschen biegen, auf breiter Fläche sind allerlei Schuhe, Stiefel und Schlappen an die Wand genagelt. Wer genauer hinschaut, entdeckt neben einem

Schaukelstuhl noch andere Raritäten. Eines der kuriosesten Fundstücke stammt von einem Tier, das eher selten auf Schiffen anzutreffen ist und noch nie auf Texel gesichtet wurde. Von einem Hirsch, dessen prächtiges Geweih an der Wand des Schuppens hängt.

(2003)

Belgien

In den Ardennen

Immer wieder kommen Mütter in Gummistiefeln herein und fragen nach der Suppe. Draußen spielen die Kinder, im Rinnstein ertrinken ganz langsam die kümmerlichsten Tanten. Von Suppe will der Wirt nichts wissen. Er hält den Blick stur auf die Klinge des degenschmalen Messers gerichtet, das länger ist als sein linker Unterarm. Am Kinn klebt ihm das Stück Speck von dem Schinken, das Mütter von Kleinkindern keineswegs haben wollen, vor allem, wenn sie blond sind und zu gepolsterten Hüften und kräftigen Schenkeln neigen. Mürrisch kaut der Wirt, und draußen spielen die Kinder, und verzweifelt rudern die Tanten mit immer schlaffer werdenden Armen.

Dies ist ein wässriges, aber praktisches Land, halb Belgien, halb monsungeschädigter Subkontinent. Für den Schinken als solchen hat man sogar ein Museum eröffnet, gleich unterhalb der postkolonialen Burgruine. Dorthin kommt niemand mehr hoch, zu glitschig ist das Pflaster, weit und breit keiner, der die nach Luft schnappenden Tanten ins Leben zurückzerren will.

So dampfen die Ardennen vor sich hin, selbst mitten im Sommer. Und die Frau des Wirtes hat Fingernägel wie Dosenöffner. Wirtin will sie nicht heißen, trotzdem gelingt es ihr, ihren Mann bei der Arbeit am Rücken festzuhalten, während er den Griff des Messers umklammert, präzise die stählerne Klinge ansetzt, tief Luft holt und beim Schneiden mit dem ganzen Oberkörper vor und zurück schwingt, als müsste er ein tiefgefrorenes Kalb zersägen. Man fragt sich, womit er nach Feierabend seine Frau entschädigen muss. Wie lange sie sich noch mit Blechbüchsen aus Kamerun zufrieden gibt, auf denen Negerhütten und Bananenstauden abgebildet sind.

Gleich nebenan gibt es noch ein Museum. Dort ziehen die nassen

Mütter ihre Gummistiefel aus und lassen sich von den Vätern ihrer nicht weniger nassen Kinder die Fußsohlen massieren. Niemand kann sich vorstellen, wofür all die Tonkrüge, Töpfe und Schüsseln wirklich gebraucht werden. Salz, das ins Feuer geworfen wurde, hat ihnen eine säurebeständige Glasur verpasst. Daran kann man lecken, ohne Schaden zu nehmen. Doch für Suppe, das schwört der Wirt beim Geweih des heiligen Hubertus, wurden die Behälter noch nie benutzt.

(2003)

Luxemburg

Die Entdeckung des Stillstands

Morgenstund' an Kilometer 5,5. Während wenige Dutzend Meter entfernt der Schnellverkehr vorbeidröhnt, beginnt auf dem Parkplatz nur zögerlich der neue Tag. Lkw-Fahrer schieben die Kabinenvorhänge zur Seite, hinter einigen mit Atemdunst beschlagenen Pkw-Scheiben zeigen sich vom Schlaf aufgequollene Gesichter. Vorsichtig werden Wohnwagentüren geöffnet. Sogar Szenen von großer Intimität spielen sich inmitten eines Sees aus Blech, Glas und Gummi ab. In einer offenen Autotür küsst sich ein Pärchen, ein älterer Mann streift die Shorts ab und eine Jogginghose über, seine Begleiterin knuddelt ihren Pudel, bevor dieser am Bordstein sein frühes Geschäft erledigt.

Tatort: *Aire de Berchem* – die umsatzstärkste Autobahntankstelle in Europa, „wenn nicht gar auf der ganzen Welt", wie das Betreiberunternehmen vermutet. Hier, an der von Süden kommenden E 25, kurz hinter der französisch-luxemburgischen Grenze, hier gibt es alles. Alles, außer einer Kapelle, einer Apotheke und eines Hundeklos. Ein solches befindet sich auf dem gegenüberliegenden Rastplatz einer Konkurrenzfirma. Die Dame mit dem Hündchen müsste die schlecht ausgeschilderte Unterführung benutzen und einen ziemlich langen Fußmarsch in Kauf nehmen.

Was beidseitig des Autobahnteilstücks Thionville-Luxemburg noch fehlt: ein Hotel. Die Zahl derer, die dennoch auf diesem Asphaltflecken übernachten und deshalb nicht in den Geschäftsbüchern des luxemburgischen Fremdenverkehrsamtes auftauchen, ist nicht bekannt. Andere, höchst beeindruckende Zahlen vermittelt die Kommunikationsabteilung des Mineralölkonzerns mit der Jakobsmuschel.

In den Sommermonaten schlucken im Tagesdurchschnitt 5.500 Autos eine Viertelmillion Liter Benzin, mehr als doppelt soviel wie im übrigen Jahr. Umgekehrt ist das Verhältnis bei den Lastwagen. In der Hochsaison werden mit 750 Brummis pro Tag nur halb soviele gezählt wie zwischen September und Juni. Dafür gehen im Juli durchschnittlich sechs Tonnen Pommes Frites und 5,4 Tonnen Fleisch und Wurst, annähernd 20.000 Gebäckstücke, über 15.000 Brötchen sowie mehr als 63.000 Getränke über die Theken des Raststättenrestaurants – das Doppelte des üblichen Umsatzes.

Hinter diesen Superlativen verbirgt sich eine Welt, die von Einheimischen mit Stauphobie nie betreten und selten als Forschungsterrain ernst genommen wird. Dabei ist es ein Irrtum zu glauben, Autobahntankstellen mit angeschlossener Raststätte würden vor Banalität und Geheimnislosigkeit nur so strotzen. Dies ist ein Mikrokosmos mit festen Ritualen, der durch das ständige Ankommen und Abfahren sekündlich seine Erscheinungsformen ändert, aber gleichzeitig von Beständigkeit und Wiederholung geprägt ist. Eine Welt jenseits der Leitplanken, in der auch der eiligste Kilometerfresser zur Ruhe kommt, wo auch der schlimmste Raser den Moment des Stillstands erlebt.

Zum Stehen gebracht werden die Fahrer nicht in erster Linie von der Aussicht auf Erholung von Staus, Massenkarambolagen und todesmutigen Überholmanövern, sondern von der bedrohlich in den roten Bereich oszillierenden Nadel der Benzinuhr. Für diesen bewusst herbeigeführten Fall stehen 24 Zapfsäulen für Pkws und 18 für Lkws parat. Als Zugabe winkt die Verheißung, in Luxemburg neben dem billigeren Benzin auch Zigaretten, Alkohol und Kaffee für bis zu dreißig Prozent weniger Geld kaufen zu können als in den Nachbarländern. Dementsprechend lang sind die Warteschlangen, die in den Sommerstoßzeiten gelegentlich sogar bis auf die Standspur der Autobahn zurückreichen.

„Eine extrem gefährliche Situation", weiß die Autobahnpolizei, die Erfahrung hat mit Unfällen an dieser beliebten Ausfahrt. Mit seinen 75 Lkw- und 150 Pkw-Parkplätzen sei „das Areal längst dreimal zu klein", heißt es beim Pächter. Drum ist auch an den Kassen des

Select-Shops Geduld nötig. Kaum ein Belgier, Franzose, Nieder- oder Engländer, der seinen Tankstopp nicht zur ausgedehnten Einkaufstour nutzt.

Der prächtig sortierte Supermarkt – Jahresumsatz: 25 Millionen Euro – beweist, dass sich die Konsumgesellschaft auch in der Ferienzeit keine Auszeit gönnt: Obst und Gemüse, Brot und Drinks, CDs und Tampons, Videos und Gedrucktes, Schmuck und Uhren, Hundefutter und Stofftiere, nichts muss die Laufkundschaft entbehren. Sogar ein kostenloser Internetzugang erwartet die Gäste im benachbarten Selbstbedienungsrestaurant, wo bescheidene Gastronomie sich zu gepfefferten Preisen offeriert. Bei der Übersetzung der viersprachigen Schrifttafeln freilich scheint man gespart zu haben. „Fragen Sie Ihr Spezial Menu", rät eines der Schilder den „Amis-routiers". Doch angesichts manch vermeintlicher Delikatesse im Warmhaltebecken möchte man eher nicht wissen, was das Menü antworten würde.

Stattdessen seien lieber ein paar vorübergehende Bewohner von Parkingland angesprochen. Beispielsweise Familie Werkman aus dem niederländischen Scherpenzeel, die in Alicante urlaubte. Mutter, Vater, Tochter, Sohn, kein Hund. Haben vollgetankt, sich mit dem Überlebenswichtigen eingedeckt und soeben eine tagesfrische Zeitung von daheim erstanden. Weg sind sie! Oder Natascha und Jean-Luc aus dem belgischen Mouscron, die aus Grasse, von der Côte d'Azur, kommen und am luxemburgischen Saum der E 25 in ihrem nicht mehr ganz fabrikneuen Opel übernachtet haben. Übrigens nicht zum ersten Mal. Und auch nicht, weil die *Aire de Berchem* landschaftlich oder architektonisch besonders attraktiv wäre. Sondern weil es bequem ist und noch preiswerter, als drüben in Frankreich in einem dieser „billigen und schäbigen Schuhkarton-Motels" abzusteigen.

Gemütlicher und ein bisschen geräumiger hatten es da Ingrid und Jean-Louis mit ihrem Söhnchen Milo. Die Maastrichter ziehen eine gerädete Bleibe der Marke *Constructam* hinter sich her, ein richtiger Oldtimer unter den Wohnwagen. „Das Design in traditioneller amerikanischer Tropfenform und innen alles aus massivem Holz", wie der Mann stolz erklärt. Seit Jahren macht seine Familie Sommerurlaub in Italien, auf der Heimreise zählt sie zu den Stammkunden der Berchemer Station.

Eine andere niederländische Familie wird diesen Ort eher in schlechter Erinnerung behalten. Während sie drinnen beim Kaffee saß – eine Terrasse gibt es genauso wenig wie einen Kinderspielplatz –, rammte ein italienischer Trucker ihr korrekt abgestelltes Auto. Fahrerflucht! Einige Minuten später treten zwei Polizisten an, nehmen das Protokoll auf, geben über Funk eine Suchmeldung mit vager Täterbeschreibung durch. Flugs werden sämtliche Grenzposten alarmiert, denn das Großherzogtum ist über die E 25 und ihre Abzweigungen nach Belgien und Deutschland in weniger als einer halben Stunde zu durchqueren. Die Chancen der Verkehrssünder, nicht rechtzeitig erwischt zu werden, stehen gut.

Bei einem weiteren Zwischenfall ist die Schuldfrage nicht so rasch geklärt. Plötzlich scheppert's und klirrt's. Ein niederländischer Wohnwagen hat die ausfahrbare Schublade eines der fünf Kassenhäuschen aus der Verankerung gerissen. Ratlose Blicke, jemand, der für alle Fälle ein Foto schießt, bevor Alexis mit Besen und Schaufel kommt.

Der Biologiestudent aus Metz ist für die Sauberkeit des Geländes zuständig. Ein Ferienjob im Schichtbetrieb. Zwischen sechs und 14 Uhr zirkuliert Alexis mit Greifzange und Mülltonne zwischen den Parkinglandianern. Freimütig öffnet er die seitlichen Türen des Containers, den er mit den stinkenden Resultaten seines Putzeifers gefüllt hat. Bevor er den Riesenbehälter betritt, rollt er die Ärmel seines Hemdes herunter, „wegen der Wespen".

Apropos Natur: Auch an Flora und Fauna hat der Rastplatz bei Berchem nichts Spektakuläres zu bieten. Keine neugierigen Wildschweine, keine seltene Orchideenart, sondern nur besagte Wespen, ein paar Spatzen und Ameisen, schmale Rasenstreifen, einige Waschkieskübel, in denen Unkraut vor sich hin wuchert.

Urlaub machen möchte man, im Gegensatz zu Julio Cortázar, in einem solchen Universum nicht unbedingt. 1982 war der argentinische Schriftsteller mit seiner Frau Carol Dunlop einen Monat in einem VW-Bus auf der Autobahn Paris-Marseille unterwegs. Eine ziemlich verrückte Expedition, die darin bestand, an sämtlichen 65 Raststätten dieser Strecke Halt zu machen und an jeder zweiten, wie grässlich sie auch sein mochte, zu übernachten. Was die beiden in ihrem anschließend veröffentlichten Reisetagebuch „Die Autonauten auf der Kosmobahn" über die Nächte abseits der Mittel- und Seitenstreifen, der starräugigen Lenkradhalter in ihren rasenden Blechdosen schrieben, gilt auch und gerade für die, wenn auch nicht flächenmäßig, so doch geschäftstechnisch größte Tankstelle Europas: „Die großen Rastplätze mit Tankstelle, Laden und fast immer einem Restaurant erleben jede Nacht die Entstehung einer kurzlebigen, schillernden, kleinen Stadt, die nur einmal existieren wird, um am nächsten Tag durch eine ähnliche, aber doch andere abgelöst zu werden. Plötzlich ist die Stadt vollständig, und es ist die internationalste Stadt der Welt, mit bulgarischen, französischen, deutschen, spanischen, griechischen, belgischen Häusern, lang gestreckten Häusern mit Aufschriften oder solchen mit großen Planen, die das Geheimnis bergen; Häusern mit vielen kleinen Räumen, mit Küchen, Bädern, Fernsehen, Licht; Häusern, in denen ein Paar wohnt oder ein Mann oder eine Frau allein, manchmal Hunde, manchmal Kinder, und immer Gaskocher, Flaschen mit Wein und Bier, der Duft von Suppe oder Pommes frites."

Dass auf der *Aire de Berchem*, wie gelegentlich zu hören ist, auch Drogen umgeschlagen werden und so genannte Bordsteinschwalben sich beim Warten auf Freier die Beine in den Bauch stehen, wird von offizieller Seite als Gerücht abgetan. Auch Alexis, der Spurenaufsammler, will mögliche Beweisstücke illegaler Geschäfte noch nie in seinen groben Handschuhen gehalten haben. Dafür konnte er bereits moslemische Reisende beobachten, die auf dem Parkplatz ihre Gebetsteppiche ausbreiteten und sich gen Mekka verneigten. „C'est toute une vie ici", philosophiert er.

Zu diesem Leben gehören auch der gepanzerte Wagen einer Sicherheitsfirma, deren Bleiwesten tragende Angestellte mehrmals täglich und durchaus legal die überbordenden Benzinkassen leeren; die regelmäßig herbeigerufenen Abschleppdienste, die kleinere Reparaturen vor Ort erledigen; die Ordnungskräfte, die Scheckbetrüger und Gratistanker verfolgen und durchreisende Fußball-Hooligans kontrollieren. Beobachten kann man zudem alle möglichen Kategorien zeitgenössischer Autofahrer, von denen jeder auf seine Art reagiert, wenn die Geschwindigkeit zur Langsamkeit und die Langsamkeit am Ende zur Bewegungslosigkeit wird. Hier versammeln sie sich, die Eiligen und die Langmütigen, die Gehetzten und die Träumer, die Genießer des besinnlichen Augenblicks und die Hektiksüchtigen.

Nur eine Spezies von Raststättenbenutzern scheint zumindest in Luxemburg definitiv ausgestorben zu sein: Die Autostopper, die vor den Ausfahrten den Daumen in die Höhe recken oder mit Städtenamen beschriebene Kartons über die Fahrbahn halten. Welch altmodische Idee, sich nicht im eigenen Gefährt fortzubewegen!

(2001)

Gast auf Erden

Niemand weiß von meiner Geografin. An einem Montagabend im Dezember klopfte sie an die Tür meines Zimmers. Sie trug Mantel, Hut und, wie ich später herausfand, gefütterte Stiefel. Nachdem sie den Mantel auf mein Bett geworfen hatte, stand sie in einer ockerfarbenen, vor der Brust locker geschnürten Safaribluse vor mir. Zufällig hatte ich am Morgen den Teppich geklopft, mir den Schmutz von neun Tagen unter den Fingernägeln entfernt und vor Anbruch der Nacht den Aschenbecher mit Flüssigseife ausgewaschen, die nach Lavendel duftete. Die Stiefel öffneten sich wie überreife, riesige, längliche Feigen. Andächtig folgte ich den Bewegungen meiner Besucherin. Als sie barfuß über meinen Teppich schritt, entdeckte ich an der linken Schulterpartie ihrer Bluse einen Fleck, der an eingetrocknetes Blut erinnerte. Doch für solche Fragen war es an jenem Abend noch zu früh, noch viel zu früh.

Später nahm ich in dem einzigen Sessel meines Zimmers Platz und die Geografin, die mir ihren Namen noch nicht verraten hatte, kniete sich vor mich auf den Fußboden. Die in der Mitte geknickten Fotos entnahm sie einer der zahlreichen Taschen und Täschchen ihrer Safaribekleidung. Eines nach dem andern legte sie auf meinen Schoß und gab mir die nötigen Erklärungen.

Es war wirklich erstaunlich. Paris als abgemagerte ältere Dame in zerschlissenen Spitzendessous, Rom als noch ziemlich junger Hotelportier, der sich allerdings am Morgen zu kämmen vergessen hat, Brüssel als mittelalter Finanzberater, der vergeblich eine schläfrige Milchhändlerin zu verführen versucht.

Aufnahmen von Warschau, Dakar, Kalkutta und Sulawesi folgten und es dauerte nicht lange, bis wir unsere Abmachung getroffen hatten. Seither besucht meine Geografin mich jeden Montag, kurz vor Anbruch der Nacht. Ich habe mir einen zweiten Sessel angeschafft, und im Sommer kann es vorkommen, dass die Geografin nach dem Ablegen ihres leichten Umhangs auf einmal im Bikini vor mir steht.

Fotos schauen wir uns immer wieder gerne an. Denn wir sind, wie meine Geografin sagt, nur Gast auf Erden und haben nicht das Recht, unsere Augen vor ihrer Wundersamkeit zu verschließen. Dementsprechend geben wir uns unseren Sehnsüchten hin, der Heimatliebe und dem Fernweh und den vielen anderen Dingen. Manchmal kommen wir dabei ins Schwitzen, manchmal sträuben sich uns vor lauter Entsetzen sämtliche Haare, oft erkunden wir einfach nur die nächste Nähe.

Wenn sich erste Anzeichen von Erschöpfung bemerkbar machen, tun wir, was wir jeden Montag tun. Zunächst stellt die Geografin sich hinter mich und reibt mir sanft die Kopfhaut. Dann folgen Schultern, Brustkorb, Arme und Beine. Anschließend ist die Reihe an mir und die Geografin nimmt Platz. In den Norden und den Westen, den Süden und den Osten, überall gelangen wir hin, ohne das Zimmer zu verlassen, ohne ein Bündel zu schnüren.

Niemand weiß, wo wir bereits waren, wann wir erneut aufbrechen. Und wann und ob wir überhaupt jemals zurückkehren.

(2001)

Nachweise

Die in diesem Buch versammelten Texte sind zwischen 1996 und 2006 verstreut in Zeitungen und Zeitschriften (Frankfurter Allgemeine Zeitung, Frankfurter Rundschau, d'Lëtzebuerger Land, Neue Zürcher Zeitung, Revue. De Magazin fir Lëtzebuerg, Der Standard, Süddeutsche Zeitung, die tageszeitung) erschienen. Für die vorliegende Ausgabe wurden sie überarbeitet und teilweise mit neuen Titeln versehen.

Die Angaben am Ende der Texte bezeichnen nicht Ort und Zeitpunkt der Handlung, sondern der Niederschrift. Das jeweilige Entstehungsjahr stimmt nicht in jedem Fall mit dem Datum der Erstveröffentlichung überein.

Das Lektorat lag in den Händen von Susanne Jaspers, bei der sich der Autor ebenfalls für die Mitarbeit bei der Auswahl und Zusammenstellung der Texte bedanken möchte.

Dieses Buch erscheint mit freundlicher Unterstützung
des *Fonds culturel national*, Luxemburg.

ISBN-10: 2-87954-157-3
ISBN-13: 978-2-87954-157-0

1. Auflage 2006
© Editions Guy Binsfeld, Luxemburg 2006

Alle Rechte vorbehalten.
Nachdruck, auch auszugsweise, verboten.
Das Werk einschließlich aller seiner Teile ist urheberrechtlich geschützt.
Jede Verwendung außerhalb der engen Grenzen des Urheberrechtsgesetzes
ist ohne schriftliche Zustimmung des Verlags unzulässig und strafbar.
Das gilt insbesondere für Vervielfältigungen, Übersetzungen, Mikroverfilmungen
und die Einspeicherung und Verarbeitung in elektronischen Systemen.

Layout, Coverdesign und Illustrationen: Miriam Rosner
Satz: Sandrine Feyereisen
Druck: SNEL Grafics sa, Herstal (Belgien)

www.editionsguybinsfeld.lu